사회정서학습,
이렇게 한다

Social-Emotional Learning and the Brain
: Strategies to Help Your Students Thrive

Translated and Published by Ecuational Research & Innovation Center of Korea wtih permission from ASCD.
This translated work is base on Social-Emotional Learning and the Brain
: Strategies to Help Your Students Thrive by Marille Sprenger © 2020 ASCD.
All Rights Reserved.
Korean translation edition © 2025 by Educational Research & Innovation Center of Korea
Published with arrangement with ASCD Arranged by Bestun Korea Agency
All Rights Reserved.

이 책의 한국어 판권은 베스툰 코리아 에이전시를 통하여
저작권자인 ASCD와 계약한 교육을 바꾸는 사람들에 있습니다.
저작권법에 의해 한국 내에서 보호를 받는 저작물이므로 어떠한 형태로든 무단 전재와 무단 복제를 금합니다.

Social-Emotional Learning and the Brain

마음과 뇌를 이어주는 수업 전략

사회정서학습, 이렇게 한다

마릴리 스프렌거(Marille Sprenger) 지음

성진아 옮김

교육을바꾸는사람들

차례

들어가며 · 9

1. 관계 구축

블룸보다 매슬로 먼저 · 31
관계 구축과 뇌 · 33
관계 구축을 돕는 수업 전략 · 35
학생의 이야기에 다가서기 · 61

2. 공감

공감을 가르쳐야 하는 이유 · 67
공감의 유형 · 69
공감과 뇌 · 72
공감 능력을 키우는 수업 전략 · 75
학생의 이야기에 다가서기 · 94

3. 자기 인식

자기 인식과 뇌 · 104
자기 인식 능력을 키우는 수업 전략 · 107
학생의 이야기에 다가서기 · 131

4. 자기 관리

자기 관리와 뇌	•138
충동 조절 능력을 키우는 수업 전략	•139
스트레스 관리 능력을 키우는 수업 전략	•144
자기 절제 능력을 키우는 수업 전략	•164
자기 동기부여 능력을 키우는 수업 전략	•167
목표 설정과 조직화 기술을 향상시키는 수업 전략	•168
학생의 이야기에 다가서기	•171

5. 사회적 인식

사회적 인식과 뇌	•179
친사회적 기술과 규범	•181
사회적 고통	•183
감정의 전염	•186
공감의 역할	•189
사회적 인식 향상을 돕는 수업 전략	•191
학생의 이야기에 다가서기	•205

6. 관계 기술

대인관계와 뇌	•212
협업 능력을 키우는 수업 전략	•214
의사소통 능력을 키우는 수업 전략	•226
관계 구축을 돕는 수업 전략	•229
학생의 이야기에 다가서기	•237

7. 책임 있는 의사결정

사회정서학습과 책임 있는 의사결정	•245
의사결정과 뇌	•247
의사결정의 요소	•249
마음챙김 유지하기	•256
의사결정 능력을 키우는 수업 전략	•257
학급에서의 의사결정 활용	•273
학생의 이야기에 다가서기	•275

8. 프로그램보다 교사

교사의 스트레스 해결부터	•283
교사의 마음건강을 위협하는 세 가지	•285
감정이 의사결정에 미치는 영향	•289
부정적 경험에서 긍정적 경험으로	•291
모든 학생에게 나아가기	•294
학생의 이야기에 다가서기	•295

참고 문헌	•299
찾아보기	•314

도표 목록

도표 1.1	관계 구축에 관여하는 뇌 영역	•34
도표 2.1	공감에 관여하는 뇌 영역	•72
도표 3.1	자기 인식에 관여하는 뇌 영역	•104
도표 3.2	감정 어휘 목록의 예	•109
도표 4.1	자기 관리에 관여하는 뇌 영역	•138
도표 4.2	4x4 호흡	•160
도표 4.3	감정 일지	•163
도표 5.1	사회적 인식에 관여하는 뇌 영역	•180
도표 6.1	관계 기술에 관여하는 뇌 영역	•212
도표 6.2	모둠 점수표	•218
도표 7.1	의사결정에 관여하는 뇌 영역	•248

Social-Emotional Learning and the Brain

들어가며

  교육에서 반드시 바탕에 두어야 할 중요한 두 가지가 있다. 바로 사회정서학습(social-emotional learning, SEL)과 트라우마 이해기반 접근(trauma-informed practices, TIPs)이다. 적지 않은 학생들이 아동기 부정적 경험(adverse child experiences, ACEs, 아동기에 겪은 신체적·정서적·성적 학대, 방임, 폭력, 부모의 이혼과 같은 스트레스 경험-옮긴이)으로 인한 상처를 지니고 학교에 온다. 사회정서학습은 이들의 상처를 완화하고 회복할 수 있는 힘을 주며, 교실과 수업에 긍정적 경험을 만들어주는 강력한 도구다. 게다가 사회정서학습에 활용되는 여러 전략들은 본래 트라우마 이해기반 접근과 맞닿아 있어 두 가지를 함께 실행하면 그 효과가 더욱 커질 수 있다.

  이 책이 전하려는 메시지는 분명하다. 모든 아이는 저마다의 이야기를 갖고 있다는 것이다. 나는 이 책에서 나눌 내용이 아이들의 이야기를 새롭게 써내려가고 또 더욱 단단히 지켜주는 힘이 되기를 바란다. 그렇다면 교사가 해야 할 일도 분명해진다. 아이들이 학교 안에서 사랑과 신뢰, 소속감을 느낄 수 있도록 따뜻한 관계를 맺어주는 것, 다른 사람의 마음을 이해할 수 있도록 공감을 가르치는 것, 자신의 감정을 알아차리고 다스릴 수 있도록 이끌어 주는 것이다. 또 함께 살아가는 세상 속에서 다른 사람과 어울리고 상호작용할 수 있는 사회적 인식 능력을 키워주어야 하고, 다양한 배경과 문화를 지닌 사람들과도 함께 공부하고 협력할 수 있는 관계 기술을 가르쳐야 한다. 미래를 위해 지혜롭고 올바른 선택을 해나갈 수 있도록 이끌어주는 일도 중요하다.

앞에서 모든 아이에게는 저마다의 이야기가 있다고 말했다. 나도 마찬가지다. 내 이야기 속에서 나는 자신을 부정적으로 보는 아이였다. 여러모로 부족하다고, 그래서 어디에도 어울리지 못할 거라 여겼다(비록 어울리는 척은 했지만). 내게는 어린아이에게 걸맞지 않은 규칙들이 늘 따라다녔는데, "절대로 감정을 드러내선 안 돼. 절대로 울어선 안 돼. 그러지 않으면 엄마가 떠날 거야. 절대로 다른 사람을 믿어선 안 돼. 특히 남자를 믿어선 안 돼(바람을 피우고 떠날 거니까)." 같은 것들이었다. 미국 질병통제예방센터의 통계에 따르면 성인 여섯 명 중 한 명은 아동기 부정적 경험을 네 가지 이상 겪는다고 하는데, 나도 바로 그중 하나다. 생존에 위협을 느끼는 극심한 스트레스 상황에서 뇌가 일으키는 '싸우거나 도망치는 대응(fight-or-flight response)'을 너무나 자주 경험했던 탓에 나의 신체적, 정신적 건강은 늘 위태로운 상태였다.

동정심을 불러일으키려고 이런 이야기를 하는 게 아니다. 나보다 훨씬 더 비참한 경험을 한 사람도 많다는 걸 안다. 나는 가난하게 자라지도 않았고, 부모님 두 분과 함께 지냈으며, 적어도 먹고살 걱정은 없었다. 그럼에도 이야기를 꺼낸 것은 지금의 나를 있게 해주신 두 분에 대해 이야기하고 싶었기 때문이다. 어린 시절 나를 짓누르던 우울과 절망으로부터 나를 붙잡아주고, 아무리 힘든 일이 있어도 학교에서만큼은 즐겁고 안전하게 지낼 수 있다는 사실을 알려주신 두 분의 선생님 말이다. 1학년 담임이셨던 파울리 선생님은 매일 아침 이른 시간 나를 환하고 따뜻한 교실로 불러주시고 내 이야기에 칭찬과 격려를 아끼지 않으셨다. 5학년 담임이셨던 윌리엄스 선생님은 내가 꽤 괜찮은 사람이고 충분히 잘하고 있다고 느끼게 해주신 분이다. 단언컨대 두 분이 아니었다면 나는 교사가 될 수 없었을 것이다. 그분들이 내게 해주신 것처럼, 사소한 말에도 귀를 기울여주고, 따뜻하고 부드럽게 대하며, 하루에도 몇 번씩 괜찮은지 살피고, 아이들이 좋은 감정을 느끼게 해주고 싶었다. 대학 시절 잠시 우울증을 겪기도 했지만 내게 긍정적인 영향을 주신 몇몇 사람들 덕분에 잘 이겨낼 수 있었다. 그리고 지금은 적절한 도움을 받아가며 잘 지내고 있다.

하지만 지금 우리가 만나는 학생들은 어떤가. 오늘날 인간은 이상적인 조건만 갖춰지면 115세에서 122세까지도 살 수 있다고 한다 (Medina, 2017). 그 조건이란 건강한 식습관과 충분한 운동 같은 것들이겠지만, 여기에 절대 빠져서는 안 될 요소가 있다. 낮은 스트레스 수준과 긍정적인 대인관계, (혈연·비혈연으로 이뤄진) 가족의 유대감, 공감의 교류, 소속감 등이다. 사회정서학습은 바로 이런 것들을 다루는 것으로, 연구에 의하면 학업성취도를 평균 11퍼센트 향상시키고, 바람직한 사회적 행동을 늘리고 학생들의 태도를 개선할 뿐 아니라, 우울증과 스트레스를 줄이는 데에도 기여한다(Durlak et al., 2011).

내가 뇌를 연구하기 시작한 것은 1992년부터였다. 교육 리더이자 저술가인 에릭 젠슨(Eric Jensen)과 많은 대화를 나누면서 뇌에 대한 지식을 쌓을 수 있었고, 뇌를 연구하는 방법을 배울 수 있었다. 그리고 CASEL(Collaborative for Academic, Social, and Emotional Learning, 학업 및 사회정서학습 협의회)에서 명시한 사회정서학습의 5대 역량과 뇌가 어떻게 관련되는지도 알게 되었다. CASEL은 사회정서학습을 확산시키는 데 헌신해 온 교육자와 연구자들의 모임으로, 여기서 말하는 5대 역량이란 바로 자기 인식(self-awareness), 자기 관리(self-management), 사회적 인식(social awareness), 관계 기술(relationship skills), 책임 있는 의사결정(responsible decision making)이다.

CASEL의 공동 창립자이자 『감성지능(Emotional Intelligence)』(1995)의 저자인 대니얼 골먼(Daniel Goleman), 그리고 베셀 반 데어 콜크(Bessel van der Kolk, 2014)와 같은 신경과학자들의 연구를 살펴보면, 사회정서학습이 뇌의 여러 영역에 어떤 영향을 주는지 이해할 수 있다. 예를 들어 우리의 직감이 뇌의 의사결정을 담당하는 부위와 어떻게 직접적으로 연결되는가 하는 것 등을 배우게 된다는 뜻이다.

대니얼 카너먼(Daniel Kahneman)의 저서 『생각에 관한 생각(Think,

Fast and Slow)』(2011)에 따르면, 우리 뇌에는 두 가지 사고 시스템이 있다. 시스템 1은 빠르고 자동적이며 감정적이고 무의식적인 반면, 시스템 2는 느리고 노력이 필요하며 의식적이다. 생각하지 않고 반사적으로 자극에 반응할 때는 시스템 1이 작동하고 있는 것이다. 사회정서학습은 즉각적인 반응 대신 시스템 2를 활용하여 신중하게 행동할 수 있도록 한다. 나는 종종 학생들이 어떤 상황에 반응해야 할 때 "지금 시스템 2가 작동하고 있나요, 아니면 시스템 1이 작동하고 있나요?"라고 질문하는 전략을 자주 사용하곤 했다. 우선 멈춰 숨을 고르고, 어떤 상황이나 결정에 대해 생각해 보는 연습을 많이 하면 할수록 적절하게 반응할 가능성도 높아진다.

뇌의 구조나 작용을 보면 학습은 결국 감정적 수준에서 일어나는 과정임을 알 수 있다. 자신의 감정을 인식하고 조절하는 능력은 긍정적인 관계를 구축하고, 문제를 성공적으로 해결하며, 책임 있는 결정을 내리는 데 도움이 된다. 뇌를 이해하면 학생과 교사 모두 뇌의 적절한 부분을 활성화해 그때그때 상황에 맞게 바람직한 전략을 구사할 수 있다. 예컨대, 화가 날 때 변연계(limbic system, 감정의 뇌)가 활성화되면서 전두엽(frontal lobe, 사고의 뇌)과의 연결이 끊어진다는 사실을 알고 있다면, 말이나 행동을 하기 전 스스로를 진정시키는 전략이 왜 필요한지 자연스럽게 알게 된다.

사회정서학습과 뇌

뇌를 이해하는 쉬운 방법 중 하나는 아래쪽부터 위쪽으로 올라가며 살펴보는 것이다.

뇌의 가장 아래쪽에는 척수와 연결된 뇌간(brain stem)이 자리하고 있다. 뇌간에는 뇌로 들어오는 감각 정보를 걸러내는 첫 번째 여과장치가 있는데, 이를 망상활성계(reticular activating system, RAS)라고 하며 뇌로 들어오는 정보의 약 99퍼센트가 여기서 걸러진다. 만약 들어오는 정보가 어떤 방식으로든 위협적이라고 판단되면 망상활성계는 정보의 흐름을 차단하고 뇌 전체에 경보를 울린다. 그다음 단계인 변연계가 이 경보를 수신하면 뇌에서 여러 활동이 시작된다.

뇌의 두 번째 여과장치인 편도체(amygdala)는 위협 신호를 탐지하고 반응을 촉발한다. 변연계의 일부인 시상하부(hypothalamus)에서는 교감신경계를 활성화하여 부신(adrenal glands)에서 아드레날린(adrenaline)을 분비하게 한다. 아드레날린은 심박수를 높이고 호흡이 빨라지게 하여 우리 몸이 '싸우거나 도망치는' 반응을 준비하게 한다.

실제로 위험한 상황이 아니라면 그다음에 이어질 행동은 사고하는 뇌, 전전두피질(prefrontal cortex)이 결정한다. 하지만 전전두피질은 반응 속도가 매우 느리기 때문에 위협이나 스트레스를 느끼는 순간 이성적 사고보다는 감정을 담당하는 편도체가 먼저 반응하는 것이다. 이때 그러한 감정에 집중하게 되면 편도체는 기억을 담당하는 해마

(hippocampus)와 함께 과거의 무섭고 불쾌했던 경험들을 떠올리게 만든다. 가령, 우리가 덩치 큰 셰퍼드 쪽으로 다가가고 있고, 예전에 그 비슷한 개 때문에 악몽 같은 경험을 했다면, 그 기억이 뇌를 지배하게 되어 과거의 악몽이 재현될 것으로 예상하는 것이다.

감정은 새로운 정보를 학습하고 이를 기억으로 변환하는 과정에서 중요한 역할을 한다. 학습한 내용이 기억으로 저장되려면 정보가 먼저 감정여과장치(편도체)를 거친 후, 성찰 및 고차원적 사고를 하는 전전두피질에 도달해야 한다. 이 과정을 거치면 뇌는 상황을 심도 있게 분석하고 더 나은 해결 방법을 찾는다. 앞서 언급한 커다란 개를 마주한 상황이라면, 사고하는 뇌는 이 개가 목줄에 묶여 있어서 자신에게 가까이 올 수 없다는 것을 알아차릴 것이다.

뇌는 여러 화학물질의 '칵테일'에 의해 작동된다. 도파민(dopamine), 세로토닌(serotonin), 엔도르핀(endorphin), 옥시토신(oxytocin)과 같은 신경전달물질(neurotransmitters)이 대표적이다. 스트레스 호르몬인 코르티솔(cortisol)은 긍정적이거나 부정적인 상황 모두에 관여한다. 코르티솔은 발표를 하거나 면접을 볼 때, 또는 누군가를 처음 만날 때처럼 약간 긴장되는 상황에서 분비되는데, 이것은 좋은 스트레스의 예이다. 뇌가 생존에 위협을 받는다고 느낄 경우에도 코르티솔이 분비되는데, 나쁜 스트레스 상황에서는 더 많은 코르티솔이 분비되어 '싸우거나 도망치거나 얼어붙는(fight-flight-freeze)' 반응을 하게 만든다.

그렇다면 스트레스에 대한 해독제는 무엇일까? 포어맨(Foreman, 2019)은 그 답이 '신뢰'라고 말한다. 나는 이 생각을 바탕으로 '셀레브레이트(SELEBRATE)'라는 단어를 만들었다. 이는 "사회정서학습은 경험에 적합한 뇌 반응을 이끌어낸다(SEL Elicits Brain Responses Appropriate To Experience)."라는 문장의 첫 글자를 딴 것이다. 여기에는 많은 내용이 함축되어 있는데, 학생들이 어떤 상황에서든 바람직한 반응을 선택하도록 도와준다는 의미가 담겨 있다.

신경과학 연구자들은 특정 학습 전략에 반응하는 뇌 영역과 화학물질을 밝혀내고 있다. 교사들은 이러한 결과를 잘 받아들이고 뇌를 활성화할 수 있는 적절하고 유용한 전략을 더 많이 만들어가길 바란다. 사회정서학습은 신뢰를 바탕으로, 학생의 뇌가 더 건강하고 적절하게 반응하도록 돕는 길이다.

감정이 버스를 운전하게 하지 마세요

나의 막내 손녀 메이브는 모 윌렘스(Mo Willems)의 그림책 『비둘기에게 버스 운전을 맡기지 마세요!(Don't Let the Pigeon Drive the Bus!)』를 무척 좋아한다. 그래서 나는 메이브의 다섯 번째 생일에 이 책에서 아이디어를 얻은 특별한 책을 만들어 선물했다.

평소 나는 손주들의 생일에 1년 동안 찍어둔 사진을 모아 이야기

책을 만들어 선물하곤 했는데, 메이브를 위해 만든 책의 제목은 '메이브에게 버스 운전을 맡기지 마세요!'이다. 책 속에는 축구, 독서, 등산 등 메이브가 할 수 있는 다양하고 멋진 일들이 가득 채워져 있고, 다섯 살 아이에게는 아직 운전을 맡기고 싶지 않다는 메시지도 함께 담았다.

같은 맥락에서 덧붙이자면 감정이 삶의 운전대를 잡지 않도록 하자. 삶에 감정이 더해지는 것은 괜찮다. 감정이 학습을 운전하는 것은 어떨까? 물론 좋다. 『A Celebration of Neurons: An Educator's Guide to the Human Brain(뉴런의 축제: 교육자를 위한 뇌 안내서)』(1995)의 저자 로버트 실베스터(Robert Sylwester)에 의하면, "감정은 주의를 이끌고, 주의는 학습, 기억, 그리고 그 밖의 거의 모든 것을 이끈다."(p. 99)

하지만 심리 전문가 브레네 브라운(Brené Brown)은 감정이 학습의 '유일한' 운전자가 되어서는 안 된다고 경고한다. 다음 말 속에 그 의미가 잘 드러나 있다.

"감정이 운전석에 있다면 논리와 사고는 어디에 있을까요? 뒷좌석에 있을까요? 최악의 경우에는 트렁크에 있겠죠!"(Jarvis, 2019)

즉 감정은 함께 타는 동승자로는 괜찮지만, 운전자가 되어서는 곤란하다.

이야기와 뇌

이야기의 힘은 뇌와 그 안에서 일어나는 화학반응에서 찾을 수 있다. 어떤 이야기를 읽거나 들을 때 집중할 수 있는 것은 여러 화학물질이 특정한 연쇄반응을 일으키기 때문이라고 한다. 이야기를 읽거나 듣고 있는 나의 머릿속에서 일어나는 일을 떠올려보자.

새로운 내용을 접하면 뇌에서는 스트레스 호르몬인 코르티솔이 분비된다. 하지만 이는 두려움이나 분노 때문이 아니라 궁금증, 호기심 때문이다. 뇌는 새로운 정보와, 어쩌면 다가올 긴장감에 대비할 준비를 하고 있는 것이다. 이때 도파민도 함께 분비되어 앞으로 무슨 일이 일어날지 계속해서 집중하게 만든다. 새로운 이야기라는 것은 그 자체로 낯선 상황이기 때문에, 뇌는 끝을 알기 전까지 계속 주의를 유지하며 대비태세를 갖춘다. 뇌는 생존을 최우선으로 판단하기 때문에 새로운 자극은 위험 신호로 받아들여지고 강한 반응을 유도한다. 도파민은 결말에 도달할 때까지 긴장을 유지하게 하고, 목표, 즉 이야기의 끝에 도달하도록 도와주며, 목표를 달성했을 때 보상을 제공한다.

이야기 속 인물에게 감정이입을 하게 되면 옥시토신이 분비된다. 옥시토신은 신뢰, 사랑의 감정과 관련된 호르몬으로 '친구를 만드는 주스(friending juice)'로 묘사되기도 한다. 신경경제학 연구소 소장이자 클레어몬트 대학원의 경제학, 심리학, 경영학 교수인 폴 잭(Paul Zak,

2013)의 연구에 의하면, 감정적으로 공감할 수 있고 인물의 감정 변화에 집중하는 이야기는 듣는 이의 공감을 불러일으켜 핵심 내용을 더 잘 이해하고 오래 기억할 수 있게 해 준다.

이야기의 효과가 이렇듯 강력하고 기억을 용이하게 한다면, 똑같은 효과를 낼 다른 전략으로는 또 무엇이 있을까? 이 질문은 이 책에서 다루고자 하는 주요 질문 중 하나이며, 이에 대한 답의 하나는 역할극(role-playing)이 있다.

각 장의 개요

앞서 언급한 사회정서학습 역량(자기 인식, 자기 관리, 사회적 인식, 관계 기술, 책임 있는 의사결정)에 어떤 뇌 구조와 화학물질이 관여하는지 알고 난 뒤 나는 뇌를 같은 방식으로 활성화할 전략을 찾으려 노력했다. 이 책의 내용은 대부분 그러한 전략에 대한 설명들이다.

교사는 사회정서학습 전략을 수업에 통합하는 데 그치지 않고 자신의 역량을 스스로 점검해볼 필요가 있다. 나 역시 이 책의 각 장을 집필할 때마다 나 자신에게 다음 질문을 던지며 시작했다.

- 나는 과연 얼마나 자기 인식을 하고 있는가?
- 내 감정을 정확히 인식하고 조절할 수 있는가?

- 나는 학생들의 감정을 인식하려고 노력하고 있는가?
- 나 자신도 대인관계에 어려움을 겪는데 어떻게 학생들에게 관계 기술을 잘 가르칠 수 있을까?
- 학생과 상호작용을 할 때 책임 있는 의사결정을 하고 있는가?

1장. 관계 구축

교사와 학생의 건강한 관계는 사회정서학습 환경 조성의 선행 조건이자 핵심 요소이다. 1장은 교사와 학생이 어떻게 좋은 관계를 형성할 것인가에 대해 설명하며 다양한 전략을 소개한다. 사회정서학습에 관심이 있고 트라우마 이해기반 접근을 고민하는 교사들은 "블룸보다 매슬로 먼저(Maslow before Bloom)!"라는 신념을 갖고 있다. 이 말은 블룸의 교육목표분류보다 매슬로의 욕구위계설이 우선이라는 뜻으로, 학습에 장애가 되는 요소를 일부라도 제거하려면 먼저 학생의 기본적인 욕구에 관심을 두어야 한다는 뜻이다.

2장. 공감

전문가들은 오늘날 학생들에게 공감이 매우 중요한 문제라고 보고 있다(Borba, 2016). 2장에서는 공감의 다양한 유형을 정의하고, 뇌의 발달 과정에서 공감과 연관된 활동이 어디에서 일어나는지, 또 타인에게 공감할 때 어떤 화학물질이 분비되는지를 소개한다. 일부 신경과학자들은 공감이 연민으로 이어진다고 보기도 한다. 2장에서는 공감하는 행동은 어떤 것들이 있는지, 그러한 행동을 시범적으로 제시하는 방법은 무엇인지 소개하고, 모든 학생에게 공감과 연민을 가르치는 전략도 소개한다.

3장. 자기 인식

3장은 자기 인식 역량에 대해 다룬다. 자기 인식은 CASEL에서 제시하는 사회정서학습의 첫 번째 역량이자 필수 요소다. 자신의 감정을 인식할 수 있어야 다른 사람의 감정을 인식할 수 있기 때문이다. 자신의 감정을 인식하고 그 감정에 이름을 붙이도록 지도하면 감정을 관리하고 조절하는 데 도움을 준다. 3장에서는 타고난 감정과 학습된 감정의 구분에 대해서도 중요하게 다룬다. 그리고 자기 인식을 가르치고 시범을 보이는 방법을 소개한다.

4장. 자기 관리

교사의 가장 큰 고민 중 하나는 문제 행동을 다루는 것이다. 연구에 의하면 문제 행동 개선의 핵심적인 열쇠 중 하나가 자기 관리 및 조절 능력이라고 한다. 이 장에서는 자기 관리와 관련된 뇌 영역을 소개하고, 이 영역 간의 갈등 구조를 설명한다. 또한 스트레스를 관리하는 방법, 뇌를 관리하고 이끄는 의례(rituals)와 루틴(routines)의 중요성에 대해 사례를 들어 설명하고, 모든 학년에 적용할 수 있는 자기 관리 기술로 CBS 기법, 이별 편지 등 여러 전략을 소개한다.

5장. 사회적 인식

5장은 자기 관리에서 더 나아가 사회적 인식을 다룬다. 사회적 인식은 다른 사람의 감정에 더 섬세하게 관심을 갖는 일이다. 자신의 감정을 인식하고 관리할 수 있게 되면 타인과 효과적으로 상호작용을 할 준비가 된 것으로 볼 수 있다. 또한 사회적 인식과 관련된 뇌 영역을 살피고, 이어서 사회적 고통(social pain)과 괴롭힘이 타인에게 어떻게 영향을 미치는지 설명한다. 공감 능력이 향상되면 사회적 인식 역량 향상을 위한 전략도 가르치고 실천할 수 있을 것이다.

6장. 관계 기술

1장에서 교사와 학생의 관계에 중점을 두었다면, 6장에서는 학생들 사이의 또래 관계에 중점을 둔다. 먼저 공감의 방식으로 관계를 다룰 때 활성화되는 뇌 영역을 살펴보고, 또래 압력에 대한 논의도 다룰 것이다. 그런 다음 관계 기술 역량을 높이기 위해 일상에서 활용할 수 있는 다양한 전략을 소개한다.

7장. 책임 있는 의사결정

책임 있는 의사결정 역량의 향상은 사고하는 뇌인 전전두피질이 계속 성장하고 발달하는 것과 관련되며, 의사결정 기회가 얼마나 많이 주어지는지에 따라 달라진다. 7장에서는 학생이 의사결정을 위한 자신의 가치와 신념을 식별하도록 돕는 데 초점을 맞출 것이다. 앞서 다룬 사회정서학습 역량들이 잘 갖추어지면 학생들은 자신의 의사결정이 현재와 미래에 다른 사람들에게 어떤 영향을 미치는지 이해하게 될 것이다. 책임 있는 의사결정 능력을 키워주기 위해서는 교사가 자신의 의사결정 과정을 시범으로 보여주고, 학생들에게 선택 기회를 제공하며 그 결과에 관해 토론하는 과정이 필요하다. 또한 모둠 학습을 통해 바람직한 의사결정을 실제 적용하고 그 결과를 개선해 보도록 해야 한다.

8장. 프로그램보다 교사

"사람을 변화시키는 것은 사람이지 프로그램이 아니다." 소아정신과 의사이자 휴스턴 아동트라우마아카데미의 수석 연구원인 브루스 페리(Bruce Perry)의 말이다. 이를 염두에 두고 8장에서는 교사와 학생 모두가 일상에서 사회정서학습을 활용하고 실천할 방법을 소개한다. 동시에 아동기 부정적 경험(ACEs)을 상쇄할 수 있는 긍정적 경험의 필요성도 사례를 통해 강조한다.

사회정서학습은 효과적인 도구이지만 그것이 진정한 효과를 발휘하려면 학생의 삶의 경험과 트라우마에 대한 이해와 감수성이 필요하다. 사회정서학습을 실천하는 학교라면 학생들이 경험한 트라우마와 그 영향에 대해 보다 깊은 관심을 기울여야 할 것이다. 8장에서는 이를 더 깊이 탐구할 수 있는 자료들도 제공한다.

1

Social-Emotional Learning and the Brain

관계 구축

우리에겐 서로 다른 점보다
닮은 점이 훨씬 더 많다.

— 마야 안젤루(*Maya Angelou*)

> *이 책에서 단 한 부분만 읽고 싶다면 1장을 추천한다.*
> *1장만으로도 분명 모든 교실에 큰 변화를 일으킬 것이다.*

좋은 관계를 맺고 유지하는 일은 삶의 핵심이다. 관계가 삶에 얼마나 중요한지는 다양한 연구 결과로도 확인된다.

해티(Hattie, 2017)의 연구에 따르면 교사와 학생 간의 관계가 학습에 미치는 영향은 효과크기(effect size)가 0.52에 이른다. 효과크기란 특정 교육 방법이나 요인이 학습에 미치는 효과를 수치화한 지표로 0.4가 '보통'에 해당하는데, 이를 상회하는 수치는 학습에 상당히 유의미한 영향을 미친다는 뜻이다. 말하자면 0.52라는 수치는 교사와 학생 간의 신뢰 관계가 평균적인 학습 효과를 뛰어넘는 영향을 준다는 말이다.

이러한 연구 결과는 학생에게 원만한 또래 관계를 어떻게 형성해야 할지 가르치기 전, 먼저 교사가 학생과의 관계에서 건강한 본보기가 되어야 한다는 사실을 의미한다. 관계의 질은 곧 학습의 질로 이어지게 된다.

사라는 역사 수업에 관한 한 최고의 교사이다. 그녀는 역사 교과에 대한 열정이 넘쳤고, 역사적 사건이나 전쟁 영웅에 관해 잘 알려지지 않은 정보와 뒷이야기까지도 두루 섭렵하고 있어 학생들을 매료시키곤 했다.

그런데 사라의 수업에 대한 학생들의 평가 결과는 충격적이었다. 일부 학년에서는 절망감까지 들 정도였다. 어려운 내용을 교사가 다른 방식으로 쉽게 설명해 주는지에 대해서는 88퍼센트가 그렇다고 대답했지만 어려움을 겪을 때 교사가 알아차리고 도와준다고 대답한 학생은 15퍼센트에 불과했다. 화가 났거나 속상했을 때 교사의 도움을 기대하는 학생은 5퍼센트뿐이었다.

처음 설문 결과를 받고 사라는 화가 나서 견딜 수가 없었다.

'어떻게 이럴 수가 있지? 역사를 좀 더 재미있고 생생하게 배울 수 있도록 얼마나 공들여서 준비했는데……. 아이들의 열렬한 반응은 뭐였던 거야? 아이들이 수업을 잘 따라오는지 아닌지도 모를 만큼 내가 무관심했다는 건가? 도대체 뭐가 잘못된 거지?'

교장실로부터 호출이 왔다. 사라는 흥분을 가라앉히고 학생들의 평가 결과를 이해해 보려고 애썼다. 사라의 멘토이기도 한 교장은 미소를 지으며 사라를 맞이했다. 교장의 말이 이어졌다.

"선생님이 훌륭한 역사 교사이고 더할 나위 없이 잘 가르친다는 걸 나 역시 알아요. 선생님의 교수법은 흠잡을 데가 없지요. 8학년에게 남북 전쟁 이면의 쟁점을 가르칠 때나 10학년에게 베트남 전쟁의 원인을 가르칠 때나, 선생님은 학생들의 흥미를 끄는 데 탁월한 능력을 보여주셨어요. 학생들도 선생님을 최고의 역사 전문가로 생각한다는 것을 충분히 느낄 수 있었지요. 그런데 학생들은 선생님의 전문성을 신뢰하는 것만큼 선생님을 인간적으로 가깝게 느끼지는 않는 것 같아요. 나치 독일의 유대인 학살 사건을 가르치면서 학생들이 희생자와 생존자들을 이해하고 감정 이입하게 만들 수는 있지만 정작 선생님과 연결된 느낌은 받지 못하는 거예요. 솔직히 저도 설문지를 자세히 들여다보기 전까지는 그걸 깨닫지 못했어요. 선생님이 학급 전체와는 비교적 좋은 관계를 유지하고 계시지만, 학생 한 명 한 명과는 친밀한 관계를 맺지 못하고 있다는 것도 이제야 알았죠. 그동안 깊이 살피지 못해 미안하게 생각해요.

선생님의 수업 방식은 아주 역동적이어서 학생들이 굉장히 좋아하는 것 같아요. 전문성에 대한 깊은 신뢰도 느껴지고요. 하지만 앞으로는 선생님을 인간적으로 더 좋아하고 신뢰할 수 있는 방법을 찾아야 할 것 같습니다. 학생들이 선생님과 더 좋은 관계를 맺을 수 있도록 말이에요. 학생들도 저마다 관심을 받고 싶어 하죠. 설문에 응답한 학생 150명 중 74퍼센트가 선생님께서 학습 방법에 관한 구체적인 조언을 해 주셨다고 답했어요. 그런데 수업 외 시간에 선생님의 도움을 받았다고 답한 학생은 25퍼센트에 불과해요. 이 수치를 늘리려면 무엇을 해야 할지 이야기를 나누도록 합시다. 선생님도 아시겠지만, 그 나머지 75퍼센트의 학생들은 선생님이 자신에게 무관심하다고 느끼는 거예요. 이들은 수업 내용이나 성적뿐만 아니라 자기 자신에게도 관심이 주어지길 원합니다. 사춘기 학생들과 좋은 관계를 맺는다는 것이 말처럼 쉽지는 않아요. 게다가 많은 학생들이 일상에서 트라우마와 스트레스를 경험하고 있어요. 이들이 트라우마와 스트레스를 극복하고 앞으로 나아가도록 이끌어 줄 사람이 바로 선생님일 수 있죠. 어쩌면 이 학생들의 삶에서 최고의 기회가 될 수도 있고요."

사라는 의자에 기대어 한숨을 내쉬었다.

"솔직히 저는 관계 맺는 게 서툴러요. 참신하고 재미있는 수업이라면 자신이 있는데, 학생들과 긍정적인 관계를 맺고 지속적으로 발전시키는 것에는 소홀했던 것 같아요. 학생과 좋은 관계를 만드는 법에 대한 강의라도 들어야 할 것 같아요."

사라뿐만이 아니다. 이런 어려움을 가진 교사들은 의외로 많다. 유치원부터 고등학교 시절까지 친밀한 관계를 맺었던 선생님이 몇 명이나 되는지 주변에 물어보면 대부분 한두 명 정도를 떠올릴 것이다. 대학교라면 한 명도 없을 가능성이 더 높다.

뇌는 20대 중반까지도 계속 발달하므로 그때까지는 많은 지도가 필요하다. 교사와 학생 간의 관계가 얼마나 중요한지 아는 것은 학생이 바르게 성장하고 다른 이들과 건강한 관계를 형성하도록 돕는 바탕이 된다. 지금 이 글을 읽는 독자가 교사라면, 유치원생을 가르치든 대학원생을 가르치든 한 주에 단 몇 시간 만이라도 건강한 관계를 맺는 데 시간을 할애해 보라. 학습이든 일이든 능률이 크게 향상될 것이다. 교실이나 교무실, 회의실, 어느 곳에서든지 학생과 긍정적인 관계를 맺는 일이 언제나 최우선이 되어야 한다.

블룸보다 매슬로 먼저

"매슬로를 논하지 않고서는 블룸을 이야기할 수 없다."

어드밴티지 아카데미 설립자인 앨런 벡(Alan Beck)의 주장이다. 그는 가난한 가정에서 태어났지만 여러 선생님의 도움 덕분에 우등생으로 성장했고, 박사 학위를 받아 교육계에서 성공적인 경력을 쌓았다. 이후 그는 어드밴티지 아카데미를 설립하는 등 학생들이 미래에 대한 희망을 가질 수 있도록 지원하고 있다.

여기서 '매슬로'와 '블룸'은 각각 에이브러햄 매슬로(Abraham Maslow, 1998)와 벤자민 블룸(Benjamin Bloom et al, 1956)의 이론을 가리킨다. 인간의 욕구를 위계화한 매슬로의 '욕구위계설(hierarchy of human needs)'이나 학습목표를 위계적으로 분류한 블룸의 교육목표분류학(Bloom's taxonomy)은 교사라면 대부분 알고 있을 것이다.

전통적인 교육 방식은 학생의 기본적 욕구보다는 학습목표에 충실하고자 했고, 고차원적인 사고를 지나치게 강조하면서 인지적인 학습 단계에만 초점을 맞추어 왔다. 그러나 블룸의 이론은 정서와 감각에 소홀하고 인지적 영역만을 다룬다는 점에서 교실에 적용하기에는 문제가 있다. 인간으로서의 기본적 욕구가 충족되지 않은 상태에서 블룸의 위계를 따라 학습의 수준을 높여가기란 불가능하기 때문이다. 그 때문에 '매슬로'를 논하지 않고서는 '블룸'을 이야기할 수 없다고 말한 것이다. 실제로 오늘날 많은 학교와 기관에서는 매슬로의 욕구위계설과 학습의 관련성에 주목하고 있다.

매튜 리버만(Matthew Lieberman, 2013)은 인간의 욕구 위계에 관해 매슬로를 비판하며 다른 견해를 주장한다. 매슬로는 인간의 욕구를 생리적 욕구, 안전의 욕구, 소속감과 사랑의 욕구, 존중의 욕구, 자아실현의 위계로 제시했지만, 리버만은 소속감과 사랑의 욕구가 가장 근원적이며 처음에 놓이는 욕구라고 보고, 생리적 욕구와 안전의 욕구를 충족시키는 것이 바로 관계(relationships)라고 주장한다. 배가 고플 때, 안아주기를 바랄 때 칭얼거리거나 울면서 보호자의 관심을 끄는 아기를 생각해 보면 이 점을 알 수 있다는 것이다.

개인적으로 나는 리버만의 견해에 동의한다(『배우는 대로 쏙쏙 기억되는 7단계 수업전략, 7R(How to Teach So Students Remember)』 참고). 학생들을 보면, 소속감이나 사랑 같은 사회적 욕구가 생리적 욕구보다 더 우위에 있는 게 맞다. 화장실이 급한데도 배구 경기에 뛸 멤버가 정해지는 순간을 놓치지 않으려다가 바지를 거의 적실 뻔한 중2 여학생을 떠올려보라. 분명 소속감이 먼저다!

다시 벡의 주장으로 되돌아가 강조하고 싶다. 사회정서학습이 중요한 이유는 학생의 스트레스와 불안을 다룰 기회를 제공함으로써 더 높은 수준의 고차원적 사고에 집중할 수 있게 도와준다는 점에서다. 분명 '블룸'보다 '매슬로'가 먼저다!

관계 구축과 뇌

신경과학자들은 뇌를 연구할 때 눈에 보이는 구조만이 아니라 뇌 속에서 일어나는 복잡한 화학 작용까지 함께 살펴본다. 우리가 느끼고 생각하고 반응하는 과정은 뇌의 특정 부위에서 어떤 활동이 일어나는지뿐 아니라, 그곳에서 어떤 신경전달물질과 호르몬이 오가느냐에 따라 달라지기 때문이다.

서로에게 호감을 느끼고, 신뢰하며, 친구가 되고 싶을 때 주로 활성화되는 구조는 전두엽에 자리 잡고 있다(도표 1.1). 감정을 담당하는 편도체는 변연계 안에 있는데, 변연계는 스트레스 반응 및 신뢰와 사랑이라는 각기 다른 두 호르몬 체계에 관여하는 화학물질 수용체들로 가득 차 있다(Cantor, 2019).

스트레스를 받으면 코르티솔이 분비되어 스트레스 반응을 유도한다. 반면 누군가에게 호감이나 신뢰감을 느낄 때는 옥시토신이 분비된다. 진정한 유대감은 단순한 호감이나 신뢰감을 넘어선, 더 깊은 친밀감을 뜻한다. 상대가 나에게 의욕이나 동기를 부여하는 존재, 설렘과 위안, 즐거움을 느끼게 하는 존재가 되면 진정한 유대감이 만들어지고 긍정적인 관계가 형성될 수 있다.

새로운 관계가 시작될 때 뇌에서는 도파민, 노르아드레날린, 옥시토신이 분비되어(Pearce et al., 2017), 감정을 조절하는 뇌 부위인 변연계를 활성화시키고 뇌간에 자리한 망상활성계를 이완시킨다. 망상활성계는 뇌로 들어오는 자극을 걸러주는 일종의 필터 역할을 하는데, 이 기능이 이완되면 새로운 정보가 보다 편안하고 안정된 상태로 뇌에 들어와 변연계까지 도달할 수 있고, 학습이나 기억으로 이어진다.

도파민은 목표를 향해 계속 나아가게 한다(Davis & Montag, 2019). 목표를 달성하기 위한 행동에 동기를 부여하고 관계 형성 과정에서 긍정적인 감정을 만들어낸다. 노르아드레날린은 흥분과 관련되며 상대와의 만남에서 설렘이나 좋은 기분을 유발한다. 서로에 대한 애착과 신뢰가 형성되면 옥시토신이 분비된다. 누군가와 좋은 관계를 맺

도표 1.1 관계 구축에 관여하는 뇌 영역

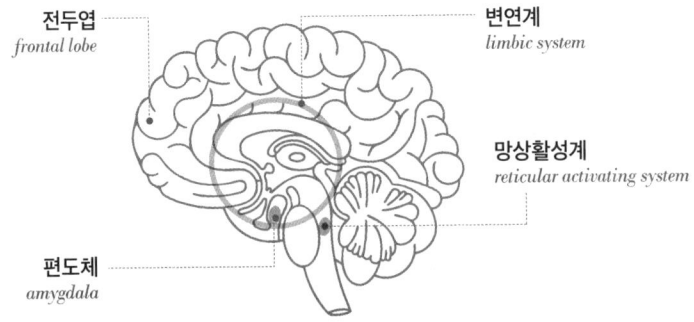

게 되면 그 사람에 대한 생각만으로도 도파민과 옥시토신이 분비되며 긍정적인 감정과 함께 안정감과 기쁨을 얻을 수 있다.

관계 구축을 돕는 수업 전략

서문에서 'SELEBRATE(셀레브레이트)'라는 단어를 소개한 바 있다. '사회정서학습이 경험에 적합한 뇌 반응을 이끌어낸다.'라는 의미로 내가 만든 말이다. 친밀한 관계를 맺고 있는 어른이 단 한 명만 있어도 학생의 삶이 바뀔 수 있다는 것이 수많은 연구자들의 주장이다. 그리고 교사는 학생과 가장 많은 시간을 보내는 어른 중 하나다. 교사에게 가장 많은 시간이 주어진다는 것은, 학생에게 적절한 사회적 상호작용의 모범을 보이고 관심을 기울이며 학생의 노력을 지지해줄 기회도 가장 많다는 뜻이 된다. 그것은 부모의 역할이 아니냐고 반문할 수도 있겠지만 아이는 우리 모두의 미래라는 점에서 교사를 포함한 모든 어른들이 그러한 역할을 나누어 맡아야 한다.

특히 교사는 학생의 뇌에 긍정적인 영향을 줄 수 있는 사람이다. 교육 컨설턴트이자 작가인 호라시오 산체스(Horatio Sanchez, 2015)는 "뇌가 제대로 활동하기 위해서는 화학 물질들이 제대로 작동해야 한한다. 건강하다는 것은 뇌에서 나오는 모든 신경전달물질이 항상 정상 범주 내에 있도록 조절할 수 있다는 뜻이다."라고 주장한다. 이러한 능력은 일종의 항상성(homeostasis), 즉 상호 의존적인 내부 요소 간의 균형과 안정 상태를 만들어 낸다. 다음에 제시할 전략들은 뇌가 균형과 안정 상태에 도달할 수 있게 돕는 방법들이다.

솔직하게 드러내기

연구자이자 작가, 강연자인 브레네 브라운(Brené Brown, 2018)은 일상의 삶과 관계에서 약한 면모를 드러낼 필요가 있다고 말한다. 교사 역시 약한 존재라는 사실을 솔직하게 드러낼 때 학생도 자신을 드러낼 용기를 갖고 학교를 안전하게 느끼게 된다.

교사가 자신을 솔직하게 드러낸다는 것은 어떤 모습일까. 아픈 아이를 보살피느라 밤을 새워 피곤하고 짜증이 났다는 것 인정하기, 실수로 수업 시간에 다루지 않은 범위의 시험 문제를 풀게 했다고 솔직히 고백하기 등이 있다. 학생의 경우 정답인지 아닌지 확신할 수 없지만 용기를 냈다든가, 다른 학생의 발언에 과민 반응을 한 점 인정하기 등이 있다. 학생이 뭔가 시도하고자 용기를 내어 나섰을 때, 노력했지만 실패했을 때, 그래도 괜찮다고, 모두 그런 경험이 있으며 그럴 수 있다고, 선생님도 그런 적이 있었다고 이야기해 주자. 우리는 서로를 이해하면서 성장하는 존재다.

브레네 브라운의 제안 중 교사에게 소개하고 싶은 방법이 있다. 학생의 말이나 행동에 대해 교사가 느끼는 감정을 솔직히 고백하는 것이다. 예를 들어 한 학생이 바람직하지 않은 행동을 했을 때 "왜 그런 행동을 했니?"라고 묻는 대신, "내 생각은 이래. 네가 지금 선생님이나 다른 친구에게 화가 나 있고, 그래서 이런 행동을 했다고 말이야. 내 생각이 맞을까?"라고 말해 보자. 이렇게 말문을 열면 학생도 자신의 마음을 터놓을 길이 열리고 진짜 대화가 시작된다.

교실 문 앞에서 학생 맞이하기

연구에 따르면 교사가 매일 아침 교실 문 앞에서 학생에게 인사하며 환영해 주는 것만으로도 학업성취도가 20퍼센트 증가하고 공격적인 행동은 9퍼센트 감소했다(Cook, Fiat, & Larson, 2018). 이 연구에서는 교사들에게 다음과 같은 실천 방법을 제안하고 있다.

- 학생의 이름 불러주기
- 학생과 눈을 맞추기
- 악수, 하이파이브, 엄지 척 등 친밀감을 주는 인사하기
- 짧게라도 격려의 말 자주 하기
- "오늘 기분 어때?"와 같이 관심 표현하기

손녀가 내게 이렇게 말한 적이 있다.

"할머니 집에 올 때 가장 좋은 건 문 앞에서 할머니가 우리를 기다리며 맞아 주시는 거예요! 할머니는 우리가 언제 도착하는지 어떻게 그렇게 정확히 알고 계세요?"

나는 이렇게 대답했다.

"그건 아주 간단해. 누군가를 정말 간절히 만나고 싶을 땐, 그러니까 빨리 보고 싶은 마음이 가득할 땐 그 사람을 마음속 제일 앞자리에 두기 마련이거든. 할머니도 마찬가지야. 그래서 엄마 아빠가 도착 시간을 문자로 알려주면 다른 일은 젖혀놓고 문앞에서 기다리게 되지. 학교에서도 마찬가지란다. 문 앞에서 학생 한 명 한 명을 맞아 주면서 그 아이를 만나서 얼마나 기쁜지, 내가 얼마나 관심이 많은지 보여주는 거야!"

그렇다. 실제로 나는 그렇게 하고 있다. 솔직히 모든 학생을 늘 보고 싶어했다고는 할 수 없지만, 교사로서 반 아이들 모두에게 기쁨을 주고 싶었다. 그래서 항상 문 앞에서 학생들을 맞이했다. 그랬더니 언제부터인지 나보다 먼저 문 앞에 와서 내가 나오길 기다리는 학생들도 생겨났다. 내가 건네는 인사에 별다른 반응을 보이지 않는 아이들도 있었지만 나는 미소를 잃지 않고 다가가 인사말을 건넸다. 이런 일이 매일 반복되면서 조금씩 커다란 변화가 만들어졌다.

처음 만났을 때 그 아이들은 5학년이었다. 가정 환경이 몹시 열악한 아이들이었는데, 그들을 만나기 전까진 11살 아이들을 무서워하게 될 거라고는 생각도 못했다. 당시 나는 교감이었고 담임교사였던 분이 이혼하면서 학교를 그만두게 된 상황이었다. 그는 이혼하기까지 몇 달 동안 수시로 병가를 내고 의사나 변호사를 만나러 다니는 등 무척 힘들어했기에 아이들에게 제대로 신경을 쓰지 못하는 것도 이해가 됐다.

반 아이들 대부분이 가난한 형편, 가족 간의 불화와 잦은 싸움에 시달리고 있었다. 한부모 가정이나 부모가 수감된 상태로 지내는 아이들도 많았다. 그런 아이들에게 학교와 교사는 그나마 의지할 수 있는 존재였을 것이다. 하지만 교사가 그만두면서 실망한 아이들은 자신들이 버려졌다고 생각하고 불안과 분노에 빠졌다. 분노는 두려움을 감추는 방패이기도 하다. 아이들은 아무도 믿으려 하지 않았다. 여러 대체 교사가 거쳐갔지만 모두 힘들어했고 결국 교감이었던 내가 담임을 맡아야 했다. 2학기가 시작되고 한 달쯤 지나서였다.

학생들과 만난 첫날 나는 교실 문앞에 서서 인사하며 악수를 청했다. 하지만 스물네 명의 학생들 중 내 인사에 응한 것은 둘뿐이었다. 대부분 왜 이러냐는 듯한 눈으로 나를 쳐다보거나 무시하듯 그냥 지나쳤다. "선생님, 여기서 뭐 하세요? 혹시 누가 사고 쳤어요?"라고 비웃듯 묻는 학생도 있었다. 학생들이 모두 자리에 앉자 나는 교실로 들어와 음악을 끄고, 이제부터 내가 새로운 담임 교사라고 소개했다. 그리고 다 같이 협력해 멋진 학급을 만들어 가자고 말했다.

나는 매일 아침 문 앞에서 인사하며 아이들을 맞이했다. 학생들의 반응은 차가웠다. 그들은 여전히 버림받은 느낌을 지우지 못했고, 나는 외면당한 느낌을 받으며 서로에게 고통스러운 시간이 2주 넘게 이어졌다. 아침 인사를 그만둘까 생각했을 만큼 힘든 시간이었다.

조금씩 변화가 나타나기 시작했다. 그동안 내가 시도한 여러 가지

뇌기반학습 전략이나 사회정서학습 전략들이 효과를 발휘하기 시작한 것이다. 17일째 아침, 한 학생이 처음으로 내 악수에 손을 뻗어 응해주었다. 그 학생은 학급에서 옷을 가장 잘 입고 영향력도 큰 아이였는데, "좋은 아침이에요. 오늘도 선생님을 뵐 수 있어 기뻐요." 하고 말하는 것이었다. 처음엔 이 아이가 나를 놀리는 게 아닌가 의심했지만 그럼에도 내게 반응을 보여준 사실이 무엇보다 중요했다. 서서히 다른 학생들도 내게 인사를 건네기 시작했다.

무엇이 이런 변화를 이끌어냈을까. 그동안 내 인사를 받아주지 않은 것에 미안함을 느껴서도, 내가 항상 미소짓고 있어서도 아니었을 것이다. 내 생각에 가장 중요했던 것은, 내가 매일 같은 자리에 변함없이 서 있었다는 사실이다. 하루도 빠짐없이 매일 학생들 앞에 서 있었던 것, 바로 그것이었다. 그들은 비로소 신뢰할 수 있는 어른이 곁에 있다는 사실을 알게 된 것이다.

학생들을 반갑게 맞이하는 방법까지 굳이 설명하지는 않겠다. 다만 인사할 때 다음 중 하나 정도를 더한다면 인사의 효과를 보다 높일 수 있을 것이다.

- 질문하기: 가장 좋아하는 것을 물어본다. 색상, 계절, 음식, 핏자 종류, 동물 등 무엇이든 좋다.
- 요청하기: 애플리케이션 사용 방법, 문제 풀이, 출석 체크 등 무

엇이든 학생에게 도와달라고 부탁해 본다.

- 비언어적 신호 사용하기: 미소, 하이파이브, 악수 등 무엇이든 시도해 보자. 단 상처받은 경험이 있는 학생들은 신체 접촉을 허용하는 데 오랜 시간이 걸리고, 끝까지 허용하지 않는 학생도 분명히 있다는 사실을 기억하라. 인내심이 필요하다.

등교 인사와 하교 인사

등교 인사 못지않게 헤어질 때 하는 인사도 중요하다. 중고등학교 교사들은 시간에 쫓겨 인사할 기회를 갖기 어려울 수 있다. 하지만 하교 인사는 매우 강력한 힘이 있다. 학생들이 마지막 수업을 마치고 사물함에 물건을 넣을 때, 교실을 나갈 때, 교사가 미소를 지으며 복도에 서 있기만 해도 좋다. 바쁘더라도 잠시 하던 일을 멈추고 일어나 인사하면서 숙제를 상기시키거나, 내일 만나자고 말해 준다면, 학생들은 교사가 애정을 갖고 관심을 기울여 준다고 생각하게 될 것이다. 하교할 때 "선생님, 내일도 볼 수 있어요?"라고 묻는 학생들을 볼 때면 나는 안쓰러운 마음에 뭉클해지곤 했다.

거친 학생들도 일과가 끝날 때쯤에는 훨씬 부드러워지기 마련이다. 가방 정리하는 것을 도와주면서 오늘 하루는 어땠는지 묻고 내일 만나자고 말해주기만 해도 된다. 학생은 교사가 자신에게 관심을 갖고 대한다고 생각하며 교사를 신뢰하게 될 것이다.

교사의 개인사 들려주기

이야기의 효과는 많은 연구를 통해 입증된 바 있다. 신경정신과 전문의이자 작가인 로버트 버튼(Robert Burton, 2019)은 뇌가 세상을 이해하기 위해 정보를 수집하고 이를 이야기 형식으로 구성한다고 말한다. 이야기를 듣거나 읽을 때 뇌에서는 여러 종류의 화학물질이 분비된다. 처음 이야기를 들으며 즐거움을 느낄 때는 도파민, 내용이 심각해지거나 불확실해질 때는 소량의 코르티솔, 이야기 속 등장인물에 감정 이입되거나 결말에 다가갈 때는 옥시토신이 분비된다. 문제가 해결되거나 결말에 다다르면 보상으로 도파민이 다시 분비되면서 만족감과 즐거움을 느끼게 된다. 그렇다면 관계 형성과 이야기가 무슨 관련이 있을까? 이야기는 사람과 사람 사이에 친밀감을 만들어 준다. 즉 교사가 자신, 가족, 일상에 대해 이야기하는 것은 자연스럽게 친밀감을 쌓는 데 도움이 된다는 말이다. 어떤 문제가 있을 때 학생에게 상황을 이야기하고 도움을 청하는 것도 관계를 형성하는 방법이 될 수 있다.

테이트라는 교사는 남학생 21명, 여학생 11명으로 구성된 6학년 교실의 담임을 맡게 되었다. 30명이 넘는 학급의 모든 학생을 단시간에 파악하기란 쉬운 일이 아니다. 그는 이야기를 통해 학생들을 파악하고 친근한 관계를 맺을 방법을 모색했다. 매일 아침, 그날 가르칠 내용(역사나 문학)과 관련된 이야기를 들려주며 학생들이 이야기 속 등장인물이 되어보도록 한 것이다. 가령 남북전쟁에 관한 수업을 앞둔 아침 시간에는 이렇게 한다.

"여러분이 조국을 구하기 위해 친구들과 함께한다고 상상해 보세요. 소중한 내 가족, 내 집, 그리고 자유를 지키기 위해 나선 거죠. 아마 군복을 구해서 입고 나갔겠지요? 남부인이라면 회색, 북부인이라면 파란색 군복을 입었을 거예요. 그런데 전쟁 초기에는 군복이 모자라 구하기 어려웠어요. 그러다 보니 여러 가지 문제가 발생했죠. 심지어 남부 군인이 파란색 군복을 입을 수밖에 없는 상황도 있었지요. 만약 여러분이 이런 상황에 놓인다면 어떻게 하겠어요? 자칫 같은 편으로부터 총을 맞을 수도 있겠지요! 어떻게 해야 이런 상황에서 내 몸을 안전하게 지킬 수 있을까요?"

이런 이야기는 학생이 수업 내용과 자신의 감정에 몰입하게 하는 동시에 교사와의 관계를 친밀하게 만든다. 이야기의 핵심은 학생 개개인이 어떤 선택을 할 것인지를 묻는 것이지만, 동시에 이 질문은 학생에게 '우리는 모두 같은 편'이라는 소속감을 준다.

교사의 관심을 보여주기

"사람들은 자신을 진심으로 아껴준다는 걸 알기 전까지는 그 사람이 뭘 얼마나 많이 아는지에 대해 별 관심이 없어요."

테디 루스벨트(Teddy Roosevelt)의 말이다. 맞는 말이다. 게다가 교사가 관심을 갖고 있다는 것을 사춘기 학생들에게 확신시키기란 정말, 정말 어려운 일이다.

피셔와 프레이(Fisher & Frey, 2019)가 제안하는 다음 전략은 이런 어려움을 겪는 교사에게 도움이 될 것이다.

- 구조 정하기: 교실의 규칙은 공정하고 모든 학생에게 동일하게 적용되어야 한다. 누구에게나 일관된 기대와 기준을 세우고 지키는 것을 교실의 기본 구조로 세워야 한다.
- 선택권 주기: 학생들, 특히 십 대 청소년들은 자율성을 추구하는 성향이 강하므로, 가능하면 자신들에게 영향을 미치는 결정에 참여할 수 있도록 한다.
- 관심 보이기: 학생 개인의 일상에 대한 정보를 수집한다. 좋아하는 음악을 묻거나, 운동 경기를 관람하거나, 또는 적어도 경기 결과를 알고 있는 것만으로도 관심을 느낄 수 있다.
- 낙관적인 태도 갖기: 말과 행동으로 학생의 성공 가능성에 대한 믿음을 표현한다.
- 감정 인정하기: 학생의 감정을 지지해 주고, 그것을 어떻게 다루면 좋을지 함께 고민해준다.

십 대의 학생들을 떠올리며 이 전략들을 되새겨보자. 학생들의 시간표는 교사와 일대일로 대화할 만한 여유가 거의 없다. 하루에 대여섯 반을 돌며 수업해야 하는 교사 역시 마찬가지다. 여러 학생들과 하나하나 개별적인 관계를 쌓을 수 있는 시간은 턱없이 부족하다. 하지만 그럼에도 불구하고 노력해야 한다. 학생과 좋은 관계를 맺으려는 노력은 그만한 가치가 있고, 진심은 결국 전해지기 마련이다.

손편지 써주기

책상 서랍에 각각의 학생 이름이 적힌 봉투를 마련해 두자. 그리고 학생에게 고마웠던 일, 활동이나 과제에서 인상 깊었던 부분 등에 대해 짧은 편지를 써서 봉투에 넣어 둔다. 봉투를 모두 파일링해 두고, 학생에게 편지를 전달한 봉투는 뒤편으로 옮겨 정리하는 식으로 관리한다. 이렇게 하면 모든 학생에게 빠짐없이 따뜻한 편지를 전할 수 있고, 아이들은 그 마음을 오랫동안 기억할 수 있다.

메모 붙여주기

손편지 쓰기를 조금 더 간소화해 실천할 수도 있다. 학생에게 뭔가 칭찬해 줄 일이 있을 때 바로 메모를 작성해 책상, 사물함, 공책 등에 붙여주는 것이다. "어제 경기 정말 멋졌어!", "전학 온 친구를 네가 도와주는 걸 봤어. 그 친구가 정말 고마워했을 거야!" 등 어떤 내용이든 좋다.

이름 부르기

"사람의 이름은 그 어떤 언어보다도 더 달콤한 소리다."
작가이자 강연자인 데일 카네기(Dale Carnegie)의 말이다. 학생의 이름을 기억하고 자주 불러주도록 하자. 최근 내가 한 TV 프로그램에 빠져들게 된 까닭은 등장인물들이 서로 관계를 형성하는 방식에 매료되었기 때문이다. 주인공이 동료에게 "넌 내 사람이야."라고 말하는 장면을 우연히 보았을 때, 나는 뭉클한 감정을 느끼면서 세로토닌과 옥시토신이 분비되는 것을 느꼈다. 이 물질들은 그 순간 나를 기분 좋게 만들어주고, 등장인물과 내가 연결되어 있다고 느끼게 만들었을 것이다. 내 삶의 어느 시기에 '내 사람'이었던 누군가를 떠올리게 해준 것 같기도 했다. 「교육 리더십」이라는 학술지에서 '십 대가 학교에 바라는 것'이라는 제목의 칼럼(Fisher & Frey, 2019)을 보았을 때도 그랬다. 이 칼럼에는 모든 학생의 이름을 외우고 매일 학생들과 대화하려고 노력하는 한 교사의 영상이 소개되어 있는데, 학생을 진심으로 대하는 모습이 인상적이었다.

교육심리학자이자 뇌기반 학습 전문가인 팻 울프(Pat Wolfe)는 저서 『Brain Matters: Translating Research into Classroom Practice(뇌과학 연구의 교실 적용)』(2010)에서 '칵테일파티 효과'에 대해 여러 번 언급한 바 있다. 이는 많은 대화가 동시에 이루어지는 칵테일파티와 같은 상황에서 뇌가 중요하지 않은 잡담을 차단하는 능력을 말한다. 하지만 파티에서 자신의 이름이 들리는 즉시 뇌는 그 대화에 집중하기 시작한다. 칵테일파티 효과는 수십 년간 연구되어 왔고 신경과학자들은 자신의 이름이 언급될 때 반응하는 뇌 영역을 정확히 밝혀내려 노력하고 있다.

사실 우리 뇌는 자신의 이름을 언급하는 소리에 본능적으로 반응한다. 본래 호흡 및 생명 유지에 관련된 기능을 관장하는 망상활성계가 이름에 반응하는 것은 생존과 관련이 있기 때문이다. 이름이 불린 뒤 조심하라는 경고가 따라올 수 있기에 뇌는 이름을 생존과 직결된 신호로 판단하는 것이다. 감정을 담당하는 뇌인 변연계 역시 이름에 민감하게 반응한다. 이름이 불리는 것이 칭찬이나 비난의 시작일 수도 있고, 누군가 내 이름을 알고 있다는 사실 자체가 주는 기쁨 때문일 수도 있다.

이렇듯 이름은 매우 강력한 효과를 발휘한다. 식물인간 상태의 환자도 이름을 들었을 때 뇌가 반응한다는 연구 결과가 있을 정도다(Carmody & Lewis, 2006; NameCoach, 2017). 그렇다면 자신의 이름이 따뜻한 말투와 정확한 발음으로 불리는 것이 얼마나 중요하겠는가. 이름을 부르는 것만으로도 학생들을 격려하고, 동기를 부여하며, 소통할 수 있다. 이름 부르기는 관계의 시작이자, 학생이 자신을 중요한 존재로 느끼게 해주는 가장 기본적인 실천이다.

"캔디, 드디어 프로젝트를 끝냈구나. 어서 발표를 듣고 싶어!"
"하킴, 좋은 아이디어가 있는 것 같은데 들려줄 수 있을까?"

짧고 단순한 말 한 마디가 학생과 교사를 이어준다. 이름의 힘을 관계 형성에 적극적으로 활용해 보자. 학생에게 자신이 교실의 구성원이라는 소속감을 심어줄 뿐만 아니라, 때로 한 사람의 삶을 바꿀 만큼 큰 힘을 발휘한다.

공평하게 불러주기

학생들과 좋은 관계를 만들어가려면 관심을 표현하는 방식에서도 공평함을 유지해야 한다.

수업에 잘 참여하고, 손을 들고 예의바르게 질문하고, 대답도 잘하는 학생들이 있다. 교실이 그런 아이들로만 가득하다면 교사로서는 고맙고 반가운 일이다. 하지만 교사의 관심이나 이름이 불리는 것을 원치 않는 학생들도 있다. 질문의 답을 모르거나 관심이 없어서일 수도 있지만 어쩌면 다른 사람들의 시선을 받는 것 자체가 부끄럽고 싫을 수도 있다.

따라서 교사는 수업의 첫 시간, 첫 만남부터 모든 학생을 공평하게 대하려 노력하고 있다는 것을 분명히 알려줘야 한다. 다음은 이를 위한 유용한 전략들이다.

- 공평한 막대 뽑기: 아이스바 막대에 학생의 이름을 적고 컵에 넣는다. 질문할 때마다 막대를 하나씩 뽑아 이름이 적힌 학생에게 질문한다. 끝나면 뽑은 막대를 다른 컵에 넣는다.
- 카드 더미에서 뽑기: 인덱스카드에 각 학생의 이름을 적은 후, 카드 더미를 쌓아 놓는다. 순서대로 가장 위에 있는 카드를 뽑아 이름이 적힌 학생에게 질문한다. 답하기를 좋아하는 학생을 위해 특정 이름 카드를 여러 장 넣을 수도 있다.

두 가지 전략을 활용할 때 가끔 카드 더미를 통째로 떨어뜨리거나 막대가 담긴 컵을 넘어뜨려 쏟아도 좋다. 그렇게 한 다음 "앗! 처음부터 다시 시작해야겠네!"라고 해 보자. 이미 호명되었던 학생도 다시 이름이 불릴 수 있기 때문에 수업의 긴장을 유지할 수 있다.

방과 후 함께하기

범죄 발생률이 높은 지역의 학교에서 근무했을 때, 가끔 저녁 늦게 열리는 운동 경기나 토론 대회, 연극 발표 등 학교 행사에 다녀와야 할 경우가 있었다. 솔직히 말하면 오가기 무서울 때가 많았다. 하지만 학생들을 응원하고 지지한다는 것을 보여주기 위해 빠짐없이 참여하려고 애썼다.

나는 방과 후 활동을 맡아달라는 요청을 받게 되면 가급적 수락하는 편이다. 방과 후 활동은 참여하는 학생 수가 적더라도 학생과 친밀한 관계를 맺기에 좋은 기회다. 활동에 필요한 준비를 도와달라고 학생에게 요청해 보자. 학생은 교사가 자신에게 관심이 있고 자신을 신뢰한다고 느낄 것이다.

이 외에도 다음과 같은 방법이 있다.

- 다른 학생과 어울리기를 두려워하거나 어디서 내려야 할지 몰라 불안해하는 학생을 위해 버스 함께 타기
- 칭찬 편지 써 보내기

- 가정 방문하기
- 일과 중 힘든 일을 겪은 학생에게 전화로 위로와 격려하기
- 학생이 다문화가정 자녀일 경우, 단 몇 마디라도 학생 가정의 모국어 익히기

2×10 전략

2×10 전략은 심리학자 레이 블로드코스키(Ray Wlodkowski)가 1983년에 소개하여 효과적인 교수법으로 인정받고 있다. 이 전략은 학생과 매일 2분씩, 10일간 학생이 원하는 주제에 대해 일대일로 대화하는 것으로, 학년에 상관없이 적용할 수 있다. 학생에게도 부담이 적지만, 교사 입장에서도 학생을 위해 바로 시도할 수 있는 개입(intervention)이며, 특히 문제 행동을 다룰 때 유용하다. 주의할 점은 교사가 학생 한 사람에게 집중해야 한다는 것이다. 10일이라는 짧은 시간이지만 학생은 이 시기에 경험한 교사와의 상호작용을 기억하면서 좋은 관계를 유지할 수 있게 된다.

월샤트 선생님은 과학 프로젝트를 위해 학생들을 여러 모둠으로 나누고 활동을 진행했다. 그런데 애비라는 이름의 한 학생이 좀처럼 집중하지 못하며 자기 모둠과 다른 모둠 학생들까지 방해하고 있었다. 월샤트 선생님은 애비를 야단치는 대신 조용히 자기 자리로 불렀다. 만약 꾸중을 했다면 또다른 갈등이 벌어질지도 모를 일이었다.

무슨 문제가 있었느냐고 묻는 선생님의 친절한 태도에 애비는 순순히 자기 상황을 털어놓았다. 아버지가 얼마 전 갑작스레 집을 나가면서 어머니가 일자리를 알아보느라 경황이 없고, 자신이 어린 여동생을 아침저녁으로 돌보게 되었다는 것이었다.

2분 정도의 짧은 대화였지만 월샤트 선생님은 애비의 상태를 이해할 수 있었다. 그래서 자기 자리로 돌아가 프로젝트에 참여해 달라고 부드럽게 부탁했다. 이렇게 해서 애비는 그날 더이상 문제를 일으키지 않고 프로젝트를 수행할 수 있었다.

다음날 월샤트 선생님은 다시 애비를 자리로 불러 상황이 어떤지 물었다. 애비는 아침 식사가 엉망이 되었다며 웃었다. 평소에는 어머니가 아침 식사를 준비해 주었는데 오늘은 자기가 요리를 해야 했다며 그 덕분에 난장판이 되었다는 것이었다. 월샤트 선생님과 애비는 함께 웃으며 그밖에도 몇 가지 이야기를 더 나누었다. 그날 애비는 한결 차분해졌다.

월샤트 선생님은 앞으로 8일간 더 이렇게 아침 대화를 나눠보기로 결심했다. 그 결과 애비와의 관계는 눈에 띄게 좋아졌고 다른 학생들과도 관계가 더 좋아지는 느낌이 들었다. 월샤트 선생님은 기회가 있을 때마다 학생들을 개별적으로 불러 2분 남짓 짧은 대화 시간을 보내곤 했다. 이후 월샤트 선생님의 교실에서는 더이상 수업 중 생활지도 문제가 발생하지 않았다.

하루 2분의 시간도 낼 수 없을 만큼 힘들고 바쁜 교사들이 있다. 예전의 나 역시 그랬다. 이런 교사를 보면 먼저 다가가, 수업을 참관해도 되는지 조심스레 묻는다. 수업을 관찰하게 되면 교사의 '시간'에 집중한다. 시간은 교사에게 가장 소중한 자원 중의 하나다. 그런데 수업 시간 중에 학생의 행동을 바로잡느라 짧게는 몇 초, 길게는 몇 분까지 시간을 쓰게 되는 장면을 종종 본다. 나는 그 시간을 기록해 두었다가 수업이 끝난 후 교사에게 보여준다. 훈육에 쓴 시간뿐만 아니라 다시 수업에 집중하기까지 소요된 시간은 보통 2분 이상이다.

대부분의 학생은 누군가와 이야기를 나누고 싶어 한다. 2×10 전략에서는 첫 단계가 가장 어려운데, 전략을 바로 적용하기 정말 힘든 학생도 분명 있다. 그럴 때는 그 학생 가까운 곳에 서서 다른 학생과 즐겁게 대화를 시작해 보자. 이렇게 하면 어느새 그 학생도 대화에 귀를 기울이고 있을 것이다. 이때의 대화는 학업에 대한 것이 아니라 서로를 알아가기 위한 것이어야 한다.

다음은 나의 수업을 들었던 고등학교 2학년 학생의 이야기로, 내게 가장 인상 깊었던 관계 형성 사례 중 하나다.

윌은 좀 무서운 학생이었다. 항상 검정 가죽 재킷에 검정 바지, 검정 가죽 부츠를 신고, 주머니에는 쇠사슬 같은 것이 여러 개 달려 있었다. 윌은 학급에서 유일하게 나와 서먹한 학생이었는데, 수업에 참여시키려 할 때마다 무관심한 표정으로 다른 곳을 쳐다보곤 했다.

어느 날 복도를 걷다가 월과 마주치게 되었다. 사물함 앞에 서 있던 월이 귀에 이어폰을 꽂은 채 갑자기 내 쪽으로 고개를 확 돌린 것이었다. 월은 깜짝 놀란 듯했지만 곧 의아한 표정으로 나를 쳐다보았다. 얼굴을 마주하고 서서 잠시 어색한 분위기가 흘렀다. 무슨 말을 해야 할지 몰랐지만 일단 아무 말이라도 해야 할 것 같았기에 "안녕, 월! 무슨 음악 듣고 있니?"라고 말문을 열었다. 월이 퉁명스럽게 어떤 밴드 이름을 말했는데, 한 번도 들어본 적 없는, 아마도 헤비메탈 그룹이었던 것 같다. 내가 "한번 들어봐도 될까?" 하고 묻자 월은 이어폰 한쪽을 빼서 건네주었다.

1분쯤이나 됐을까? 너무 시끄러워서 더는 듣기가 괴로웠다. 적절한 타이밍이라고 생각했을 때 내가 이어폰을 빼면서 "멋지다! 고마워!"라고 말하자 월은 나를 이상하다는 듯 계속 쳐다보았다. 하지만 나는 "덕분에 기분이 좋아졌어! 수업 시간에 보자!"라고 말했다.

이런 만남 후 월이 모범생으로 바뀌었다고 말하면 믿겠는가? 하지만 내게는 정말 마법 같은 변화가 일어났다. 그때부터 월이 나를 대하는 태도가 조금 바뀌었기 때문이다. 수업 태도가 달라진 건 아니었다. 여전히 먼저 질문하지도, 질문에 답하는 일도 없었다. 하지만 내가 말을 걸면 짧게나마 반응하기 시작했다. 게다가 나와 눈이 마주치면 선뜻 고갯짓을 하거나 끄덕이는 것이 아닌가. 그건 정말 놀라운 변화였다. 심지어 학교 식당에서 만났을 때는 몇 마디 말을 주고받았고 그때 윌은 나를 향해 씩 웃어주기까지 했다. (나는 금요일마다 학교 식당에서 학생과 함께 식사를 하는데, 이것은 관계를 형성하기 위한 또 다른 방법이다.) 어떤 학생들과는 공통점이 전혀 없다고 느낄지도 모른다. 하지만 누구에게나 공통점은 있다. 그걸 찾아내는 것이 교사의 일이다.

대화를 처음 시작할 때는 질문을 자제하는 편이 좋다. 2×10 전략이 가장 필요한 학생들은 대부분 대답하는 것을 주저한다. 그들의 경험 속에서 교사는 대답을 강요하는 존재일 수도 있다. 가급적 질문이 아닌 반응이나 의견으로 대화를 시작하라.

"내 딸도 그 청바지 갖고 있는데! 진짜 좋아해서 항상 그 청바지만 입거든. 나도 하나 살까 고민 중인데 어때, 정말 편하니?"

고개를 끄덕이는 반응만 나와도 괜찮다. 이제 대화가 시작된 것이다. 이렇게 물어봐도 좋다.

"아들 생일에 뭘 선물해야 할지 고민 중이야. 혹시 좋은 아이디어 없을까?"

학생들은 대부분 이 말에 반응한다. 나는 이런 식으로 내 삶의 일부를 학생들에게 보여주고 학생들이 자신의 이야기를 내게 공유해주기를 기대한다. 학기 초에 '서로 알아가기 활동'을 하게 될 경우 거기서 얻은 정보를 바탕으로 대화를 이끌어갈 수 있을 것이다.

자리 정하기

자리를 지정하는 것이 어떻게 학생과의 관계 형성을 도울 수 있다는 걸까? 자기 자리가 있다는 것은 자신이 어딘가에 속해 있다는 소속감과 안정감을 준다. 이는 학교가 집보다 안전한 장소라고 생각하는 학생에게는 특히 효과적이면서도 아주 간단한 전략이다. '내 자리, 내 공간, 내 사진, 내 사물함, 내 팀.' 이 모든 표현이 학생들에게는 의미가 있다. 또한 교사에게도 학생들이 '내 아이들!'이 되어 영원히 기억 속에 남을 것이다. 내 기억 속에 남아 있는 '무서운 윌'처럼 말이다. 윌은 성인이 되었고, 이전에 타던 오토바이를 처분했다. (내가 오토바이에 대해 언급했던가? 가죽 재킷으로 짐작할 수 있었을 것이다.) 그리고 자신을 가르친 한 선생님의 조카와 결혼해 행복하게 살고 있다.

함께 시작하는 시간

함께 시작하는 시간은 관계를 형성하는 또 다른 좋은 방법으로, 모든 학년에 효과적이다. 보통 하루 일과의 시작 전 아침 시간에 진행하면 되지만, 시간을 내기 어렵다면 수업 이동 전 같은 모둠에 배정된 학생들끼리 모이게 해도 된다. 뇌는 익숙하게 반복되는 패턴을 좋아하기 때문에 모임도 정기적으로 진행하는 편이 효과적이다.

이 시간을 통해 학생들은 감정을 공유하고 상대방의 이야기를 경청하며 긍정적인 대화를 나눌 수 있다. 가정 환경이 불안정하거나 트라우마를 겪은 학생에게는 이 모임이 소속감을 느낄 수 있는 특별한 곳으로 인식될 수 있다. 함께 시작하는 시간을 통해 학생들은 서로의 존재를 알아가고, 감정을 표현하며 그날의 학습 일정을 준비하는 데

도 도움을 줄 수 있다.

고등학교의 경우 하루 일과가 다르기 때문에 운영 목적은 비슷하더라도 방식은 다를 수 있다. 학업, 동기 부여, 관계, 학습 계획, 졸업 후 진로에 대한 논의, 또는 소속감과 안정을 느끼도록 돕는 데 중점을 두게 된다. 학생들은 이 시간을 통해 자기 생각과 고민을 터놓을 수 있다. 칭찬과 격려도 받을 것이다. 모임은 매일 하는 것이 가장 이상적이지만 일주일에 두 번만 만나도 효과가 있다. 다음은 고등학교에서 '함께 시작하는 모임'을 운영하는 방법이다.

- 수업 시작 전 아침 시간 활용하기
- 점심 시간 활용하기 ('점심 모임 만들기' 참조).
- 학급의 반복적 일과에 쓰이는 자투리 시간 활용하기
- 필요할 경우 따로 시간 내기

조회 활용하기

조회는 학급에 공동체 의식을 심어주기 좋은 전략이다. 대개 초등학교 저학년 시기에 실시하지만 이점이 많아 고학년 때도 실시하는 학교가 많다. 다음은 조회의 전형적인 구성 요소이다.

- 인사하기: 이미 교실 문 앞에서 인사를 했더라도, 조회 시간에 다시 한번 인사를 하며 하루를 맞이하는 것이 좋다.

- 공유하기: 일상 속의 이야기를 나누며 친구들과 서로 질문할 기회를 갖는다.
- 모둠 활동: 학기 초는 '서로 알아가기' 활동을 하기 좋다. 다음은 내가 오래전 워크숍에서 배운 이후 지금까지 교실과 연수에서 꾸준히 사용하고 있는 방법이다.

    1. 먼저 학생 수만큼 의자를 붙여 둥근 원 모양으로 배치한다. 학생들은 모두 의자에 앉고 교사는 중앙에 선다.
    2. 교사가 "안녕하세요. 저는 ○○○입니다."라고 인사하면 학생들은 "안녕하세요, ○○○ 선생님!" 하고 인사한다.
    3. 교사가 자신의 이야기를 하나씩 공유한다. "저는 강아지를 키우고 있어요." 그러고 나서 "우리 사이, 이어질까요?"라고 외친다. 그러면 강아지를 키우는 학생들은 모두 자리에서 일어나 다른 의자를 찾아 앉는다. 강아지를 키우지 않는 학생은 그대로 앉아 있으면 된다. 교사도 재빨리 의자 하나를 차지해 앉는다.
    4. 자리에 앉지 못한 학생은 원 가운데로 나와 자기 이름을 말한 뒤, 자신의 이야기를 공유한다. "저는 ○○○입니다. 저는 매운 떡볶이를 좋아해요. 우리 사이, 이어질까요?" 그러면 앞에서 했던 것처럼 서로 일어나 다른 의자로 이동한다.

학생들은 학년에 상관없이 모두 이 활동을 좋아한다. 나는 모든 학생이 한 번씩 원 안에서 자신에 대해 무언가를 공유할 때까지 계속 진행시킨다. 활동이 끝날 때쯤이면 교사는 모든 학생의 이름과, 자신과 학생들과의 공통점을 알게 된다. 이는 나중에 학생들과의 상호작용(예: 2×10 전략)을 훨씬 수월하게 해준다.
- 공지 사항: 특별한 행사나 모임, 공유할 필요가 있는 사항 등을 전달한다

점심 모임 만들기

대부분의 중학교나 고등학교에서는 아침에 조회 시간을 충분히 확보하기 어렵다. 일과가 바쁘고 수업 시간이 짧기 때문이다. 이를 보완하기 위해 몇몇 학교에서는 점심 시간에 잠깐 모이거나 학생과 함께 점심을 먹는 시간을 갖도록 하고 있다. 나도 중학교에 근무할 당시 조회 시간이 너무 짧아서 학생들과 함께할 수 있는 시간이 부족했다. 그래서 금요일마다 학생들과 함께 급식실에서 점심을 먹곤 했다. 그러면 주말을 기대하는 학생들은 누구인지, 그 주의 과제나 평가에 대해 어떻게 생각하는지, 나중에 따로 이야기할 필요가 있는지 등을 살필 수 있었다. 이는 학생들과 소통하고 관계를 형성할 수 있는 가장 좋은 기회 중 하나였다.

EMR 전략

미네소타 대학교의 쿡(Cook et al., 2018)은 교사가 관계를 형성하고 유지하며 회복하는 기술을 사용하는 교실에 대한 연구를 진행했다. 연구는 1차로 초등학교 4학년과 5학년 220명을 대상으로 실행되었

고, 2차는 중학생을 대상으로 진행되었다. 연구 결과, 관계에 초점을 맞춘 수업 활동을 한 후 학업 참여도는 33퍼센트 증가했고 수업 방해 행동은 75퍼센트 감소했다. 즉 수업에 집중한 시간이 증가하고 수업의 질이 향상된 것이다.

EMR(establish-maintain-restore, 형성-유지-회복) 전략은 관계를 세 단계로 구분한다. 첫 번째는 관계를 시작하고 형성하는 단계, 두 번째는 관계 악화를 방지하고 유지하는 단계, 세 번째는 악화된 관계를 회복하는 단계이다. 다음은 각 단계별로 제안하는 전략들이다.

관계 형성
- 문 앞에서 긍정적인 인사하기
- 개방형 질문과 성찰적 질문하기
- 학생이 주도하는 활동 도입하기
- 일대일 면담을 위한 시간 마련하기

관계 유지
- 학생의 상태를 정기적으로 확인하기
- 좋은 행동을 칭찬하고 격려하기
- 긍정적인 상호작용을 하기

여기에 더해, 스티븐 코비(Stephen Covey)가 말한 '감정은행 계좌에 입금하는 방법'으로 다음 세 가지 전략을 추가하고 싶다.

- 학생과의 약속 지키기
- 학생의 사소한 것에도 관심 표현하기
- 학생에 대한 기대를 명확히 하기

관계 회복
- 실수를 계속 상기시키지 않기
- 문제를 지적할 때는 학생이 아닌 잘못된 행동을 비판하기
- 갈등이 있을 때 교사 자신의 부분적 책임 인정하기
- 이해당사자와 직면하기
- 상황을 바로잡기 위해 필요한 조치를 취하기
- 이후에도 지속적으로 행동을 점검하고 경과를 지켜보기

관계를 형성하고, 유지하고, 회복하는 과정은 다양한 형태로 이루어진다. 하지만 그 모든 것의 시작은 학생이 교사에 대해 알아가는 것부터 출발한다.

학생의 이야기에 다가서기

앞에서 소개했던 역사 교사 사라의 이야기를 다시 떠올려보자.

교장 선생님과의 면담 후 사라는 1장에 나온 여러 전략을 다양하게 시도해 보았고, 그 결과 2×10 전략이 가장 효과적이었다고 말했다. 150명이나 되는 학생을 맡고 있었기에 개별 학생과 보낼 수 있는 시간은 몇 분 정도밖에 안 되었지만, 사라에 대한 소문은 금세 퍼져나갔다. 학생들은 사라와 나눈 좋은 경험을 주변 사람들에게 퍼뜨렸고 사라가 학생에게 관심이 없다는 편견도 바뀔 수 있었다.

사람은 관계 속에서 살아가는 존재다. 학생과 함께하다 보면 교사도 종종 상처받게 된다. 하지만 그건 학생이 일부러 교사를 괴롭히는 게 아니라, 학생 자신이 지금 힘든 상황에 있기 때문일 것이다. 극심한 스트레스에 시달리다 보면 뇌는 몹시 예민해진다. 새로운 상황, 낯선 자극이 큰 위협으로 느껴질 수도 있다.

그런 학생의 주변에 친절하고 사려 깊은 어른이 한 명만 있어도 극적인 변화가 일어날 수 있다. 단, 이런 학생에게 다가서려면 준비가 필요하다. 뒤 페이지에 소개하는 방법은 학생에게 다가서고 긍정적인 관계를 형성하는 데 도움을 줄 것이다.

Every Student Has a Story ○ 관계 구축을 돕는 방법

바라는 목표	다가서는 방법
좋은 관계를 형성하고 싶다면	신뢰를 쌓는다. 존중하는 태도로 이야기하자. 학생을 이름으로 불러주자.
신뢰를 형성하고 싶다면	학생과 눈을 맞춘다. 약속한 것은 꼭 지킨다. 이름을 불러주자. 그리고 한 걸음 더 다가가자.
문제 행동을 개선하고 싶다면	평소 학생과 쌓아온 신뢰를 기반으로 이렇게 말해 보자. "지금 모습은 너답지 않구나. 내가 아는 너는 다정하고 친절한 사람이야. 혹시 내게 하고 싶은 말이 있니?" 그리고 함께 행동 규칙을 정해 보자.
학업을 향상시키고 싶다면	소속감을 느낄 수 있게 한다.
관계를 회복하고 싶다면	관계가 깨진 일에 교사의 책임도 있음을 인정한다.
소속감을 느끼게 하고 싶다면	있는 그대로의 모습을 존중하고, 남과 다른 모습까지도 소중히 여긴다는 것을 보여주자.
관계 형성을 시작해야 한다면	미소로 시작하고, 인사를 건네며, 교사 자신의 이야기를 공유한다.

2

Social-Emotional Learning and the Brain

공감

공감 능력은 키워질 수 있으며,
이를 통해 아이들의 삶은 변할 수 있다.

— 미셸 보르바(*Michele Borba*)

"

교실로 들어온 엘시는 책을 집어던지고 눈물을 흘리며 말했다.
"내가 응원단에 지원할 거라고 말하니까 모두들 비웃었어요. 춤도 못 추고 점프도 못할 거라고 하면서요. 브리아나는 '너 같은 헤어스타일로는 어림없어. 넌 옷도 잘 못 입잖아. 밴드에나 지원해 보지 그래?' 하고 비웃었어요. 그 말에 다들 깔깔거리며 웃었어요."

이런 상황에서 나는 종종 신중함을 잃고 충동적인 사람이 되곤 한다. 처음엔 그 애들을 불러서 혼내줄까도 생각했지만 교사가 그렇게 할 수는 없다. 엘시에게 좀 더 강해져야 한다고 말해줄까 생각하기도 했다. 중학교는 인생의 축소판 같은 거라고, 기운 내라고, 살다 보면 너를 좋아하는 사람도 싫어하는 사람도 생길 거라고, 심지어 네가 인연을 끊고 싶은 사람들도 생겨날지 모른다고 말이다. 하지만 지금 엘시에겐 이런 말만으로는 충분하지 않다.

학생을 사랑하고 걱정하는 마음이 앞서는 교사라면 이렇게 말할

지도 모르겠다. "어제 입고 왔던 스웨터를 입으면 어떨까? 정말 예뻤거든." "혹시 작년처럼 머리를 길게 늘어뜨리면 더 낫지 않을까?" 하지만 이 역시 적절하지 않다. 이런 말은 엘시를 비웃고 조롱한 아이들과 마찬가지로 은근한 동조로 생각될지 모른다.

공감할 수 있다는 것은 자신의 내면을 깊이 들여다보면서 다른 이들과 연결될 수 있는 지점을 찾는 것이다. 우리 어른들에게도 불안하고 자신감 없는 중학생이었던 때가 있었을 것이다. 그런 마음을 기억하는 교사라면 엘시에게 어떤 말을 해주게 될까. 잘못한 아이들을 벌주겠다고 약속하거나 엘시의 옷차림과 머리 모양에 대해 조언하는 대신, 먼저 "속상했겠다. 마음이 많이 아팠지?"라고 말할 것이다. 그저 엘시 옆에 앉아 엘시의 감정을 인정해주고, 엘시가 이 교실 안에서 소중한 존재라는 사실을 일깨워줄 일이다.

다른 사람에게 공감하려면 자신의 약함을 드러낼 수 있어야 한다. 단지 그 사람의 감정에 동의하는 데 그치지 않고, 나 자신을 열고 나의 진짜 모습을 보여주는 데까지 나아가야 한다. 아이들이 공감을 원하는 이유가 바로 여기에 있다. 교실에서 아이들은 늘 '어울리거나' '소속되려고' 애쓴다. '어울리기'는 다른 사람에게 맞추기 위해 나 자신을 바꾸는 것이고, '소속되기'는 있는 그대로의 나로 받아들여지는 일이다. 교사가 자신을 솔직하게 드러내고 공감할 때 학생은 자신이 있는 그대로 받아들여지는 느낌, 즉 소속감을 느끼게 된다(Brown, 2018).

공감을 가르쳐야 하는 이유

메리 고든(Mary Gordon)은 "공감은 가르치는 것이 아니라 전해지는 것"이라고 말한다(2009). 많은 교사들이 학생의 공감 능력 부족을 걱정하고 있다. 부모들이 가정에서 공감의 본보기가 되어 주는 것이 자연스럽겠지만 현실은 그렇지 않다.

마이아 샬라비츠(Maia Szalavitz)는 『Born for Love(사랑받기 위해 태어나다)』(2010)에서 이렇게 말하고 있다.

"공감 능력은 모든 사람에게 자동으로 생겨나는 것이 아니다. 공감 능력을 키워주려면 주변 사람들이 보여주는 특정 경험과 행동이 반드시 필요하다."

만약 가까운 이들의 모범적인 행동을 경험하지 못한다면 학생들은 어떻게 해야 공감 능력을 가질 수 있을까? 메리 고든이 1996년부터 시작한 '공감의 뿌리(Roots of Empathy)' 프로그램을 보면 그 방법을 짐작할 수 있다. 이 프로그램의 특징은 한 달에 한 번 아기를 교실로 데려오는 것이다. 학생들은 아기를 관찰하고, 격려하고, 아기가 느끼는 감정에 대해 토론한다. 또 아기가 자라고 변화하는 과정을 지켜보고, 아기의 몸짓, 표정, 행동을 근거로 아기의 감정을 추측한다.

고든은 인터뷰에서 "다른 사람과 하나의 폐로 함께 호흡하는 것"을 공감이라고 설명했고, 브루스 페리(Bruce Perry)와 미셸 보르바(Michele Borba) 등은 이 프로그램이 공감 능력을 키우는 데 큰 효과가 있다고 말하며 강력한 지지를 보냈다.

몇몇 연구에서는 경제적으로 여유 있는 학생일수록 공감 능력이 부족한 경향이 있다고 한다(Gregoire, 2018; Grewal, 2012). 부유한 사람들은 타인에 대해 무관심한 경향이 있고 타인의 고통을 잘 이해하지 못한다는 것이다.

실제로 학교 현장에서 이런 사실을 실감할 때가 있다. 사회경제적 혜택을 많이 받은 학생이 그렇지 못한 친구들의 상황에 잘 공감하지 못할 때다. 물론 부유한 가정의 아이들이 다 그렇다는 것은 아니며, 그 차이는 부모나 보호자들이 어떻게 공감의 본보기를 보여주느냐에 따라 달라질 수 있다.

힘든 상황에 익숙하지 않아 공감을 잘 표현하지 못하는 학생들도 있다. 그런 학생들은 힘든 상황을 마주하면 공감하기보다는 회피하려 한다. 부모님을 잃고 슬퍼하는 친구를 보면 그 슬픔에 어떻게 반응해야 할지 몰라 피해버리는 식이다. 주위에 비슷한 사람들이 없는지 떠올려보라. 자신이나 가족이 심각한 병에 걸렸을 때 가까이 다가와 도우려는 사람이 있고 거리를 두며 멀어지려는 사람이 있다. 이런 상황을 통해 누가 진정한 친구인지 가려낼 수 있다고 생각할 수도 있을 것이다.

이러한 반응에는 강력한 신경생물학적 요인이 관여한다. 공감은 실제로 고통을 유발할 수 있기 때문이다. 예를 들어, 나는 동물을 사랑하는 사람이지만 학대받는 동물이나 강아지 공장(puppy mills, 강아지를 대량으로 번식시키는 시설-옮긴이)을 보여주는 화면이 나오면 TV 채널을 돌려버린다. 그런 화면을 보는 것만으로도 몸이 아픈 것 같은 고통을 느끼기 때문이다.

하지만 나는 동물 보호를 위해 행동에 나서거나 관련 단체에 기부를 하거나 하지는 않았다. 그 돈이 실제로 동물에게 도움을 주는 데 쓰일지 확신이 없고, 그런다고 해서 내가 느끼는 고통이 줄어들지도 않기 때문이다. 몇 번의 행동이나 기부만으로 잘못된 현실을 바로잡을 수 있다고도 생각하지 않는다.

공감의 유형

공감 능력을 '마음보기(mindsight)'라고도 부르는데 이는 자신의 마음과 타인의 마음을 모두 이해하는 능력을 의미한다.

스티븐 코비(Stephen Covey, 2015)는 "먼저 상대를 이해하려 노력하라. 이해받는 것은 그다음이다."라고 강조한다(p.247). 이 말은 교사에게 특히 중요하게 다가온다. 교사는 지식을 전달할 뿐만 아니라 학생이 스스로 탐구하고 발견하도록 돕는 사람이다. 학생이 수업 내용을 잘 이해하기를 원한다면, 교사가 먼저 학생의 이해를 얻고 신뢰받을 수 있도록 노력해야 한다.

존 해티(Hattie, 2012)의 연구는 한 걸음 더 나아간다. 공감하는 교사는 학생 하나하나의 감정과 상황에 공감하고, 각 학생이 어떻게 학습하는지, 지금 어느 지점에 있는지를 이해한다. 학습의 출발점은 바로 공감이다. 학생의 현재 학습 상태를 정확히 이해하는 것에서부터 진짜 가르침이 시작된다.

공감은 타인을 이해하고, 느끼고, 관심을 가지는 정도에 따라 인지적(cognitive), 정서적(emotional), 연민적(compassionate) 공감으로 구분할 수 있다. 이 세 종류의 공감을 살펴보면서, 교사가 가르쳐야 할 것이 어떤 유형의 공감인지 생각해 보자.

인지적 공감은 조망수용(perspective taking)이라고도 하며, 다른 사람의 감정과 생각을 이해하는 능력으로 경청이 중요하다. 학생에게 공감하려면 의사소통이 명확해야 하며, 그들이 사용하는 어휘를 이해하고 경청을 통해 어떻게 반응할지에 대한 정보를 얻어야 한다.

정서적 공감은 타인의 감정을 실제로 느끼는 능력을 말한다. 정서적 공감을 통해 감정적 유대를 맺고, 자신의 감정을 상대방이 알아준다고 느낄 수 있다.

연민적 공감은 공감적 관심(empathic concern)이라고도 하며, 앞의 두 공감 유형인 이해와 감정의 공유를 넘어 행동으로 이어지는 공감이다. 연민적 공감을 느끼면 자연스럽게 마음이 움직이고 상대를 도우려는 행동으로 나아가게 된다. 공감의 세 가지 유형을 이해하기 위해 다음 상황을 살펴보자.

학생 하나가 아침에 등교하는데 슬픈 표정으로 눈물을 흘리고 있었다. 사정을 알아보니 가족들이 반려견을 안락사시키기 위해 병원에 데려갔다는 것이다. 그 말을 듣고 교사는 학생에게 안타까운 표정으로 "마음이 아프겠구나."라고 말해주었다.

여기서 끝난다면 교사의 행동은 단순한 동정으로 비칠 수 있다. 공감을 보여주려면 한 걸음 더 나아가야 한다.

먼저 학생이 겪는 상황을 머릿속에 그려보는 인지적 공감을 시작한다. 학생이 그 개와 얼마나 오랜 시간 동안 함께 지냈고 얼마나 가깝게 지냈을지 생각해 보는 것이다. 그다음은 학생의 경험을 교사 자신의 경험과 연결하기 위해 노력하는 정서적 공감의 단계다. 반려동물을 잃어버렸을 때 기분이 어땠는지 상상해볼 수 있다.

그러고 나면 연민적 공감이 어떤 행동을 하게 만들 것이다. 학생이 대화를 원한다면 함께 시간을 보낼 수 있을 것이고, 그게 아니라면 혼자만의 시간을 가질 수 있도록 배려해 줄 수도 있다. 학생이 심하게 상심한 상태라면 진정될 때까지 수업에서 빼주고, 좋아하는 모둠 활동을 선택하여 주의를 환기시킬 수도 있을 것이다. 이 모두가 연민을 보여주는 행동이며 출발점은 바로 공감이다.

공감과 뇌

막스플랑크 연구소에서 진행한 연구(Max Planck Institutes, 2013)에 의하면 뇌에는 지나치게 자기중심적이고 다른 사람에게 공감하지 못할 때 이를 교정해 주는 특별한 영역이 존재한다. 이는 우측 상측두변각회(right supramarginal gyrus)라고 부르는 영역으로, 뇌의 전두엽과 두정엽, 측두엽이 만나는 지점에 있다(Silani et al., 2013). 이 영역은 타인에게 주의를 기울이고 상대방의 입장에서 생각하게 만드는, 일종의 자동 교정 기능을 한다(도표 2.1).

이 영역이 제대로 작동하지 않거나 발달이 충분히 진행되지 않았을 경우 자신의 감정과 상황을 다른 사람에게 그대로 투사할 가능성이 높다(Siegel & Bryson, 2018). 다만 어린이의 경우 성장함에 따라 이

도표 2.1 공감에 관여하는 뇌 영역

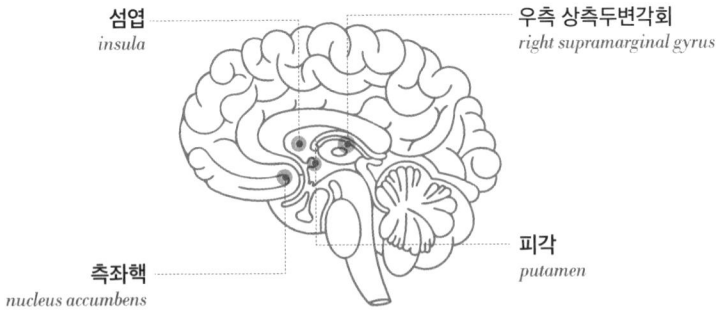

영역도 계속 발달하게 되며, 많이 사용할수록 그 기능도 더욱 좋아질 수 있다.

버지니아 대학 연구팀이 진행한 연구 결과에 따르면(Coan, Becks, & Hasselmo, 2013), 사람의 뇌는 주위의 가까운 사람들과 자신을 긴밀히 연결하고 공감하게 되어 있다고 한다. 본래 뇌는 생존 메커니즘에 따라 자신을 우선시하게 되어 있으므로 자기 중심성은 지극히 자연스러운 일이다. 하지만 누군가와 가까워질수록 뇌는 자기 자신과 그들 사이의 경계를 허물고 하나로 인식하기 시작한다. 뇌가 애착을 느끼는 사람들과 매우 밀접하게 연결되어 있다는 사실은 코언과 동료들(Coan et al., 2013)이 기능성자기공명영상(fMRI)을 활용해 진행한 연구에서도 밝혀졌다.

자기 인식은 누구와 친하고 누구에게 공감하느냐에 의해 크게 좌우된다. 지인이나 친한 사람들과 연결될 때 뇌에서는 우측 상측두변각회, 섬엽, 피각 등이 활성화되는데, 낯선 사람들을 보았을 때에는 반응하지 않는다. 만약 잘 모르는 사람에게 공감하게 될 경우가 있다면 그와 나 사이에 무언가 공통점이나 정서적 연결고리가 있을 가능성이 높다.

예를 들어 2001년에 뉴욕에서 발생한 9.11 테러를 생각해 보자. 전혀 모르는 사람의 고통과 죽음에 마음이 먹먹해지고, 유가족이나 희생자를 도운 소방관과 응급구조대원에게 공감하기도 했을 것이다. 처음에는 자신의 안전이나 가족, 친구를 먼저 떠올렸겠지만 시간이

지날수록 뇌의 거울뉴런(mirror neuron) 시스템이 작동하면서 비극적인 상황에 자신을 투영하고 타인의 고통을 느끼게 된 것이다. 이는 수많은 사람들이 연대감을 느끼며 하나가 될 수 있었던 사건이었다.

뇌 곳곳에 흩어져 있는 거울뉴런은 어떤 행동을 할 때뿐 아니라 다른 사람이 그 행동을 하는 것을 볼 때도 활성화된다. 최근 연구에서는 다른 사람의 감정을 관찰할 때도 발화한다고 알려졌다. 이러한 작용은 다른 사람의 경험을 직접 겪지 않고도 어느 정도는 느낄 수 있게 만든다.

누군가의 기쁨을 함께 나눌 때에는 뇌의 감정 중추, 특히 쾌락 중추인 측좌핵의 뉴런이 활성화된다. 두려움과 공포를 느끼는 사람의 뇌에서는 편도체가 자극을 받고 주위 사람들의 편도체까지 자극하게 된다.

같은 반에 시험불안이 심한 학생이 있다고 생각해 보자. 과거에 시험 불안을 겪어 본 적이 있다면 그 학생의 불안과 자신을 연결하고 공감하게 될 것이다. 그리고 그 학생이 시험 불안을 극복할 수 있도록 어떻게든 도와주려고 할지 모른다.

앞서 언급한, 큰 슬픔을 겪고 있는 상황에서 오히려 나와 거리를 두는 친구를 떠올려보자. 사실 이들은 나의 고통을 공감하지만 그 고통이 너무 강하고 감당하기 어려워 거리를 두는 것일 수도 있다. 사랑하는 사람이 고통스러워할 때 나 역시 힘들고 고통스러운 이유가 바로 이것이다.

"부모는 가장 불행한 자식만큼만 행복한 법이다."
"엄마가 행복하지 않으면 누구도 행복하지 않다."

이런 말들을 들어보았을 것이다. 왜 그럴까? 엄마가 불행하면 가족들 모두를 불행하게 만들기 때문일까, 아니면 자식이 엄마의 고통을 느끼기 때문일까?

존 메디나(John Medina, 2018)에 따르면 어떤 경험을 함께 나누고 공유할 때 거울뉴런 시스템이 작동한다고 한다. 거울뉴런 시스템은 감정 및 기억 시스템과 함께 활성화되고 서로 맞물려 작동하면서 상황을 이해하고 공감하게 만들어 준다.

공감 능력을 키우는 수업 전략

아기들은 다른 아기가 울면 함께 따라 울면서 공감을 표현한다. 유아들은 또래나 형제자매 혹은 부모가 울고 있을 때 말을 걸거나 주의를 돌리는 행동으로 울음을 그치게 하고, 같이 슬퍼하거나 위로하며 공감을 표현한다. 이처럼 공감을 표현한 경험이 있는 학생에게 공감을 가르치려면 교실에서 무엇을 해야 할까?

공감을 경험해 본 아이들이라도 나이가 들면서 환경이나 분위기 때문에 공감을 드러내지 못하게 되면 그 기억이 희미해질 수 있다. 공감을 경험한 적이 없는 학생에게는 공감이 무엇인지 가르치는 전략이 필요하겠지만, 공감을 경험한 적이 있는 학생에게는 당시의 기억을 상기시켜 주는 전략이 필요하다. 다음은 공감을 가르치기 위해 교사들이 주로 사용하는 전략들이다.

시범 보이기

교사나 어른이 시범을 보이는 것은 공감을 가르치는 가장 좋은 방법이라 할 수 있다. 어린아이가 부모의 반응과 상호작용을 주의 깊게 관찰하는 것처럼, 학생들은 교사의 행동, 특히 교사와 다른 학생과의 상호작용을 관찰한다. 누가 어떤 일을 잘했을 때 교사가 어떻게 대하는지, 또한 누가 잘못을 저질렀을 때 교사가 그 학생을 바라보는 눈빛, 말투가 어떠한지, 전체적으로 그 상황에 어떻게 반응하는지도 보고 싶어한다.

학생은 자신이 비슷한 상황에 처하면 교사가 자신을 어떻게 대할지 궁금해한다. 교사가 화가 나 있거나 속상할 때 자신과 다른 학생을 어떻게 대하는지에 대해서도 예민하게 반응한다. 안전하고 사랑받는 느낌을 받게 되면, 교사가 자신을 이해하려 애쓰고 있다고 느끼면 학생은 자신의 감정을 더 쉽게 표현할 것이다.

다음 상황에서 학생의 변화가 어떻게 일어났는지 살펴보자.

엔젤은 '천사'라는 이름처럼 착한 학생이 아니었다. 지각이 잦았고 숙제를 해온 적도 거의 없었다. 교사들은 엔젤이 빈민가에서 힘들게 살아가고 있다는 걸 알고 있었기에 조금이라도 더 나은 미래를 위해 열심히 공부하길 바랐다. 그러나 엔젤은 나아지지 않았고 시간이 갈수록 교사들의 실망은 커졌다.

그런데 교사들이 모르는 사실이 있었다. 엔젤의 가정은 여성을 매우 존중하는 문화여서 어머니와 누나가 원하는 대로 무조건 들어 주는 분위기였다. 아버지는 집에 있을 때가 거의 없었기에 막내인 엔젤이 집안에서 남자 역할을 도맡아야 했다. 그러다 보니 엔젤은 어머니와 누나들이 원하는 대로 움직여야 했고 자기 자신을 위한 시간은 거의 갖지 못했다. 엔젤이 학교에 지각하던 날 아침, 밀러 선생님과 맥그로 선생님은 엔젤과 대화를 시도했다.

밀러 선생님: 엔젤, 또 지각했구나. 너무 느긋하게 온 건 아니니?
엔젤: 아니에요. 전속력으로 뛰어왔다고요!
맥그로 선생님: 그래? 그럼 왜 집에서 늦게 출발한 거니?
엔젤: 설거지를 해 놓고 출발하느라 늦었어요. 제가 설거지를 하지 않으면 엄마가 할 수밖에 없는데, 엄마는 관절염 때문에 몹시 힘들어하세요.
밀러 선생님: 학교에 아침 식사 프로그램이 있다는 건 알지? 학생들은 누구나 먹을 수 있어. 생각해봤니?
엔젤: 전 좋은데 누나들이 학교에서 아침을 먹으려고 할지 모르겠어요. 입맛이 까다롭거든요. 누나들은 팬케이크랑 계란 요리를

원하고 이따금 베이컨을 구워줘야 해요. 그런데 베이컨을 먹으면 기름이 지저분해서 설거지도 힘들고 오래 걸려요.

맥그로 선생님: 엔젤, 어머니와 누나들에게 이야기를 좀 해 보면 어떨까? 학교에 아침 식사 프로그램이 있고, 네가 제시간에 등교하고 숙제를 할 시간이 얼마나 중요한지 말이야.

엔젤: 모르겠어요. 가족을 돌보지 않는다고 아빠가 화를 내지나 않으면 좋겠어요.

며칠 후 두 선생님은 엔젤의 집을 방문하여 어머니와 누나들을 만났다. 그리고 엔젤이 지금 어떤 상황인지, 숙제를 하는 데 시간이 어느 정도 필요한지, 제시간에 학교에 오는 것이 얼마나 중요한지를 설명했다. 가족들은 엔젤의 미래를 위해 무엇이 필요한지 이해했다. 그래서 주말에는 다 같이 아침 식사를 준비하고, 평일에는 돌아가며 부엌일을 맡기로 합의했다. 엔젤이 당번을 맡은 화요일에는 누나들이 냉동 와플과 시리얼로 간단히 아침을 먹기로 해서 더 이상 설거지가 늦어져 지각할 위험이 없어졌다.

엔젤은 더이상 지각하거나 숙제를 빼먹지 않았다. 힘들 때 의지할 수 있는 두 명의 선생님이 곁에 있다고 느끼게 되자 이전보다 열심히 학업에 열중했다. 엔젤의 변화는 다른 학생들에게도 영향을 미쳤고, 학생들은 교사의 공감과 관심을 신뢰하게 되었다.

먼저 다가가 질문하기

공감은 무언가를 다른 사람의 관점에서 보려고 노력하는 것에서 시작되는데, 말처럼 쉽지만은 않다. 이럴 때 좀더 적극적으로 다가가 솔직하게 질문을 던질 필요가 있다.

카린 고든(Karyn Gordon, 2012)은 교사가 학생에게 직접 "이 상황을 어떻게 생각하는지 설명해 주겠니?"라고 물어볼 것을 제안한다. 처음에는 학생이 대답을 주저할 수도 있지만, 교사가 자신에게 관심이 있다는 사실을 깨닫게 되면 교사에게 마음을 열 것이다. 이는 학생의 스트레스를 줄이는 데에도 도움을 준다.

단정적이지 않은 태도 취하기

학생에게 질문할 때 교사의 태도는 매우 중요한데, 특히 단정적이지 않아야 한다(Beach, 2010). 실제로 많은 성인들은 아이들이 느끼는 감정을 단정적으로 설명하는 경향이 있다. "… 때문에 슬프구나." 또는 "화가 난 모양이네." 같은 식으로 말이다.

물론 나쁜 의도는 아니겠지만 그런 말은 상대의 감정을 정확히 짚어내지 못할 수도 있기 때문에 신중해야 한다(Barrett, 2018). 그보다는 학생 스스로 자신의 감정을 말할 수 있게 하고, 조심스럽게 "내 말이 맞니?" 또는 "네가 어떻게 느끼는지 말해 줄래?"라고 묻는 것이 공감의 문을 여는 열쇠가 될 수 있다.

감사 편지

'스승의 날'과 같이 학교에서 종종 열리는 감사의 날 행사가 있다. 평소 학생들을 위해 애써주신 분들께 이런 날 감사를 표현하는 게시판이나 테이블을 마련해 보면 어떨까?

예전에 내가 근무했던 학교에서는 감사의 날이면 학교 응원단 주도로 행사를 준비하곤 했는데 시간이 늘 부족했다. 대신 그들은 "고마운 분들, 누구, 누구, 누구?"라는 제목으로 표를 만들어 감사를 전하고 싶은 사람의 이름과 직업 등을 기록했다.

'급식실 직원 감사 주간'에는 학생들이 함께 감사 편지를 쓰거나, 특별한 도움을 준 직원에게 개인적인 편지를 쓸 수 있다. 테이블에 밝은색 메모지와 작은 카드가 들어 있는 봉투를 준비해 놓고, 학생들이 편지를 작성하면 감사의 날 당일이나 주간에 전달하는 것이다.

편지를 작성하는 공간에는 직원들의 이름을 크게 적은 종이를 붙여놓아 편지를 받을 사람의 이름을 정확히 쓸 수 있게 하자. 실제로 직원의 이름을 잘못 적는 바람에 감사 편지의 감동이 반감된 경험이 있었다.

친절 감사 게시판

복도나 도서관 또는 학생들이 자주 모이는 공간에 게시판을 설치하고 친절한 행동을 감사하는 메모지를 붙이게 한다. 이런 게시판은 '친절 콜라주(collage)'가 되어 시각적으로도 멋지고 감동적인 전시가 될 수 있다. 게시판에 "오늘 어떤 친절한 행동을 보았나요?" 또는 "어떤 친절한 행동을 했나요?"와 같은 질문을 쓰고 붙임 딱지와 펜을 두면, 학생들이 보았거나 자신이 한 친절한 행동을 기록한 메모들이 순식간에 붙기 시작할 것이다.

"사라가 녹스 선생님을 위해 문을 열어 주었어요." 또는 "오늘 마일로가 손목이 아픈 사샤의 책을 대신 들어 주었어요."와 같이 관찰을 기록한 간단한 메모도 포함될 수 있다. 누군가로부터 도움을 받은 학생에게는 자신이 받은 친절을 다른 사람에게도 베풀어 달라고 요청한다. 그러면 친절한 행동을 더 장려할 수 있다.

이러한 친절 베풀기 활동을 제안할 때마다 나는 '청소년들이 과연 이런 활동을 하려고 할까?'라고 자문하곤 한다. 하지만 <PTO Today>의 기자 케리 보체스네(Kerri Beauchesne, 2018)에 의하면, 어느 학교에서는 메모지만 주면 학생들이 마치 축하의 색종이 조각을 뿌리듯이 친절을 퍼뜨렸다고 한다.

익명으로 칭찬 게시판이나 사물함, 자동차 등의 장소에 칭찬 스티커를 붙이는 활동은 청소년들이 친절에 대해 더 의식하도록 만들 수 있다. 학생들은 무언가 좋다, 고맙다고 느끼면서도 정작 그 순간에는 그런 마음을 제대로 표현하지 못할 때가 있다. 이런 친절 활동은 미처 표현하지 못했던 친절에 대한 감사를 뒤늦게라도 표현할 기회를 제공할 것이다.

대면 대화

미셸 보르바(Michele Borba, 2016)에 따르면 대면 대화는 공감 능력을 키우는 가장 좋은 방법이다. 소셜 미디어나 온라인 소통 수단을 통해서도 공감 능력을 키울 수 있다는 연구 결과가 있지만, 학생이 공감을 처음 배울 때는 코치인 교사와 함께 여러 변인과 상황을 통제하는 것이 중요하다. 글만 보고 맥락을 이해하여 의도를 파악하기가 쉽지 않기 때문이다. 연구에 따르면(Uhls et al., 2014) 며칠 동안 컴퓨터나 TV 등 디지털 기기 사용 시간을 갖지 않은 학생이 감정적 단서를 더 잘 이해하고 공감적 반응을 더 잘한다고 한다.

대면 대화는 상황 맥락 속에서 목소리와 시각적 단서를 통해 사회적 정보를 전달한다. 이러한 비언어적인 소통에는 표정, 시선, 억양처럼 분명히 드러나는 행동뿐 아니라, 자세, 서로의 물리적 거리와 같은 미묘한 메시지도 포함된다(Knapp & Hall, 2010).

대부분의 학교에서는 수업 중에 개인의 디지털 기기 사용을 허용하지 않으므로 수업 시간은 대면 대화 기술을 익히기에 이상적인 시간이다. 다음은 대면 기술을 익히기 위해 제안하는 방법들이다.

- 학생이 눈 맞춤에 익숙해지도록 상대방의 눈동자 색깔을 보게 한다. 눈에 집중하면 시각적 신호와 표정을 관찰하기가 더 쉬워진다.
- 보르바는 학생이 눈 맞춤에 익숙해지도록 재미있는 눈싸움을

제안한다(2016). 중학생들은 이 게임을 매우 좋아하는데, 1~2분 정도의 틈새 시간으로도 충분히 할 수 있다.
- 일시정지 버튼을 누른다. 일대일 대화를 할 때는 하던 일을 모두 멈추고 대화에 집중하게 한다.

지역사회 봉사 프로젝트

암스트롱(Thomas Armstrong, 2019)은 음식 기부하기, 양로원 방문해 어르신들과 대화하기, 재난 지역 봉사 활동하기, 쓰레기 줍기를 통한 도시 미화 활동과 같은 지역사회 봉사 프로젝트에 학생들을 참여시키라고 권한다. 지역사회의 필요를 파악하기 위해 인지적 능력과 사회정서학습 능력을 모두 요구하는 프로젝트를 부여할 수 있다.

이러한 지역사회 봉사 프로젝트는 봉사 활동에 주로 참여하는 학생회나 특정 모임뿐 아니라 연민적 공감 능력이 떨어지는 학생들까지 모든 학생이 참여할 수 있다.

자원봉사

자원봉사에는 학교 밖 기관뿐 아니라 교내 도서관이나 식당 봉사도 포함된다. 예를 들어 게시판을 꾸미거나 전학생을 환영하는 일을 자원하게 하면 좋다. 또한 교실에 손님이 방문한다면 인사를 건네고 필요한 물건을 갖다 주거나 수업에서 하는 활동을 설명하도록 학생에게 요청한다.

반려동물 돌보기

도심에 위치한 중학교에서 담임 교사로 근무하던 때 교실에서 '호미'라는 햄스터와 함께 지낸 적이 있다. 그때 나는 감정이나 동정심, 공감을 거의 보이지 않던 무뚝뚝한 학생들이 햄스터와 함께하면서 얼마나 크게 달라지는지 실감했다. 학생들 대부분이 햄스터를 수시로 안고 쓰다듬어 주었고 까다롭기로 소문난 학생조차 먹이 주는 일부터 청소 등 햄스터를 돌보는 일에 자원했다.

앞서 설명한 '공감의 뿌리' 프로그램에서처럼 학생들은 햄스터를 관찰하며 지금 배가 고픈지, 외로운지 등을 이야기하곤 했다. 햄스터의 몸짓을 보면 어떤 감정 상태인지 추측할 수 있다는 것이었다. 특히 주목할 만한 것은 "선생님, 제이다가 슬퍼해요. 호미를 잠깐 안고 있으면 기분이 나아질 것 같아요."와 같이 친구를 돕는 데 햄스터 호미를 활용한 것이었다.

반려동물을 돌보는 일은 많은 책임이 따르지만 긍정적인 경험과 다양한 기회를 함께 가져다준다. 학교에서 치료견(therapy dogs, 4장에서 자세히 설명)과 상호작용을 하는 행동은 학생을 진정시키고, 혈압을 낮추며, 통증 관리와 스트레스 감소에도 도움을 준다고 한다. 또, 동물과 교감하고 보살피면서 공감을 끌어낼 수도 있다. 게다가 성적 향상이라는 부수적 효과도 기대할 수 있다(Zalanick, 2019).

점심 시간 섞여 앉기

이 전략은 '티칭 톨레랑스(Teaching Tolerance, 미국의 비영리 교육 단체 —옮긴이)'에서 만든 것으로 수백만 명의 어린이가 동시에 참여하는 국제 캠페인으로 시작되었다. 이 캠페인은 학교 식당에서 모르는 이들과 같은 테이블에 앉기만 하면 된다. 행사는 보통 10월에 열리지만 학교 상황에 따라 날짜와 기간을 정해 진행할 수 있다. 이 활동은 색깔별로 분류된 리본을 학생들에게 나눠주며 점심을 먹을 테이블을 지정하고, 파티 분위기로 식당을 꾸미고, 대화를 나눌 몇 가지 주제를 테이블에 놓아두는 것만으로 간단하게 할 수 있다. 학교 식당은 학생들 간에 뚜렷한 경계선이 그어지는 장소이기 때문에 많은 학생들이 점심 시간을 불편하게 생각한다. 따라서 점심 시간에 무작위로 섞여 앉게 하는 것만으로도 분위기를 개선하는 데 도움이 될 것이다.

문학 작품

수십 년간 문학을 가르쳐 오면서 나는 문학 교과가 어느 과목보다 사회정서학습에 적합하다는 사실을 깨달았다. 학생들은 자신을 이야기 속 등장인물과 연결하며 쉽게 공감할 수 있었다.

최근의 많은 연구에서는 학생이 등장인물과 그 처한 상황을 이해하고, 자신과 동일시하며 감정이입할 수 있도록 돕기 위해 문학 작품 활용을 제안한다. 소설을 읽으면 타인과의 연결이 강화되고 공감 능력이 향상된다. 훌륭한 작가들은 불완전한 인물을 등장시킴으로써 독자로 하여금 그 인물의 내면에서 어떤 일이 벌어지고 있는지 이해하려고 노력하게 만든다(Kidd & Castano, 2013). 즉, 독자들이 수동적으로 작품을 즐기기만 하는 것이 아니라 능동적으로 참여하게 함으로써 이해를 촉진하는 것이다.

또 다른 연구는 소설을 읽으면 공감 능력이 향상될 뿐 아니라 성격까지 변할 수 있다는 것을 보여준다(Djikic & Oatley, 2014). 이처럼 문학 작품은 독자를 타인과 상호작용을 하는 가상 세계에 몰입하게 함으로써 자신을 바라보는 태도를 바꿀 수 있다. 비유적으로 표현하자면, 문학 작품은 학생들이 다른 사람의 신발을 신고 걸어보게 할 수 있다는 것이다. 『아기 돼지 삼형제』 또는 『빨간 모자』와 같은 단순한 이야기를 통해서도 이런 효과를 얻을 수 있다. 학생들에게 시점을 바꿔 늑대의 시각에서 두 이야기를 바라보게 하는 것은 관점을 전환하는 출발점이 될 수 있다.

한 연구에서는 참여자들에게 찰스 디킨스(Charles Dickens)와 제인 오스틴(Jane Austen)의 소설을 읽게 한 후에 뇌를 스캔해 보았더니 공감 효과가 나타났다고 한다. 『앵무새 죽이기(To Kill a Mockingbird)』와 『샬롯의 거미줄(Charlotte's Web)』과 같은 소설은 어떨까? 등장인물의 의도나 감정을 파악하려고 애쓰면서 미간을 찌푸리거나, 눈물을 흘리거나, 이를 악무는 등 그들의 입장에 서서 몰입하게 될 것이다. 많은 아이들이 『말괄량이 라모나(Ramona the Pest)』라는 동화를 잊지 못하는 이유는 라모나에게 공감했기 때문이다(Borba, 2016).

봉투 속의 깨달음

작가이자 강연자인 미셸 보르바는 공감으로 교실에서 일어나는 괴롭힘을 예방할 수 있다고 말하고 있다(Michele Borba, 2016). 나 역시 그의 생각에 동의한다.

나는 이 책을 준비하면서 여러 가지 자료를 조사하다가 매기 그레이트라는 교사의 <종이봉투로 괴롭힘 없는 교실 만들기(Bullyproof Your Classroom with Brown Paper Bags)>(2016)라는 제목의 글을 우연히 보게 되었다. 이 글은 마치 보르바의 주장을 확인시켜 주는 것 같았고 제목도 무척 마음에 들었다. 그레이트는 누군가로부터 영감을 얻어 이 전략을 개발했다고 한다.

다음과 같은 방법으로 학생들과 시작해 보자.

1. 교실의 모든 학생에게 각각 초록색과 분홍색 종이를 세 장씩 나누어준다.
2. 초록색 종이에는 자신을 행복하게 만들었거나 특별한 감정을 갖게 만들었던 일 세 가지를 적는다. 종이를 접어 겉면에 그 일과 관련된 친구의 이름을 적는다. 분홍색 종이에도 같은 방식으로 하되, 여기에는 자신을 화나게 하거나 수치심을 느끼게 만들었던 일을 적는다.
3. 모든 쪽지를 모으고, 겉면에 적힌 이름에 맞게 학생별 개인 봉투에 넣는다.

4. 각자 자기 이름이 적힌 봉투를 받아 안에 든 쪽지를 읽는다.

분홍색 쪽지 또는 초록색 쪽지만 받은 학생도 있었지만, 대부분 두 가지 모두를 받았다. 쪽지를 읽고 난 후 (일부 학생들은 읽어야 할 쪽지가 많았다.) 함께 모여 토론하는 시간을 가졌다.

이를 통해 학생들은 자신이 다른 친구에게 어떤 영향을 주었는지 알게 되었다. 친구에게 고통을 준 학생은 놀라며 후회했고, 어떤 학생들은 특정 상황에 어떻게 행동해야 할지 의견을 말했다. 늘 친절하게 행동한 학생은 그렇게 하는 것이 얼마나 힘들었는지 자신의 감정을 이야기했다. 친구들과 공감할 기회를 주고 학급 분위기를 한층 밝게 만들어준, 의미 있고 멋진 활동이었다.

구겨진 마음

'친절의 물결(The Ripple Kindness)'이라는 단체에서 2019년에 개발한 활동이 있다. 이 활동은 괴롭힘으로 인해 발생하는 피해를 이해하는 데 도움을 주며, 공감과 친절의 중요성을 강조하고, 모든 연령의 학생들과 할 수 있다. 학생들에게 하트 모양의 빨간색 종이를 각각 나눠준 후 다음과 같이 해 보자.

1. 학생들에게 하트(마음)가 얼마나 예쁘고 완벽한지 살펴보라고 한다. 하트를 실제 자신의 마음이라고 상상하면서 옆 친구에게

하트를 건넨다. 그리고 자신의 마음을 사랑해 주고 보살펴 달라고 부탁한다.

2. 방금 옆 친구에게 받은 하트를 향해 못된 말을 하고, 구겨서 바닥에 던지고 밟게 한다.

3. 구겨진 하트를 바닥에서 주워 들고 하트의 주인을 바라보며 사과하도록 한다. 이때 그렇게 할 의도는 전혀 없었다고 사과하고 용서해 달라고 말한다. 그러고 나서 하트를 책상 위에 놓고 최대한 조심스럽게 구김을 펴도록 한다.

4. 하트를 주인에게 돌려준다. 각자 구겨진 하트를 들게 한 후, 하트가 어떤 모양으로 보이는지 물어본다. 하트가 제대로 된 모양인지 아닌지 살피고, 친구가 하트를 어떻게 다루었는지 생각해본다.

5. 욕설, 비하, 뒷담화, 괴롭힘, 소셜 미디어에 비난하는 글쓰기 등을 할 때마다 친구의 마음에 구김을 남기게 된다는 것을 설명해준다.

6. 나중에 사과하더라도 그 구김은 없어지지 않는다는 사실을 알려준다 시간이 지나면 희미해질 수는 있겠지만 친구의 마음은 결코 예전과 같지 않을 것이며, 상처는 평생 남을 거라는 점을 강조한다.

7. 우리 모두 다른 사람들의 마음과 감정을 돌보아야 할 책임이 있다는 것에 관해 이야기하는 시간을 가져본다.

교사의 자기 평가

교사 자신이 학생과 상호작용을 할 때 공감하고 있는지 자문해 보라. 어쩌면 학생과의 만남에서 공감이 중요한 요소가 될 수 있다는 사실을 한 번도 생각해본 적이 없을지도 모른다.

수년간 나는 교사야말로 학생의 뇌를 변화시키는 사람이라고 누누이 말해 왔지만 그 과정에서 교사 자신의 뇌도 활발히 작동하고 있다는 사실을 미처 생각하지 못했다. 공감은 학생뿐만 아니라 교사의 뇌에도 깊은 영향을 미치는 것이다.

헬렌 리스(Helen Riess, 2018)는 공감을 잘하는 교사가 되고 싶다면 다음 세 가지 질문을 해볼 것을 제안한다.

- 상대방은 어떤 감정을 느끼고 있는가? 이 질문에 답하려면 상대를 관찰하는 것을 넘어 경청할 수 있어야 한다. 몸짓, 말, 억양, 표정에서 단서를 찾을 수도 있다. 하지만 가장 중요한 것은 상대방의 관점에서 무슨 일이 일어나고 있는지 정확히 파악하는 것이며, 그러려면 직접 물어보는 것이 좋다. 열린 마음으로 시선을 맞추며 부드러운 말투를 사용하라.
- 나도 이런 감정을 느껴본 적이 있는가? 상대방이 느끼는 감정을 파악했다면 자신이 그런 감정을 느낀 적이 있었는지 생각해 보라. 나이, 성별, 경험의 차이와 상관없이 비슷한 감정을 느낄 수 있다. 그 감정과 더 깊이 공감하려고 노력하라.

- 이런 감정을 느낄 때, 다른 사람들이 나에게 어떻게 해주기를 원하는가? 이 질문은 자연스럽게 황금률(golden rule)을 떠오르게 한다. 같은 경험은 없더라도 그 상황 속에 내 자신을 대입시켜 보는 것만으로 충분하다. 지금 그런 상황에 놓였다고 상상해 보라. 친절, 존중, 사랑, 연민의 마음으로 상대방을 대하면 신뢰가 쌓이고, 신뢰가 쌓일수록 상대방은 더 많은 정보를 줄 것이다. 궁극적으로는 서로를 더 구체적으로 도와줄 수 있는 관계로 발전하게 될 것이다.

위에서 살펴본 세 가지 질문을 다음 예시로 주어진 상황 속에 적용해 보자.

상황 #1

학생과 처음 눈을 마주치는 순간이다. 아침 인사를 할 때일 수도 있고, 하루 중 평범한 마주침일 수도 있다. 무의식적으로 학생의 마음을 읽기 시작한다.

'오늘 이 학생은 어떤 기분일까?'

'화가 난 것 같은데?'

'얼굴의 멍은 어디서 생긴 거지?'

이때 바로 공감의 첫 번째 순간이 찾아온다. 본능적인 자기중심적 사고에서 벗어나 타인을 진심으로 이해하려는 태도로 전환하는, 바로 그 순간 말이다.

기억하라. 이것은 우리 뇌 속에서 일어나는 일이다.

상황 #2

교실에서 학생들과 상호작용하는 순간이다. 이런 상황에서는 자기중심적 사고에서 공감적 태도로 전환하기가 훨씬 어려울 수 있다. 왜냐하면 교사는 지금 학생들을 위해 정교하게 열심히 설계한 수업을 진행하고 있기 때문이다. 만약 학생들이 교사의 설명이나 개념, 절차를 제대로 이해하지 못하면 뇌는 이렇게 반응한다.

"열심히 만든 건데 좀 이해하라고! 제발 좀 이해해 줘!"

교사의 목소리는 점점 커지고 느려질 것이다. 이때 필요한 것이 공감이다. '지금 저 학생은 어떤 마음으로 이 수업을 듣고 있을까?'

존 해티는 이렇게 말한다. "학생 중심적인 교사의 핵심은 네 가지다. 따뜻함, 신뢰, 공감, 그리고 긍정적 관계."(Hattie, 2012, p.158) 교사는 학생의 시각에서 자기 수업을 바라보려고 노력해야 한다. 학생이 처한 상황과 마음을 이해해야만 그 학생을 제대로 도울 수 있다.

내게도 비슷한 경험이 있다. 아키오라는 이름의 학생이 있는데 수업에 지각할 때가 많고 과제도 제대로 해오지 않아서 도대체 왜 그러는지 묻고 싶었다. 하지만 그 마음을 꾹 누르고 이렇게 말을 걸었다.

"아키오, 넌 착하고 평소 행동도 바른 아이야. 혹시 무슨 일 있는 거니?"

그러자 아키오가 대답했다.

"어젯밤에 동생들 옷을 급히 빨아야 해서 빨래방에 가서 자정까지 있어야 했어요. 오늘 입을 옷이 하나도 없었거든요. 끝나기를 기다리면서 숙제를 해 보려고 했는데 세탁기 소리가 너무 시끄러워서 잘 되지 않았어요."

이 말을 듣고 나는 아키오에게 양호실로 가서 두어 시간 푹 자고 오라고 권했다. 그랬더니 정말로 두 시간 동안이나 잠들어 있더라는 것이다.

다소 극단적인 사례일 수 있지만 대부분의 경우 학생들이 겪는 어려움은 학습 환경이나 흥미, 선호하는 방식 등이 달라서일 수 있다. 어떤 주제에 몰입하고 흥미를 느끼고 열정적으로 참여하자면 때로 지금과 다른 방식이 필요하다. 이런 점에서 교사는 '유연한 학습 전문가'가 되어야 한다(Hattie, 2012).

상황 #3
학생의 부적절한 문제 행동이 수업 중에 나타났다고 가정해본다. 이런 상황에서는 교사의 공감적 사고관점이 필요하다. 공감할 줄 아는 교사는 문제 행동을 처벌하기보다 공감과 연민의 태도로 학생을 바라볼 것이다.

스탠퍼드대학교 연구진은 여러 과목의 교사들과 다양한 배경의 학생들을 대상으로 세 차례 연구를 진행했다(Parker, 2016). 그리고 연구에 참여한 교사들에게 두 가지 주제 중 하나를 선택해 글을 쓰게 했다. 하나는 '교사와 학생 간 긍정적 관계가 학생들이 자기통제를 배우는 데 얼마나 중요한가'라는 공감적 사고관점이었고, 다른 하나는 '교사가 교실을 장악하는 데 처벌이 얼마나 중요한가'라는 징벌적 사고관점이었다.

결과는 분명했다. 공감적 사고관점을 선택한 교사들은 학생의 입장을 이해하려 하고, 문제 행동이 발생했을 때도 긍정적인 관계를 유지하려는 태도를 보였다. 그 결과 학생과의 관계가 개선되고 훈육의 효과도 높아졌다. 반면 처벌적 사고관점을 선택한 교사들은 학생에게 다소 가혹한 처벌을 내리는 경향을 보였다.

1장에서 보았던 교사와 학생 간의 관계에 대한 내용, 그리고 공감이 학생들에게 미치는 영향을 고려하면, 공감이 학생뿐 아니라 교사도 더 행복하게 만든다는 걸 쉽게 이해할 것이다.

학생의 이야기에 다가서기

공감은 관계를 이어주는 접착제와도 같아서 학생과의 상호작용에서 핵심적인 요소다.

트라우마를 겪고 있는 학생이 도움을 요청했을 때 교사가 하는 말은 매우 중요하다. 학생들 대부분은 어른들이 대수롭지 않게 생각하는 일에도 큰 부담을 느끼고 있으며 공감받기를 원한다. 이럴 때 "금방 지나갈 거야."라고 무심히 말하는 것은 적절하지 않다. 어른의 입장에서는 일시적인 문제일 수 있지만 학생의 입장에서는 그 순간이 삶 전체를 흔들 만큼 무겁게 느껴질 수 있기 때문이다.

문제 행동을 개선하고 싶은가? 학업을 성장시키고 싶은가? 학생에게서 긍정적인 변화를 이끌어내려면 그 시작은 올바른 말하기가 되어야 한다. 때로 교사가 던진 한 마디 말이 학생과의 관계를 살릴 수도, 망칠 수도 있다. 한번 금이 간 관계를 회복하는 데에는 훨씬 더 많은 시간과 에너지가 들기 마련이다.

공감을 가르치고 싶다면 먼저 진심어린 공감을 담은 표현을 해 보자. 뒤 페이지에 제시된 예시가 도움을 줄 것이다.

Every Student Has a Story ● 공감을 담은 표현의 예

학생의 말	이런 말 대신	이렇게 답하기
"과학 시험을 망쳤어요."	"공부를 얼마나 했니?"	"저런, 정말 속상하겠다."
"친구가 점심 시간에 나랑 같이 앉지 않으려고 해요."	"예전에 내 친구도 나한테 그랬던 적이 있어."	"그런 상황이라니 정말 힘들겠구나."
"부모님이 이혼을 할 것 같아요."	"너무 걱정하지 마. 좋아질 수도 있단다."	"마음이 안 좋겠구나. 걱정스러워."
"할아버지가 곧 돌아가실 것 같아요."	"누구나 겪는 일이지. 인생의 순리란다."	"마음이 얼마나 아플까! 내 마음도 아프구나."
"아무도 나랑 친구가 되지 않으려고 해요."	"네가 뭘 했길래 친구가 그러지?"	"정말 힘들겠구나."
"아빠가 지금 교도소에 있어요."	"이전과 다른 사람이 되어 돌아오실 거야."	"네가 얼마나 힘들지 상상조차 어렵구나."
"강아지가 집 밖에 나가 아직 돌아오지 않았어요."	"마당에 울타리가 없었던 모양이구나. 어쩌니."	"반려동물도 가족인데 그런 일이 생기다니 너무 속상하겠다."

3

Social-Emotional Learning and the Brain

자기 인식

안전하고 사랑받는다고 느끼면
뇌는 탐구, 놀이, 협력에 집중하지만,
두려움과 소외감을 느끼면
그 감정을 다루는 데 집중하게 된다.

— 베셀 반 데어 콜크(*Bessel van der Kolk*)

"

일란성 쌍둥이 자매인 제인과 조앤은 또 다른 일란성 쌍둥이 형제인 롭과 리치와 각각 결혼해 행복하게 살고 있다. 이들은 모두 좋은 직장을 다니며 경력을 쌓아가고 있다. 제인은 지금 근무하는 회사의 CEO가 되기 위해 열심히 노력하고 있다. 일을 무엇보다 우선시하는 그녀는 동료와 상사 모두에게 인정받으며 차근차근 승진 가도를 밟아 나가고 있다. 조앤 역시 자신의 일을 사랑한다. 비록 언니만큼 경쟁심이나 추진력이 강하지는 않지만 자신의 삶에 만족한다.

뜻하지 않게 두 자매는 동시에 임신을 하게 되었다. 아기를 가질 계획은 아니었지만 지금까지 모든 일을 잘 해왔던 만큼 임신을 또 다른 도전으로 생각하며 받아들였다. 하지만 엄마가 되는 일은 두 사람 모두에게 똑같이 다가오지 않았다. 직장 동료들이 임신 축하 파티를 해준 다음 조앤은 아기방을 마련하고 아기용품들을 진열해 놓았지만 제인은 그러지 못했다. 제인의 물건은 상자에 든 채 방 한쪽에 쌓여 있었다. 두 자매는 모두 아들을 낳았다. 같은 날 출산하지도, 쌍둥이를 낳지도 않았지만 말이다. 제인의 아기 이름은 제이슨, 조앤의 아기 이름은 리키였다. 이제 제이슨과 리키가 똑같은 유전자(DNA)를 갖고 태어났다고 생각해 보자. 하지만 두 가족의 이야기는 여기서부터 전혀 다르게 전개된다.

제인은 제이슨에게 온전한 기쁨을 느끼지 못했다. 출산 휴가 중이었지만 그녀는 다시 직장에 나가길 원했고 결국 재택근무로 일정을 조정했다. 일을 하고 있을 때 제이슨이 울면 제인은 아이한테 휘둘리지 않겠다며 자리를 지키곤 했다. 제이슨이 어느 정도 자라 호기심을 보이며 이것저것 질문하면 제인은 일에 방해된다며 꾸짖곤 했다. 바보 같은 질문은 하지 말라며 물어볼 때만 답하라고 했고, 통화 중일 때 제이슨이 말을 걸면 벌을 주기도 했다.

조앤은 달랐다. 조앤은 아들 리키와 사랑에 빠졌다. 늘 미소를 지으며 바라보았고, 틈만 나면 함께 산책을 하며, 기저귀를 갈거나 식사 준비를 할 때마다 아이와 이야기를 나눴다. 조앤은 아들에게 노래 불러주는 것도 무척 좋아했는데 리키는 옹알거리며 따라부르곤 했다. 말을 하게 되자 리키는 이것저것 질문했고 조앤은 그때마다 "아주 좋은 질문이구나. 엄마와 함께 답을 찾아보자." 하고 말했다. 이렇게 자라난 리키는 엄마가 통화할 때 기다릴 줄 알았고, 필요하면 "엄마, 미안한데요." 하고 먼저 말할 수 있었다.

두 아이는 자라서 유치원에 들어갔다. 유치원에는 한 학급뿐이었고 교사는 말이 빠른 편이었다. 리키는 그동안 엄마와의 대화로 풍부한 어휘를 익혀왔기에 교사의 말을 잘 이해했고 활동에 참여하는 데에도 문제가 없었다. 궁금하거나 도움이 필요할 때 선생님께 도움을 요청할 수도 있었다. 반면 제이슨은 교사의 말을 잘 이해하지 못했고, 바보 같다는 소리를 들을까 봐 질문할 생각도 하지 않았다. 그저 아무것도 하지 않고 가만히 앉아 있을 뿐이었다. 하지만 여러 아이들을 보살피느라 바쁜 교사는 제이슨의 상태를 전혀 알아차리지 못했다.

학생들이 학교에 가방과 교과서만 갖고 오는 게 아니다. 제각기 다른 정신적, 정서적, 신체적 상태를 지닌 채 교실에 들어오며, 이는 학습할 준비와 의지, 태도에 큰 영향을 준다. 어린 시절의 성장 과정은 학생이 자신을 어떻게 느끼는지 결정한다. 답답한 것은 학생이 자신을 어떻게 생각하는지 학생도 교사도 잘 모른다는 사실이다. 제이슨은 자기가 남보다 뒤떨어지고 창피를 당할까봐 두려워한다. 거의 모든 사회적 상황이 버겁고 힘들다. 자기가 느끼는 감정이 대부분 틀렸다고, 바보 같다고 생각하며 자란 탓에 지금도 자신의 감정을 제대로 인식하거나 표현하지 못한다.

수업 시간에 문제 행동을 보이는 학생들이 있다. 사실 그들은 그 순간 느낀 어떤 감정 때문에 그렇게 행동한 것이다. 교사는 그런 감정이나 정서에 무슨 이름을 붙여야 할지 알려줄 필요가 있다. 제대로 인식하지 못하는 감정까지 포함해 모든 감정은 행동으로 이어지며, 그중에는 부적절한 행동도 있을 수 있다.

자기 인식(self-awareness)은 바로 다양한 상황에서 자신의 감정을 알아차리고 그 감정에 이름을 붙일 수 있는 능력이다. 이 능력은 타인이 먼저 그 감정을 알아차리고 그 감정의 이름을 알려주는 경험 속에서 자라난다. 예를 들면 "너 '슬퍼' 보이네. 인형을 잃어버렸구나. 정말 '속상하겠다'."처럼 말이다. 이런 말 하나하나가 감정을 인식하고 표현하는 힘의 씨앗이 된다.

감정 코칭(emotional coaching), 즉 감정을 다루고 지도하는 일은 시간과 노력이 많이 필요하지만 교사의 중요한 역할 중 하나다. 안타깝게도 많은 부모들이 아이의 정서적 지도를 제대로 해내지 못하고 있는데, 그나마 교사에게는 아이들과 많은 시간을 함께하면서 도움을 줄 수 있는 기회가 있다. 가장 먼저 시작해야 할 것은 자신의 감정을 인식하는 일이다. 그 과정을 거치며 감정을 조절하는 방법을 배우고, 자신의 감정을 조절할 수 있게 되며, 다른 사람의 감정도 알아차릴 수 있게 된다.

어른과 아이들 모두 "스트레스를 받는다."는 말을 자주 사용한다. 스트레스라는 말은 불안, 두려움, 압박감, 복합적 스트레스 모두를 표현하지만 사실 이 네 가지 감정에는 엄연한 차이가 있다. 불안은 통제할 수 없다고 느끼는 미래의 불확실성에 대한 걱정이고, 두려움은 다가오는 위험에 대한 감정이다. 압박감은 무언가를 잘 해내지 못하면 실패할 거라고 생각하게 하는 외부로부터의 힘이다. 복합적 스트레스는 이 세 가지 감정 모두가 혼합된 것으로, 자신에게 주어진 모든 압박감을 감당하지 못할까 봐 불안해하고 두려워하는 상태를 말한다(Brackett, 2019). 이처럼 스트레스로 인한 감정을 더 세분화해서 표현할수록 진짜로 필요한 도움을 더욱 정확하게 받을 수 있다. 다음은 자기 인식을 구성하는 요소로 지목되고 있는 주요 역량들이다(CASEL, 2017).

- 감정 식별(identify emotions). 자기 인식은 자신의 감정에 이름을 붙이거나 구분하는 것에서부터 시작된다.
- 자기 인지(self-perception). 자신이 누구인지에 대한 현실적인 관점을 갖는 것을 말하며, 이는 다른 사람에게서 받는 피드백과 자기성찰을 통해 형성된다.
- 강점 인식(recognize strengths). 저마다 강점과 약점이 모두 다르다. 자신의 강점과 약점이 무엇인지 알고, 강점을 바탕으로 약점을 극복하거나 개선하는 것은 자기 인식에 매우 중요하다.
- 자신감(self-confidence). 자신의 강점을 인식하고 활용할 수 있을 때 자신감이 자라난다. 자신감은 견고한 자아정체성 형성에 필수적이다.
- 자기 효능감(self-efficacy). 자기 효능감은 자신이 목표를 달성할 수 있다고 믿는 확신을 말한다. 또한 성장형 사고관점(growth mindset)은 자기 효능감에 필수적이다.

이 장은 자신의 감정과 강점을 더 잘 인식할 수 있는 방법들을 다룰 것이다. 이들은 교실에서 매일 적용할 수 있는 구체적인 것들로, 학생들이 자기 인식 능력을 키우는 데 직접적인 도움을 준다.

자기 인식과 뇌

신경과학자들은 자기 인식에 중요한 역할을 하는 뇌 영역으로 전후대상회, 내측전전두피질, 안와전전두피질, 그리고 섬엽 등을 꼽는다(도표 3.1 참조). 그리고 이런 사실을 뒷받침하는 근거로 만성 스트레스와 트라우마 병력이 있는 사람의 뇌에서는 이 부위의 활동이 현저히 낮은 반면 그렇지 않은 사람의 뇌에서는 매우 활발하다는 점을 들

도표 3.1 **자기 인식에 관여하는 뇌 영역**

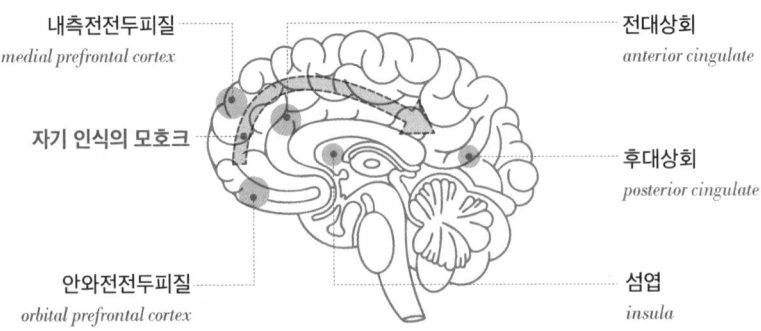

었다. 반 데어 콜크(Van Der Kolk, 2014)는 외상을 경험하지 않은 사람의 뇌에서는 이 부위들이 마치 '모호크(Mohawk, 머리카락이 앞에서 뒤까지 중앙부에만 남아 있는 헤어스타일로 뇌의 정중앙선 앞부터 뒤까지 이어지는 영역-옮긴이)'처럼 이어져 활발히 작동하고 있다고 말하며 이 부위를 '자기 인식의 모호크'라고 명명하기도 했다.

뇌의 정중앙선 영역, 즉 뇌의 정중앙을 따라 눈 바로 위에서 시작해 중심을 지나 후두부까지 이어진 이 영역은 우리의 자아감과 관련된다. 뇌 뒤편에 있는 후대상회는 우리 몸이 어디 있는지 물리적으로 감지할 수 있는 내면의 GPS와도 같은 역할을 하며, 전망대 역할을 하는 내측전전두피질과도 밀접하게 연결된다. 또한 이 영역은 우리 몸의 장기에서 감정 중추로 메시지를 전달하는 섬엽, 감각 정보를 통합하는 두정엽, 감정과 사고를 조정하는 전대상회 등과 같이 신체의 다른 부위에서 보내오는 감각을 받아들이는 뇌 영역들과도 기능적으로 연결된다(pp.92~93).

자기 인식은 의식적인 차원에서 감정의 뇌에 접근할 수 있는 유일한 방법이다. 내측전전두피질은 내가 지금 어떤 감정을 느끼고 있는지, 내 마음속 상태를 알아차리는 역할을 한다. 예를 들어보자. 화가 나면 뇌 속의 감정 중추인 편도체가 가장 먼저 반응하고 스트레스 호르몬인 코르티솔이 분비된다. 코르티솔은 논리적인 사고를 방해하며 '싸우거나 도망치려는' 반응을 이끌어 때로 성급한 행동을 저지르게 만든다. 그런데 만약 '내가 지금 화가 났구나.' 하고 스스로 알아차리고, 그 감정에 이름을 붙일 수 있다면 어떻게 될까? 이것은 감정에 휘둘린 편도체 중심의 반사적 반응이 아니라, 이성적 사고를 담당하는 전전두피질이 작동하는 것이다. 이러한 전환 덕분에 그 상황에서 어떻게 반응해야 할지 선택하고 행동할 수 있게 된다.

화, 분노, 슬픔, 두려움 같은 감정은 모두 뇌의 변연계에서 담당한다. 그러나 일단 감정을 '인식'하게 되면 이성적 사고를 담당하는 뇌가 감정을 조절하는 데 관여할 수 있다. 다만 이러한 뇌 영역인 전전두피질은 20대 중반이나 되어야 완성되므로, 어린이나 청소년기 학생들이 감정을 조절하는 데는 어려움이 있다. 따라서 청소년들이 무모한 행동을 하지 않도록 주위 어른들이 바깥에서 이성적인 뇌 역할을 때때로 해주어야 한다.

내측전전두피질을 활성화하는 데 좋은 방법 중 하나가 마음챙김(mindfulness)이다. 마음챙김은 지금 이 순간에 집중하면서 자신의 생각과 감정을 의식적으로 바라보는 훈련이다. 마음챙김은 인지기능뿐 아니라 감정 조절 능력에도 긍정적인 효과가 크다(Armstrong, 2019). 또 다른 방법으로 주도성을 키우는 것이 있다(Kolk, 2014). 주도성은 자신이 삶을 주도하고 있다는 느낌, 자신의 말과 행동이 삶에 영향을 미친다는 인식, 스스로 상황을 바꿀 수 있다는 느낌을 말하며, 자기인식에 도움이 된다.

전전두피질을 활성화하는 또 다른 방법으로 도파민 분비를 자극하는 것이 효과적이라는 연구도 있다. 도파민은 뇌의 자기 인식 영역을 활성화하는 핵심적인 신경전달물질로, 이 화학물질의 분비를 촉진하면 자기 인식을 하는 데 도움이 된다고 한다(Joensson et al., 2015). 학교에서는 학생들을 자리에서 일어나 움직이게 하거나, 친구들과 함께하는 협동 프로젝트에 참여시키고 목표 달성을 위해 협동하게 함으로써 도파민 분비를 촉진할 수 있다(Panskepp & Biven, 2012).

자기 인식 능력을 키우는 수업 전략

누군가에게 '어떤 감정을 느끼는지 가르친다'는 말은 다소 이상하게 들릴 수 있다. 하지만 학생이 어떤 감정을 느끼는지, 즉 감정을 인식하도록 돕는 것도 교사의 중요한 일 중 하나다.

누구나 이유도 모른 채 슬픔을 느낀 적이 있을 것이다. 사랑하는 사람이 묻힌 묘지를 스쳐 지나갈 때 느꼈을 법한, 미처 알아차리지 못한 어떤 자극이 그 슬픔을 불러왔을 수도 있다. 또는 어떻게 다룰지 몰랐던 슬픈 감정이 시간이 흐르면서 계속 쌓이다가 어느 순간 폭발해 이유도 모른 채 눈물을 흘렸을 수도 있다. 이 장에서 소개하는 전략들은 학생이 자신의 감정을 인식하고, 그 감정에 이름을 붙이고, 감정을 다룰 수 있게 도움을 줄 것이다.

감정 어휘

뇌 속에는 기본적인 감정들이 내재되어 있다고 한다(Panskepp & Biven, 2012; Plutchik, 1997). 그러나 노스이스턴대학교의 심리학 교수인 리사 배럿(Lisa Barrett, 2018)은 감정이 '만들어지는 것'이라고 주장한다. 사람에게는 공통된 뇌 신경망이 존재하지만 그 신경망이 어떻게 연결되느냐는 각자의 경험에 따라 달라진다는 것이다. 어떤 학생은 분노, 어떤 학생은 기쁨과 관련된 강력한 신경망을 갖고 있으며, 어떤 학생은 대부분 신경조차 쓰지 않는 특정 상황에 대해 공포를 느끼고 교사를 찾아오기도 한다.

자신의 감정을 인식하려면 그것을 표현할 수 있는 어휘가 필요하다. 감정 어휘 목록(도표 3.2)은 사회정서학습에 매우 유용한 도구로 사용되고 있으며 어휘력 확장을 위해서도 활용할 수 있다. 예를 들어 국어 시간에는 작품 속 등장인물의 감정을, 사회 시간에는 역사적 또는 현대적 인물의 감정을, 과학 시간에는 발명가나 과학자의 감정을 글로 쓰게 함으로써 학생들이 다양한 감정 어휘를 익히고 표현할 수 있도록 도울 수 있다.

'행복하다, 슬프다, 화나다, 혼란스럽다, 무섭다'처럼 흔히 쓰이는 용어 외에 더 많은 감정 어휘를 제공해 보자. 감정 어휘가 다양하고 많을수록 감정을 더 정확히 인식하고 표현할 수 있다. 또한 감정에 이름을 붙이는 것은 그 자체로 전전두피질을 활성화하고 편도체의 활성화를 낮추어 감정 조절에 도움이 된다(Brackett, 2019).

도표 3.2 **감정 어휘 목록의 예**

두려움	기쁨	슬픔	분노	혐오
두려운	충만한	고통스러운	화난	혐오스러운
놀란	평온한	침울한	분노한	불쾌한
경계하는	명랑한	우울한	냉담한	구역질나는
불안한	만족스러운	의기소침한	까다로운	질린
초조한	기쁜	의욕 없는	퉁명스러운	소름끼치는
날카로운	황홀한	침울한	불평하는	경악스러운
조심스러운	의기양양한	피곤한	짜증난	역겨운
충격받은	고무된	음침한	불만스러운	
불신하는	매료된	침통한	격노한	
공포스러운	흥분한	쓸쓸한	분개한	
주저하는	친절한	비참한	좌절하는	
끔찍한	행복한	애통한	무시당한	
초긴장한	희망찬	비관적인	후회스러운	
예민한	짜릿한	불행한	적대적인	
근심하는	환희에 찬	혼란스러운	상처받은	
겁에 질린	쾌활한	속상한	모욕적인	
떨리는	평화로운			
무서운	미소 짓는			

환영 인사

1장에서 학생과의 관계 형성을 위한 전략으로 인사하기를 제안했다면, 여기서는 자기 인식을 위한 인사 전략을 소개할 것이다. 인사는 관계를 발전시킬 뿐만 아니라 교사가 학생의 기분을 파악할 수 있는 기회도 제공한다. 집이나 식당에 들어가면 누군가가 당신에게 인사하고 환영해 주며 편안함을 느끼게 해준다.

하지만 그런 환경에서 살아가지 못하는 학생들도 있다. 특히 빈곤, 이혼, 트라우마 또는 다양한 어려움을 겪는 위기 가정의 아이들에게는 더더욱 그러하다. 그들에게는 학교가 집처럼 편안하고 안정적인 곳이 될 수 있다. 학생들이 학교와 교실에 들어올 때 인사하며 환영해 주는 것은 이들에게 소속감을 느끼게 하는 시작점이다.

자기 인식은 자신의 상태와 느낌을 알아차리고 이해하는 것이다. 누군가가 자신을 살펴봐주고, 이야기를 들어준다는 느낌은 학생으로 하여금 자신이 소중하고 가치 있는 사람이라는 메시지를 주고, 자기 감정을 인식하고 표현하는 데 도움을 준다. 어떤 학생들은 트라우마로 인해 자신의 감정과 단절되어 있다. 이러한 단절은 뇌의 생존 본능이 작동한 결과로 감정뿐만 아니라 신체 감각과의 단절을 초래할 수도 있다.

학생들이 환영받고 인정받는다고 느끼게 만드는 두 가지 주요 전략이 있다. 학생들을 맞이하는 학급 차원의 인사와 학교 차원의 인사이다. 학급 차원의 인사는 조회(학생들이 계속 같은 교실에 머물면서 수업을 받는 경우)나 각 수업이 시작될 때(중·고등학교처럼 교실을 이동해 가며 수업을 받는 경우) 교실 문 앞에서 하는 인사를 말한다.

학교 차원에서는 교장부터 관리인, 급식실 직원, 교사, 사서 등을 포함한 학교 내 모든 성인이 나와서 학생들에게 환영 인사를 해줄 수 있다. 마치 해군에서 '모두가 갑판으로!'라는 구호 아래 모여 인사하듯 말이다. 마치 집 안에 있는 모든 사람이 인사를 나누는 것처럼 모든 구성원이 서로를 미소로 반갑게 맞아주면서 등교에 대한 설렘과 일과를 기대하는 마음을 표현해야 한다.

연구에 따르면, 수업을 시작할 때 학생의 이름을 부르며 긍정적인 말을 건넨 경우, 학생의 수업 참여도가 27퍼센트 증가했다고 한다(Allday et al., 2011). 교실 문 앞에서 학생을 환영하며 인사하는 것만으로도 학습에 대한 집중력이나 과제 수행 능력이 향상될 뿐 아니라(Allday & Pakurar, 2007) 교사와 학생 간의 친밀감이 형성된다.

유의할 점은 아침 인사를 숙제 점검이나 학업 관련 사항을 확인하는 방식으로 사용하지 말라는 것이다. 특히 학기초에는 더욱 주의해야 한다. 예를 들면 "어제 읽은 책 어땠어?", "네가 어떤 프로젝트를 했을지 너무 궁금해. 그 프로젝트를 어떻게 생각하는지도 어서 들어보고 싶어!", "오늘 수업할 걸 생각하니 설레네. 너희도 좋아할 거야!" 이런 말들을 하고 싶겠지만, 이런 대화는 학기 시작 후 몇 주가 지나, 학생의 성격과 능력에 대해 어느 정도 파악을 한 후에 하는 것이 좋다. 읽어와야 하는 책을 읽지 않았거나 과제를 하지 않은 경우,

이런 말들로 겁먹거나 스트레스를 받을 수 있기 때문이다.

만약 이런 말을 해야 할 경우라면 차라리 이렇게 해 보자. "오늘 책읽기 시간은 서로 힘을 합쳐 요약해 보는 멋진 방법을 써보려고 해. 책을 다 못 읽었더라도 얼마든지 재미있게 참여할 수 있을 거야." 인사는 학생을 안심시키는 시간이 되어야 한다.

감정 어휘 체크인

교실 문 앞에서 하는 환영 인사만으로는 학생의 감정을 파악하기에 시간이 부족할 수도 있다. 이럴 때 활용할 수 있는 효과적인 방법이 체크인(check-in)이다. 체크인은 학생의 감정 상태나 현재 기분을 간단히 점검하거나 확인하는 과정으로, 학생이 자신의 감정을 더 잘 인식하도록 도와준다. 만일 조회 시간을 가질 수 있다면 그 시간에 체크인을 할 수 있다.

다음은 학생들이 편안하게 이야기할 수 있는 체크인 활동의 예시이다.

- 어제 하루를 다섯 단어 정도로 표현해 볼까요?
- 지금 모둠 속 누구도 모르는 나만의 능력 한 가지는 뭘까요?
- 옆에 앉은 짝이 나를 두 단어로 표현한다면?
- 하루를 시작하는 처음 10분 동안 제일 힘든 일은?
- 다음 문장을 완성해 보아요!

"지난주에 가장 기분 좋았던 일은 …… "
"어렸을 때 내가 되고 싶었던 것은 …… "
"좋아하는 친구와 함께 해 보고 싶은 것은 ……"
"앞으로 내가 스스로 꼭 해내고 싶은 것은 ……"

아침 조회나 모임을 할 수 없을 경우 시간을 절약하려면 학생들이 스스로 체크인을 하도록 할 수도 있다. 다음은 그 전략들이다.

한 단어로 말하기

학생들이 미술, 수학, 작문 과제와 같은 일상적인 활동을 할 때, 칠판에 질문을 적고 단어 하나만으로 답해 보게 한다. 다음은 몇 가지 사례이다.

- 지금 기분이 어떤가요?
- 힘들다는 느낌이 들 때 무엇을 하나요?
- 지금 자신의 삶에 대해 어떻게 느끼나요? (삶 대신에 친구, 가족, 인간관계 또는 학교로 대체할 수 있다. 학년이나 학생의 상황에 적절한 질문을 사용한다.)
- 우리 반의 특징은 무엇인가요? (학생들이 작성한 것을 제출하지 않는다면, 교사가 돌아다니면서 학생이 기록한 내용을 확인한다.)

인사이드 아웃

<인사이드 아웃(Inside Out)>이라는 애니메이션 영화가 있다. 이 영화를 보지 않았다면 어린이를 대상으로 만든 영화라고 생각할지 모르지만, 내 생각에 이 영화는 어른을 위한 것이다. 오스카 상을 수상한 이 애니메이션은 11세 소녀 라일리의 머릿속에서 벌어지는 이야기를 주로 다룬다. 라일리의 뇌 속 다섯 가지 감정(기쁨, 슬픔, 분노, 두려움, 혐오)이 등장인물로 나오는데, 이들은 라일리가 인생의 긍정적인 상황뿐 아니라 부정적인 상황들을 헤쳐나가는 데 도움을 주는 감정들로 묘사된다. 나는 학년 초에 이 영화를 보여주면서 우리가 자주 느끼는 감정에 대해 토론하곤 했다.

학생에게 자신의 감정을 표현하게 할 때, 감정 캐릭터와 그 캐릭터가 가진 각각의 색깔을 활용해도 좋다. 예를 들어 기쁨은 노랑, 슬픔은 파랑, 분노는 빨강, 두려움은 보라, 혐오감은 초록으로 표현하는 식이다. 어떤 교사는 학생들의 책상에 여러 감정이 표시된 표를 붙여 놓거나 교실 벽에 커다란 감정표를 걸고 학생들이 자신의 감정을 표시하게 한다. 이렇게 하면 문학 작품 속의 등장인물, 정치가, 또는 역사 속 인물의 감정을 다룰 때 함께 활용할 수도 있다.

수업 후 체크아웃

질 플레처(Jill Fletcher, 2019)가 제안한 이 활동은 수업을 마친 뒤 학생들에게 "지금 기분이 어때요?" "오늘 어떤 일이 있었나요?" "선생님 또는 친구들과 나누고 싶은 말이 있나요?" 하고 질문하는 방식이다. 학생들은 그 대답을 쪽지에 적어 제출하고 하교한다. 이를 통해 교사는 겉으로는 수업에 집중하고 밝아 보이더라도 실제로는 그렇지 않을 수 있다는 걸 알게 된다.

교사였던 질 플레처는 이 방식을 통해 이전보다 훨씬 더 깊이 있게 학생들을 이해하게 되었다고 말한다. 몇몇 학생은 선생님이 매일 기분을 물어봐 주고 자신의 기분을 말할 수 있었던 것이 수업에서 가장 좋았다는 편지를 보내기도 했다.

감정 출석부

내가 방문했던 초등학교와 중학교의 교사 대부분은 자석을 활용하는 출석부를 사용하고 있었다. 출석부에는 학생들의 이름이 적혀 있는데, 학생이 교실에 들어오면 자석 하나를 집어 자신의 이름 칸에 붙이는 식으로 출석 여부를 표시하는 것이었다. 이 활동을 '감정 체크인'으로 확장할 수도 있다. 출석 체크에 감정 이모티콘이나 인사이드 아웃 캐릭터가 그려진 자석을 활용하는 것이다. 이렇게 감정 출석부를 사용하면 각 학생의 현재 상태와 학급의 전체적인 감정 분포 상태를 파악하는 데 도움이 된다.

이 전략은 학교 안팎에서 일어나는, 학생에게 영향을 미칠 수 있는 사건이 발생했을 때 특히 유용하다. 예를 들어 한 6학년 학생이 교통사고로 사망한 일이 있었다. 그 학급의 학생들이 수업에 집중할 수 있게 되기까지는 오랜 시간이 걸렸다. 그 기간 동안 해당 학급의 감정 출석부는 슬픔과 분노를 표현하는 이모티콘들로 대부분 채워졌다. 담임 교사는 친구를 잃은 학생들에게 세심한 주의를 기울이면서 학부모들과 면담을 요청하고, 또 어떤 학생에게는 상담을 받도록 했다. 등교 전에 버스나 운동장에서 생기는 일도 학생이 수업에 집중하는 데 영향을 미칠 수 있다. 문제를 빨리 알아차릴수록 신속하게 해결할 수 있고, 남은 일과 동안 학생들에게 효과적으로 학습할 기회를 제공하게 된다.

어떤 교사들은 체육관 벽에 모든 학생이 닿을 수 있는 높이에 맞춰 사각형이나 원 모양의 색종이를 테이프로 붙여 놓고, 학생들이 달리기, 건너뛰기, 걷기 등을 하면서 손으로 자신의 기분을 표현하는 색을 터치하게 한다. 이러한 활동의 핵심은 교사가 자신의 감정에 관심이 있다는 것을 학생들이 느끼도록 하는 것이다.

지정 좌석

"지정된 좌석이 있다는 것은 자신이 그 자리에 꼭 있어야 하고, 자신이 그곳에 속해 있다는 메시지를 준다(Souers & Hall, 2016)."

지정 좌석은 누가 그 자리에 있는지 없는지를 교사가 빨리 알아차릴 수 있게 해줄 뿐 아니라, 학생에게는 교실에 들어와서 갈 곳(안전한 곳)을 제공해 준다. 좌석 배치도를 살펴보면서 자리에 없는 학생이 있으면 학생들에게 "캐시가 안 보이는데 혹시 아는 사람 있니?" 또는

"캐시가 아프다던데 좀 회복되었니?"와 같이 물어본다. 이렇게 할 때 학생은 학급에서 자신이 관심의 대상이 된다는 것을 알게 될 것이다. 물론 학생이 자리에 있고 없고를 떠나 교사는 늘 학생들의 상태를 점검하며 신경을 써야 한다.

원격 체크인

이 책을 집필할 당시 학교는 코로나 19 팬데믹 상황을 겪고 있었다. 재택 명령이 내려졌고 교사들은 난생처음 원격 수업을 시도하면서 적지않은 스트레스를 받았다.

학생들도 혼란스럽기는 마찬가지였다. 어떤 학생은 집 이외에 가장 안전한 장소로 여겨지는 학교에 갈 수 없다는 사실에 큰 충격을 받았다. 대부분의 학생은 거의 모든 시간을 디지털 화면을 보며 수업을 듣거나 게임을 하며 보내야 했다.

체크인은 이런 위기 상황에서 한층 중요한 의미를 가질 수 있다. 다소 비현실적인 상황 속에서도 교사가 학생의 감정에 관심이 있다는 것을 학생들이 느낄 수 있기 때문이다. 실제로 이 시기에 교사들이 다양한 방법으로 학생들과 소통하며 안부를 확인하는 모습을 볼 수 있었다. 어떤 교사는 학생의 집 앞을 지나가거나, 멀리서 차를 멈추고 인사를 건네는 등, 학생에 대한 그리움과 관심을 표현하기도 했다. 일주일에 한 번씩 학생들과 개별적으로 화상 통화를 하면서 안부를 묻는 교사도 있었다.

원격 수업을 통해서도 학생들과 개별적으로 대화하고 안부를 물을 수 있다. 어떤 상황이든 교사는 학생의 안부를 확인하는 방법을 갖고 있어야 한다.

저널링

저널링(journaling)은 개인적인 생각이나 감정을 형식에 구애받지 않고 자유롭게 쓰는 활동이다. 내가 감정에 대해 저널링하는 활동을 수업에 도입하자고 제안했을 때 국어 교사는 수업 시간에 굳이 그런 걸 해야 하는지 물었고, 수학 교사는 "진도를 나가는 것도 벅찬데 굳이 감정 이야기에 시간을 낼 여유가 없어요."라고 말했다. 이런 교사들은 감정 없이는 학습이 일어나지 않는다는 사실을 놓치고 있다. 자신의 감정을 인식하게 되면 감정을 조절하는 스킬을 배울 수 있고, 학습에 더 집중할 수 있다.

감정의 중요성을 이해하지 못한다는 것은 감정이 학습에 미치는 강력한 힘을 모른다는 뜻이다. 이는 사실상 학생이 왜 학습에 몰입하게 되는지에 대한 근본적인 이유 자체를 모르는 것이나 마찬가지다(Immordino-Yang, 2016). 토마스 암스트롱(Thomas Armstrong)은 저서 『The Power of the Adolescent Brain(청소년 뇌의 힘)』(2016)에서 청소년들이 자기 인식 능력을 키울 수 있는 좋은 방법으로 저널링을 제안하고 이를 교과목과 연계하는 방법을 소개한다. 예를 들어, 국어 시간에는 학생들이 좋아하는 인물의 일생에 대해, 역사 시간에는 역사적 인물의 관점에서 글을 쓰고, 과학 시간에는 연구 노트 대신 과학자 일지를 작성하는 것이다. 이러한 방법은 학생 맞춤형 학습에도 유익하다.

저널을 쓸 때 시작 문구(prompt)가 필요하다면 앞에서 체크인으로 소개한 활동들을 사용하면 좋다. 수업 내용을 저널링과 연결하면서 학생의 개인적인 느낌을 추가할 수도 있다. 예를 들어 문학 작품 속 인물의 결정에 대해 어떻게 생각하는지 물어본다거나, 수학 시간에 어떤 공식이나 정리가 유용하다고 생각하는지, 또는 오류라고 생각하는지에 관해 글을 쓰게 하는 등이다.

저널링은 사회적, 정서적 효과뿐 아니라 인지적 효과도 기대할 수 있다. 연구에 따르면(Mueller & Oppenheimer, 2014) 손으로 글을 쓰는 행위는 키보드를 칠 때보다 더 많은 뇌 영역을 활성화하며, 학습한 내용을 되새겨보는 효과가 있다. 기억에도 도움이 된다. 방금 공부한 내용에 대해 기억나는 모든 것을 빈 페이지에 적게 하면 그 내용을 기억할 가능성이 훨씬 높아지고, 읽기나 객관식 문제를 통해 복습하는 것보다 더 효과적이다.

스티븐 스토스니(Steven Stosny)의 2013년 블로그를 통해 알 수 있는 저널링의 긍정적인 영향은 다음과 같다.

- 자신의 생각, 감정, 행동을 뒤로 물러나 돌아보게 된다.
- 해결책 모색에 도움을 준다.
- 감정과 동기를 자신의 가치관과 일치시킬 수 있다.

- 부정적인 에너지를 긍정적인 창의력과 성장으로 변화시킨다.
- 타인에 대해 감정적으로 과잉 반응하는 경향을 줄여준다.
- 일상 속의 모호함, 양면성, 불확실성에 대한 내성을 높인다.
- 다른 사람의 관점과 자신의 관점을 함께 볼 수 있게 해준다.
- 더 인간적으로 느끼게 한다.
- 확고한 실천 계획을 세우는 데 도움이 된다.

학생들에게 저널링에 대한 동기를 부여하는 데 아이디어가 필요하다면 테니스 챔피언 세레나 윌리엄스(Serena Williams)의 다음 말을 소개해 보자. "노트나 일기에 자신의 감정을 적으면, 꽉 막힌 것같이 답답한 부정적인 생각과 감정을 정리하는 데 도움이 될 수 있다." 효과를 극대화하려면 교실에 세레나 윌리엄스의 포스터를 붙이고 그 아래에 이 문구를 적어 두자. 그리고 학생들에게 자신이 좋아하는 유명인이 감정에 관해 표현한 말을 찾아오게 해 보자.

그림 그리기

미술 작품, 특히 자화상 그리기는 학생이 자신에 대해 어떻게 생각하는지 확인하는 효과적인 방법이다. 많은 시간을 필요로 하지 않으면서 쉽게 할 수 있는 활동이기도 하다. 나는 초등학생부터 고등학생까지 모든 과제에 미술적인 요소를 추가하는 편인데 늘 효과가 좋았다. 읽기 과제(모든 교과에서)를 내줄 때는 과제에 대한 느낌을 그려

보도록 해도 좋다. 몇 개의 선으로만 대충 표현하는 학생들도 있지만 그래도 괜찮다. 모둠별로 읽은 내용에 대해 왜 그렇게 느끼는지 토론하는 활동도 종종 진행했다. 나는 이처럼 교과 내용 수업 속에 자기 속마음을 드러내야 하는 사회정서학습 활동을 합쳐 진행한 경우가 많았다. 이런 활동은 학생이 자신과, 너무 개인적이지 않은 어떤 것에 대한 자신의 감정을 생각해 보는 시작점이 된다. 그러고 나서 주제나 수업에 대해 어떻게 느끼는지를 표정으로 보여 달라고 할 수도 있다. 학생들이 혼란스러워하는 표정을 자주 보인다면 설명이 더 필요하다는 것을 알 수 있다!

수업 내용에 관한 그림을 그려보는 활동은 학생의 감정을 자연스럽게 드러내 준다. 감정은 학습의 일부이고 학생들은 대개 그림 그리기를 좋아하므로 교사와 학생 모두에게 좋은 전략이라 할 수 있다. 그림 외에도 글쓰기, 연기, 춤, 음악 등 자신이 아는 것을 보여줄 수 있는 선택 기회를 제공하면 학생들이 수업에 대해 느끼는 감정과 수업 내용이 그들에게 미친 영향을 알 수 있을 것이다.

휴식하기

어른이나 아이 할 것 없이 종종 자신의 감정을 파악하기 위해 하던 일을 멈춰야 할 때가 있다. 나 또한 살아오면서 어느 순간 더는 감당하기 힘들거나 너무 화가 났다는 것을 깨달을 때가 종종 있었는데 이유는 잘 모른다. 그럴 때면 잠시 멈추고 몇 분 동안 내 감정을 있는 그대로 느껴야 한다. 그래야 비로소 내가 슬프거나, 화가 나거나, 좌절감을 느끼고 있다는 것을 깨닫게 되고 그 감정의 원인을 파악하고 다룰 수 있다. 사람의 내면에는 긍정적인 것부터 부정적인 것까지 다양한 감정의 스펙트럼이 존재한다. 진정한 기쁨을 느끼려면 몸과 마음에도 기쁨을 누릴 기회를 주어야 한다.

'뇌 휴식', '감정 휴식', 그냥 '휴식', 무슨 이름으로 불러도 좋다. 잠시 멈추어 나의 감정을 느껴보는 것은 상황에 따라 개별적으로나 소모둠으로, 아니면 학급 전체에서도 사용할 수 있다. 걱정스러운 상태에 있는 학생을 본다면, 그 학생에게 잠시 휴식을 취하게 한 뒤 도움이 필요한지 물어본다. 어떤 교사들은 이것을 'SFS(Stop, Feel, Solve, 멈추고 느끼고 해결하기) 휴식'이라고 부르기도 한다.

속마음 표현하기

학생에 대해 더 많이 알수록 교실에서 학생의 필요를 더 잘 충족시킬 수 있다(Kyle Schwartz, 2016). 학생들에게 "선생님이 _____ (를/을) 알아주면 좋겠어요."라는 문장을 완성하게 해 보자. 이를 통해 예상한 것보다 훨씬 더 많은 정보를 얻을 수 있을 것이다. 실제로 학생들의 응답 중에는 다음과 같은 내용이 있었다.

- 선생님이 (내가 보호시설에서 살고 있는 것을) 알아주면 좋겠어요.
- 선생님이 (아버지가 돌아가셔서 너무 외롭고 친구들과도 거리가 멀어

진 걸) 알아주면 좋겠어요.
- 선생님이 (이번주에 엄마가 암 진단을 받을지 모른다는 걸) 알아주면 좋겠어요.
- 선생님이 (나는 음악을 들으면 공부가 더 잘 된다는 걸) 알아주면 좋겠어요.
- 선생님이 (내가 가족들을 얼마나 사랑하는지) 알아주면 좋겠어요.

학생들이 속마음을 보여주는 이런 활동은 학생들의 기대가 학습에 어떤 영향을 미칠 수 있는지를 깨닫게 해준다.

나를 지지하는 신발

학생은 피드백과 성찰을 통해 자신이 누구인지, 어떤 사람이 되고 싶은지에 대해 깊이 생각해 볼 수 있다. 어떻게 배울 때 가장 잘 배우는지 성찰하면 더 효율적으로 학습을 할 수 있는 것처럼, 자신이 어떻게 느끼고 생각하는지 성찰함으로써 자신이 어떻게 살고 싶은지, 어떻게 살아야 할지에 대해 더 나은 결정을 할 수 있게 된다.

『Fostering Resilient Learners(실패를 두려워하지 않는 아이로 기르기)』 (Souers & Hall, 2016)에서 저자는 자신을 인식하는 것이 어떤 역할을 하는지를 시멘트로 만든 신발에 비유해 시각적으로 설명한다. 해변에서 파도가 밀려올 때 시멘트 신발과 같이 나를 단단히 지탱해 줄 무언가가 없다면 바로 균형을 잃고 넘어지고 말 것이다. 여기서 시멘트 신발은 자신에 대한 믿음, 삶의 이상, 그리고 내적 가치기준을 의미한다. 이 비유를 활용해 학생들에게 더 크고 넓은 신발 한 켤레를 그리고 그 신발 바닥을 지탱해 주는 시멘트와 같은 견고한 재료가 무엇인지 써보도록 하자. 또는 그 신발에 대한 문장이나 짧은 이야기를 써보도록 할 수도 있다.

몸이 보내는 신호에 집중하기

감정은 몸에서 일어나는 일과 밀접하게 연관되어 있다. 어떤 학생에게는 자신의 몸에서 들리는 소리에 귀를 기울여보게 하는 것이 도움이 된다. 심장이 빨리 뛰는가? 손바닥에 땀이 나는가? 움직이고 싶은 욕구를 느끼는가? 자신이 무엇을 느끼고 있는지 인식하는 것은 왜 그렇게 느끼는지를 알 수 있는 시작 단계이다.

오랫동안 우리는 감정이나 행동을 있는 그대로 표출하는 것은 옳지 않다고 배워왔다. 자존감이 부족한 학생 중에는 이렇게 자신의 감정이 잘못되었다고 믿고 감정을 억누르며 살아온 경우가 많다. 직감이나 예측 같은 자연스러운 감정 신호조차 이들에게는 숨겨야 할 또 하나의 문제로 여겨질 뿐이다. 하지만 감정은 몸이 보내는 경고 신호이며, 이를 밀어내려고 하면 할수록 그 감정에 더 압도되고 만다(van der Kolk, 2014).

자신의 감정과 상태를 조절하는 단계로 나아가려면 먼저 자신의 몸과 건강한 관계를 맺어야 한다. 감정을 제대로 인식하지 못하는 감정표현불능증(alexithymia)을 겪는 사람들은 감정을 신체적 문제로 보는 경향이 있으며, 감정을 인식하고 이해하려 하기보다는 피하거나 도망치려고만 한다. 그 이유는 트라우마를 초래하는 사건이나 보호자의 잘못된 지도와 관련된 것일 수 있다. 이런 증상이 있는 학생들은 감정과 신체의 느낌을 연결하지 못하기 때문에 자신이 느끼는 감정을 제대로 표현하지 못한다. 즉, 분노나 슬픔 대신 복통이나 근육통 또는 다른 형태로 고통을 호소하는 것이다.

자신의 감정을 전혀 인식하지 못하는 여학생이 있었다. 이 학생은 부모님이 두 분 다 계시고 여러 명의 형제자매가 있는 중산층 가정에서 자랐는데, 성장 과정 내내 분위기를 흐릴 수 있으니 감정을 드러내지 말라고 배웠다고 한다. 어린 시절 그 학생과 형제자매들은 절대 울어선 안 된다고 배웠고, 만약 울면 부모님께 심한 꾸중과 위협을 받았다. 다섯 살 무렵 학생이 어머니와 병원에 갔을 때의 일화다. 학교에 가려면 예방주사를 맞아야 한다는 간호사의 말을 듣고 울기 시작하자 어머니가 차가운 눈빛으로 "울지 마. 울면 널 여기 두고 갈 거야."라고 말했다. 아이는 그 말이 너무 두려워 이를 악물고 눈물을 꾹 참아야만 했다는 것이다.

강점과 약점 인식하기

자신의 강점을 아는 학생은 그 강점을 기반으로 성장할 수 있다. 자신이 잘하는 영역에서 동기 부여가 되면 자신감이 상승할 것이다.

학생과 관계를 형성하고 동기를 부여할 때, 1장에서 소개했던 2×10 대화 전략을 활용하면 학생의 관심사와 강점을 연결해 대화를 이어 갈 수 있으므로 효과적이다.

뇌와 학습에 관한 연구에 따르면, 어떤 스킬이나 개념을 배울 때에는 일정한 단계를 거치기 마련이다(Sprenger, 2018). 학생에게 자신이 잘하는 것이 무엇이며 어떻게 잘하게 되었는지, 즉 어떤 단계를 거쳐 그렇게 되었는지에 관한 저널링을 시도해 보자. 같은 전략을 학생의 약점에 적용해볼 수도 있다. "내가 부족하다고 느끼는 영역은 무엇이고 어떻게 개선할 수 있을까? 그 개선을 위해 어떤 단계가 필요할까?"와 같은 질문에 대한 답을 찾으면서 말이다.

'퍼스널 브랜딩(personal branding)'은 기업이나 개인이 자신의 정체성과 추구하는 가치를 알리기 위해 수행하는 활동이다. 학생들에게 좋아하는 제품 브랜드를 선정하고, 소셜 미디어(SNS)나 검색 사이트를 조사하거나, 다른 학생과의 인터뷰를 통해 해당 브랜드의 강점을 찾고, 이를 바탕으로 자신의 브랜드를 새로 만들어보게 하자. 이때 다음 질문에 대해 답을 생각해 보면 도움이 될 것이다.

- 나에게 영감을 주는 사람은 누구인가?
- 그 사람의 어떤 점이 나에게 영감을 주는가?
- 내가 잘하는 것은 무엇인가?
- 나는 무엇을 가장 잘할 수 있는가?

사람들에게 보여주고 싶은 자신의 모습을 그려보거나 광고 또는 소셜 미디어 게시물을 만들게 할 수도 있다. 트레이시 브라이튼(Tracy Brighten, 2017)은 자신의 강점, 재능, 관심사를 보여줄 수 있도록 블로그를 작성하거나 홈페이지 제작을 도울 것을 제안했다. 학생들은 소셜 미디어를 통해서 자신과 같은 관심사를 가진 다른 학생들과 서로 소통하거나, 해당 분야의 전문가들과 이어질 수도 있을 것이다.

자신감 키우기

지금까지 자기 인식의 주요 구성 요소인 감정과 자신의 강점, 가치 이해를 알아보았다. 그다음 단계로 자신감을 키울 수 있게 도와주는 방법을 알아보고 이를 위해 다음 네 가지 요인을 참고할 것이다.

- 칭찬. 적절한 상황에서 학생에게 개별적이고 공개적인 칭찬을 해준다. 긍정적인 말은 학생이 자신의 성취를 자랑스럽게 느끼게 한다. 필요하면 개선이 필요한 부분을 학생에게 개별적으로 조언해 주어도 좋다.
- 선택. 과제나 수업 내용, 결과물 등을 학생 스스로 선택할 수 있게 한다. 자신의 필요나 관심에 따라 직접 선택하고 요구할 수 있게 되면 자신에 대한 만족감과 주체성을 기를 수 있다.
- 기회. 학생이 자신의 강점을 드러낼 수 있는 기회를 준다. 강점이 무엇인지 물어봐주고, 강점을 활용해 교사나 다른 학생을 도

와주도록 요청할 수 있다.
- 피드백. 학생이 곧바로 활용할 수 있는 피드백을 반드시 제공해야 한다. 특히 브룩하트(Brookhart, 2017)는 피드포워드(feed forward)라고 부르는 개념, 즉 향후 학습의 방향을 잡아줄 수 있는 구체적이고 실질적인 조언이 효과적이라고 말한다.

자기 효능감 계발

자기 효능감은 자신이 해낼 수 있다는 믿음을 말한다. 이는 스스로 정한 목표를 달성하기 위해 자신을 변화시킬 힘이 있음을 안다는 뜻이기도 하다.

이 역량을 계발하기 위해 교사가 두 가지에 중점을 둘 것을 제안한다. 하나는 학생들에게 뇌에 대해 가르치는 것, 다른 하나는 성장형 사고관점(growth mindset)을 가지도록 하는 것이다.

왜 뇌에 대해 가르쳐야 하는가

어떤 사실을 배웠을 때 '왜' 그런지 알면 더 쉽게 이해하고 기억할 수 있다. 자기 뇌가 어떻게 작동하는지, 그리고 어떻게 변화할 수 있는지 알면 학생들은 학습 성취에 있어서도 달라질 수 있다는 믿음을 가질 수 있다.

새로운 정보가 들어오면 뇌는 이 정보를 기존에 사용하던 인지 패턴에 연결하며 새로운 연결망을 형성한다. 연결망이 자주 활성화될

수록 연결은 한층 단단해지고 기억은 강화된다. 이런 과정을 거치며 뇌가 변화할 수 있다는 사실을 학생들에게 알려주어야 한다.

수업 시간에 내가 종종 하는 말이 있다.

"교사는 학생의 뇌를 바꾸는 사람이에요. 뇌를 바꾸는 건 성장의 기회가 생긴다는 뜻이죠. 또한 여러분도 누군가의 뇌를 바꾸는 사람이 될 수 있어요."

새로운 지식을 배울 때 우리 뇌는 변화한다. 새로운 길을 만들고, 기존에 있던 길과 연결하며, 학습한 내용을 재확인하고, 반복하고, 성찰하면서 그 길을 다지는 방식으로 달라지는 것이다. 하루종일 게임만 하는 학생의 뇌는 그 활동과 관련된 영역에서만 연결이 활성화되고 다른 영역에서는 연결이 약해지거나 소멸될 수 있다. 학생들은 뇌의 발달 방향을 결정할 수 있는, 실제로 자신이 뇌의 주인이라는 것을 알게 된다.

성장형 사고관점은 무엇이고 왜 중요한가

학습에 있어 고정형 사고관점(fixed mindset)을 가진 학생들은 공부를 잘하는 능력은 타고나는 것으로 생각한다. 하지만 캐롤 드웩(Carol Dweck)은 누구나 열심히 노력만 하면 무엇이든 배울 수 있으며, 이런 믿음을 가진 학생들이 공부를 잘할 수 있다고 말한다.

뇌를 근육에 비유하면 성장형 사고관점의 개념을 쉽게 이해할 수 있다. 헬스장에서 운동하면 근육이 강해지듯 뇌도 마찬가지로 노력하면 할수록 학습과 문제 해결은 점점 더 쉬워진다. 성장형 사고관점을 보여주는 이야기들은 모든 연령대를 막론하고 주위에서 쉽게 찾을 수 있다. 메리 호프만(Mary Hoffman)이 쓴 『그레이스는 놀라워(Amazing Grace)』는 중학생들에게 성장형 사고관점을 설명하기 위해 내가 활용했던 책이다.

때로 학생들은 자신의 강점이 어떤 도움을 주는지 고려하지 않고 목표를 세우곤 한다. 그렇게 되면 어려움을 겪을 때 좌절하고 포기하기 쉽다. 목표를 설정할 때 학생이 가지고 있는 강점을 성장의 도구로 삼기 바란다. 그리고 '아직의 힘'을 기억하라. '아직' 도달하지 못했을 뿐, 곧 도달할 수 있을 거라고 격려해주자. 다음은 학생들이 자신의 사고관점을 점검할 수 있는 질문 예시이다.

- 나는 쉽게 포기하는 편인가요? 쉽게 포기하지 않으려면 어떤 점을 바꿀 수 있을까요?
- 어려운 문제에 직면할 때, 그 문제를 끝까지 해결하려 노력하는 편인가요?
- 목표를 달성할 방법을 찾아낼 수 있다고 얼마나 확신하나요?

성장형 사고관점은 감정에도 적용할 수 있다. 즉 학습과 마찬가지로 감정 관련 능력들도 성장시킬 수 있다는 뜻이다. 감정을 인식할 수 있게 되면 감정을 일으키는 원인을 파악하고 설명하며, 감정이 행동에 미치는 영향을 분석하고, 감정이 다른 사람에게 미치는 영향을 판단하는 능력도 발전시킬 수 있다.

학생의 이야기에 다가서기

"자기 인식은 사람들과의 관계와 일상에서의 행복에 큰 영향을 줄 수 있다."

예일대학교 정서지능센터 로빈 스턴(Robin Stern)의 말이다(Graves, 2017, p. 10). 자신의 감정을 언어로 표현하지 못한다는 것은 정말 답답한 일이다. 하지만 학생마다 감정이나 정서의 자기 인식 수준이 다를 수 있으므로 이를 지도할 때 학생의 말에 교사가 어떻게 반응하는지가 매우 중요하다. 교사가 공감적으로 반응할수록 학생은 자신의 감정을 더 잘 받아들이고 인식하게 될 것이다. 뒤 페이지에 소개된 전략을 참고하여 학생의 반응에 적절히 대응해 보자.

Every Student Has a Story ● 자기 인식을 격려하는 방법

학생의 말	다가서는 방법
"난 못하겠어요."	"아직 못하고 있을 뿐이야. 우리 같이 해보자."
"제대로 못했어요."	"어떻게 하면 더 잘할 수 있을까?"
"너무 어려워요."	"이 문제를 해결하려면 누가 도와줄 수 있을까?"
"할 수 있는 게 없어요."	"네가 가장 좋아하는 일 두 가지는 무엇이니?"
"저는 수학을 못해요. 엄마도 수학을 잘 못하거든요."	"무언가를 배울 때 뇌가 어떻게 변하는지 기억하니? 수학을 잘하도록 뇌를 훈련할 수 있단다. 어떻게 시작하면 좋을까?"
"배가 아픈 것 같아요. 몸이 안 좋아요."	"확실히 배(또는 머리 등)가 아픈 거니? 혹시 다른 문제가 있는 건 아닐까?"
"기분이 어때?"에 대한 답으로 "좋아요."라고 할 때	"솔직하게 말해도 돼. 기분이 어때?"
"슬픈데 왜 그런지는 모르겠어요."	"혹시 슬픈 일을 생각하고 있니?" "상담 선생님하고 이야기 나눠보면 어떨까?" "마음을 가라앉힐 수 있는 곳(또는 책 읽는 장소 등)에 가서 잠시 생각해 보는 게 어떨까? 왜 그런 기분이 드는지 알아차리는 데는 시간이 걸리거든."

4

Social-Emotional Learning and the Brain

자기 관리

"

수학을 잘하게 만드는 가장 좋은 방법은
어릴 때 충동 조절을 가르치는 것이다.

— 존 메디나 *(John Medina)*

❝

교실에 들어오는 학생을 맞이하는 교사의 손에 종이 한 장이 들려 있다. 프린터에 출력된 글을 우연히 발견했다며, 아무래도 누군가 이별 상황에서 쓴 것 같다고 말한다. 교사는 누가 쓴 글인지 알고 싶다고, 결코 의심하거나 상처를 주려는 게 아니라고 강조하며 글을 읽어준다.

S.M에게

너 없는 삶은 예전 같지가 않아. 시간이 갈수록 네가 점점 절실해져. 너 없이 난 아무것도 제대로 해낼 수가 없어. 불안하고 의욕도 없고 무엇도 추스를 수 없어. 뭘 해야 할지 모르겠어. 남의 말에 예민하게 반응하고, 수업에서 나가 달라는 말도 들었어. 지난주 멜라니네 파티에서도 결국 나와야 했어. 우리가 함께였다면, 네가 내 삶에 든든하게 있어 주었다면, 이런 일은 결코 없었을 거야.

왜 나를 떠난 거니? 아니, 애초에 네가 내 옆에 있지도 않았던 걸까? 네가 떠난 뒤로 나는 온몸이 스트레스 호르몬으로 가득 차 있는 것 같아. 네가 얼마나 내게 중요한 존재였는지 이제야 깨달았어. 어떻게 하면 널 다시 내 곁에 돌아오게 할 수 있을까? 간절히 빌면 돌아와 주겠니? 돌아와 준다면 정말 더 잘할게. 더 나은 사람이 될 거야. 난 지금 애원하고 있어. 마음이 너무 아파 견딜 수가 없어.

다시 널 볼 수 있기를 바라며.

학생들은 편지를 쓴 사람과 S.M이 누구인지 알아내려고 애썼다. 얼마 뒤 교사는 이 글이 사실 '이별 편지'라는 것으로 S.M은 'Self-Management', 즉 '자기 관리'의 줄임말이라고 설명한다. 그런 다음 글의 맥락을 다시 한번 생각하며 들어보라고 말하고 편지를 읽어준다. 그리고 편지 속에 담긴 '결핍'과 '필요'에 대해 자신의 경험과 연결할 부분이 있는지 묻는다.

자기 관리는 조절에 관한 것이다. 감정은 스스로 조절하는 것이 아니고 상대와의 상호작용 속에서 함께 조절해야 한다. 조절하는 법은 관계를 통해 배우게 된다.

학생들 중 많은 수가 트라우마나 스트레스를 경험한 채 교실로 들어온다. 그들은 이미 감정적으로 이탈한 상태, 특정 자극에 대한 반응을 스스로 통제하거나 조절하지 못하는 상태다. 이런 학생들이 자신의 감정을 인식하는 데까지 이르는 데 성공했다면 그다음에는 그 감정을 다룰 수 있는 전략, 즉 자기 관리 실천으로 나아가야 한다.

CASEL(2017)은 자기 관리의 6가지 구성 요소를 다음과 같이 소개한다.

- 충동 조절(impulse control)
- 스트레스 관리(stress management)
- 자기 절제(self-discipline)
- 자기 동기부여(self-motivation)
- 목표 설정(goal setting)
- 조직화 기술(organizational skills)

자기 관리의 여러 요소들은 서로 긴밀하게 연결되어 있다. 예를 들어, 충동 조절은 자기 절제에 영향을 미치며, 목표 설정은 자기 동기부여와 조직화 기술을 필요로 한다. 학생들에게 자기 관리의 핵심은 다양한 환경에서 생각, 감정, 행동을 조절할 수 있는 능력이다. 수업 시간, 점심 시간, 등하교 길, 버스 안, 그리고 아이들이 마주치는 수백 가지 장소와 상황 속에서 바로 그 능력이 발휘된다.

자기 관리와 뇌

자기 관리의 구성 요소들은 뇌 속의 다양한 구조 및 신경전달물질과 관련된다(도표 4.1). 예를 들어, 조직화 기술을 사용하여 목표를 향해 노력하고 있을 때 뇌에서는 기분을 좋게 하는 화학물질인 도파민이 분비된다. 목표를 달성하고 나면 진정 작용을 하는 세로토닌이 분비되면서 도파민 수치가 줄어드는데, 목표 달성을 칭찬받으면 도파민은 세로토닌으로 대체된다. 세로토닌은 스트레스를 처리하고 충동을 조절하는 역할을 한다. 이러한 순환의 흐름이 보이는가?

부정적 감정인 분노는 뇌 속의 감정 중추인 편도체가 감정을 '납치하듯' 장악하게 만들 수 있다. 그러면 뇌에서 스트레스 호르몬인 코르티솔이 분비되어, 전전두피질에 기반한 논리적 사고에 지장을 주고 기억에서 핵심 역할을 하는 해마의 기능을 방해한다. 또한 '싸우거

도표 4.1 자기 관리에 관여하는 뇌 영역

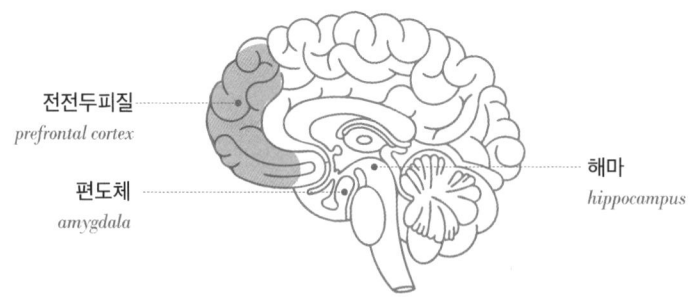

나 도망치는' 반응을 유발하여 나중에 후회할 행동을 저지르게 만들기도 한다.

하지만 화가 난 사실을 스스로 인지할 수 있다면, 즉 감정에 이름을 붙일 수 있다면, 뇌의 중심은 비이성적인 편도체에서 사려 깊은 전전두피질로 옮겨가기 시작한다. 반사적이고 충동적으로 반응하는 뇌는 감정에 이름을 붙일 수 없다. 이 기능은 언어 중추가 위치한 전두엽에서 이루어진다. 강력한 감정을 경험할 때 그것에 휘둘리지 않고, 한걸음 물러나 그 감정을 알아차리며 인식하는 일, 그것이 바로 자기 관리의 핵심이다. 그리고 전전두피질은 어떤 반응을 선택할 것인지 결정하게 해준다.

충동 조절 능력을 키우는 수업 전략

파멜라 캔터(Pamela Canter, 2019)는 아동의 자기 조절 능력이 절제가 요구되는 상황과 직접적인 관련이 있다고 설명한다. 만약 아이들이 신뢰하는 어른과 함께 있는 상황이라면 충동을 조절할 가능성이 더 높아진다는 것이다.

1960년대 스탠포드 대학 연구진이 4세 유아들을 대상으로 실시한 '마시멜로 실험'에 대해 들어보았을 것이다(Shoda, Mischel, & Peake, 1990). 실험 진행자는 아이들에게 마시멜로를 하나씩 주고, 자신이 방을 나갔다 다시 돌아올 때까지 마시멜로를 먹지 않고 기다리면 마시멜로 두 개를 더 줄 것이라고 말했다. 어떤 아이는 기다리지 못하고 마시멜로를 먹어버렸지만 어떤 아이는 참고 기다린 끝에 마시멜로를 더 받는 데 성공했다. 실험 후 오랜 시간에 걸친 추적 연구 결과, 참고 기다려 마시멜로를 더 받게 된 아이들은 성장 후 더 높은 학업 성취를 보였다.

2012년 로체스터 대학 연구팀이 진행한 실험(Kidd, Palmeri, & Aslin, 2013)은 마시멜로 연구보다 더 자세한 정보를 제공해 준다. 연구자들은 28명의 유아들을 '약속을 신뢰하는 아이들'과 '약속을 신뢰하지 않는 아이들'의 두 그룹으로 구분하고 색칠하기와 스티커 활동을 차례대로 진행했다. '약속을 신뢰하지 않는 아이들'에게 연구자들은 낡고 부러진 색연필을 주고, 나중에 새것으로 바꾸어 주겠다고 약속했다. 그러나 몇 분 뒤 다시 돌아온 연구자는 새것이 없어 줄 수 없다며 미안하다고 말하고 낡은 색연필을 그대로 쓰게 했다. 이후 이어진 스티커 활동에서도 마찬가지였다. 연구자는 작고 허름한 스티커를 나누어 주고 나중에 크고 좋은 스티커로 바꾸어 주겠다고 약속했다가, 다시 돌아와 스티커가 없다고 말했다.

'약속을 신뢰하는 아이들'에게도 동일한 상황이 주어졌지만 약속은 잘 지켜졌다. 아이들은 낡고 부러진 색연필을 새것으로 바꾸어 받았고, 작고 허름한 스티커 대신 크고 좋은 스티커를 받아들었다.

이 실험 뒤 두 집단의 아이들에게 마시멜로 실험이 이어졌다. '약속을 신뢰하는 아이들'에 속했던 아이들은 대부분 참고 기다려서 마시멜로를 추가로 받을 수 있었다. 하지만 반복적으로 기대가 무너졌던 아이들은 어른의 약속을 믿지 못하고 곧장 마시멜로를 먹어버린 경우가 많았다.

이 연구는 신뢰뿐 아니라 경험 또한 중요하다는 것을 시사한다. 안전하고 신뢰할 만한 환경에서 약속을 지키는 어른이 있을 때 아이들은 만족을 지연시키고 충동을 조절하기가 훨씬 더 쉬워진다(Kidd et al., 2013). 충동 조절과 자기 절제는 서로 맞물려 있다. 이 둘은 반응을 자극하는 방아쇠를 알아차리고 그것을 피하거나 자동적으로 나타나는 반사 행동을 바꾸는 능력으로, 습관적이고 자동적으로 굳어진 부적절한 반응을 적절한 반응으로 대체하기 위해 뇌에 새로운 경로를 만들어가는 과정과 관련된다. 이는 감정 인식이 감정 조절의 시작이며 얼마나 중요한지를 잘 보여준다.

충동 조절과 자기 절제의 또다른 요소로 경청이 있다. 경청을 잘하면 메시지를 전달하는 사람의 태도와 말투를 통해 내용과 의미를 더 정확히 이해할 수 있다. 그리고 상황을 분명하게 파악할수록 상대방은 더 호의적으로 반응하게 된다.

학교에서 흔히 볼 수 있는 충동 조절 부족의 모습은 무엇일까? 수업 시간에 불쑥 말하기, 친구의 말을 끊기, 게임을 중간에 그만두기, 줄을 설 때 밀치기, 새치기, 자리에서 벌떡 일어나기, 수업과 상관없는 질문하기, 그리고 충동적인 몸짓이나 과잉 행동 등이 있고, 더 많은 예시를 덧붙일 수도 있을 것이다.

"책상 정리를 하지 않았으니 아직은 줄을 설 수 없어."

"5분만 기다리면 점심 시간에 급식 줄이 훨씬 짧아질 거야."

"조용히 하면 프로젝트 과제 시간을 10분 더 줄게."

충동 조절과 만족 지연(delay of gratification)을 가르치려는 교사들은 종종 이렇게 말하곤 한다. 물론 이런 말이 도움이 되는 경우도 있다. 하지만 행동의 변화를 이끌어내기 위해서는 근본적인 원인에 다가가야 한다.

호흡 조절 연습

모리스 엘리어스와 스티븐 토비어스(Elias & Tobias, 2018)는 충동 조절을 위해 학생들에게 호흡 조절 연습을 제안했다. 온라인에는 다양한 호흡법을 안내하는 자료가 많이 있으며, 이 책의 '마음챙김' 부분에서도 다양한 호흡법을 소개할 것이다.

감정 온도계

감정 온도계(feeling thermometer)는 충동 조절을 가르치는 데 있어 모든 학년에 효과적이다(Elias & Tobias, 2018). 고학년의 경우 어떤 일로 인해 감정을 조절하지 못할 때 자신의 감정 온도계를 체크하도록 한다. 이때 학생들이 온도계를 직접 그려서 할 수도 있고, 미리 인쇄된 활동지를 제공할 수도 있다.

감정 온도계 활동지의 상단에는 날짜와 현재 느끼는 감정(예: 분노, 실망, 좌절)을 적고, 왼쪽 상황란에는 감정을 유발한 사건이나 상황을 기록하게 한다. 우측의 생각란에는 상황에 대한 자신의 생각을 적을 수 있다. 예를 들어, "나는 ~가 싫다.", "부모님은 나에게 관심이 없다.", "학교에서 아무도 나를 좋아하지 않는다." 등 떠오르는 어떤 생각이라도 자유롭게 기록한다.

가운데 온도계 그림 부분은 색깔 펜을 사용하여 자신의 감정이 얼마나 뜨거운지 표시할 수 있다. 이 기법을 학급 전체가 함께 연습하면서, 감정이 격해졌을 때는 먼저 호흡 조절을 통해 마음을 가라앉히고, 즉각적으로 부적절한 말을 내뱉기 전에 한 템포 쉬면서 상황을 돌아볼 수 있도록 지도한다.

초등학교 교사의 경우, 교실 벽에 낮은 온도부터 높은 온도까지 표시된 커다란 감정 온도계를 붙여 두고, 학생들이 자신이 느끼는 감정의 강도를 온도계에 표시하도록 할 수 있다. 이를테면 방금 운동장에서 속상한 일을 겪은 학생은 온도계로 가서 '매우 높음'에 자신의 이름을 적게 하는 것이다. 이렇게 하면 학생의 감정 상태를 체크인(check-in)하는 전략으로 활용할 수 있으며, 개별 면담을 통해 무슨 일이 있었는지 더 구체적으로 알아볼 수도 있다. 또한 각 학생의 책상에 코팅된 온도계를 붙여 놓고, 일과 중 언제든지 자신의 기분을 표시하게 할 수도 있다.

스트레스 관리 능력을 키우는 수업 전략

　스트레스가 무엇이고 뇌가 어떻게 스트레스에 반응하는지 아는 것은, 스트레스가 우리와 학생들의 삶에 미치는 지대한 영향을 이해하는 데 필수적이다.

　샌프란시스코 청소년건강센터의 설립자이자 외과 의사인 네이딘 버크 해리스(Nadine Burke Harris)는 저서 『불행은 어떻게 질병으로 이어지는가(The Deepest Well)』(2018)에서 이에 대해 누구나 이해할 수 있도록 쉽게 설명하고 있다. 해리스에 의하면 교사들은 매일 교실에서 스트레스 반응 시스템에 문제가 있는 학생들을 만난다. 학생 중에는 스트레스와 트라우마를 경험하고도 조절 장애가 없는 학생도 있는데, 우리의 뇌가 저마다 다른 것처럼 스트레스 상황에 대처하는 능력도 사람마다 다르기 때문이다. 버크 해리스는 역경이나 일상적인 스트레스 요인에 효과적으로 대처하기 위한 중요한 기준 중 하나는 정서적으로 연결될 수 있는 사람이 있고 없고의 차이라고 한다(결국, 모든 문제는 관계로 돌아간다!).

　"때로는 당신이 곰을 잡아먹고, 때로는 곰이 당신을 잡아먹는다."라는 표현을 들어본 적이 있는가? 여기서 곰은 곧 스트레스를 가리키는데, 해리스가 스트레스 반응을 설명하기 위해 든 비유다. 그는 우리가 숲을 걷다가 곰을 마주칠 수도 있지만 집 안에서 마주칠 수도 있다고 말했다. 상황은 달라도 뇌와 몸의 반응은 똑같이 나타난다. 실제로 어떤 학생들은 굶주림, 보호자의 학대나 부재, 부모의 교도소 수감, 신체적 또는 성적 학대 등 견디기 힘든 상황에 처해 있다.

해리스는 주로 도심의 빈곤 지역 아이들을 연구했지만 사실 도시든 농촌이든, 가난한 가정이든 부유한 가정이든 누구나 삶에서 곰과 같은 어려움을 마주할 수 있다. 스트레스 요인은 제각각일지라도 지나치게 많은 스트레스를 받는 학생들의 뇌에서 일어나는 반응은 거의 동일하다.

곰을 마주하는 순간, 편도체가 즉각 반응하고 뇌와 몸 속에 화학물질이 분비되기 시작한다. 아드레날린과 노르아드레날린은 몸을 긴장시키고 위기 대응에 나설 준비를 시키지만 이 물질이 과도하게 분비되면 전전두피질의 집중력이 약화된다. 다시 말해 편도체의 반응을 멈추지 못하고 이성적으로 사고할 수도 없는 상태에 빠지는 것이다. 해리스의 설명에 따르면, 두려움의 중추인 편도체가 사고하는 뇌인 전두엽을 차단해 평소라면 상상조차 못 할 행동을 가능하게 만들 수도 있는 것이다. 곰과 맞서 싸우게 되는 것도 그 결과다(물론 도망치거나 얼어붙을 수도 있지만).

로버트 사폴스키(Robert Sapolsky)는 저서 『Behave(행동하라)』(2017)에서 "누군가의 점심 식사가 되지 않으려 목숨을 걸고 달리고 있다면, 아침 식사를 소화하는 데 에너지를 쓰지 말라."고 말했다. 극한의 상황에서는 소화와 같이 생존에 당장 필요하지 않은 기능들이 자동으로 차단된다. 아이를 구하기 위해 엄마가 자동차를 들어 올렸다는 이야기처럼, 차를 드는 것이 불가능하다는 사실조차 잊게 만드는 힘이 바로 이 스트레스 반응이다. 즉 스트레스 상황에서는 초인적인 일도 가능하다. 내가 학생들에게 이 이야기를 자주 들려주는 건 불가능해 보이는 일도 해낼 수 있다는 믿음을 심어 주고 싶어서이다. 곰과 싸우고, 차를 들어올리는 것처럼 초인적인 일도 가능하다.

그런데 여기에는 심각한 문제가 있다. 스트레스 반응은 일정 시점에서 가라앉고 다시 균형을 찾아야 한다는 점이다. 우리 몸은 항상성을 유지하기 위해 스트레스 상황이 끝나면 회복하려고 시도한다. 가장 바람직한 방식은 약간의 스트레스 뒤에 뇌와 몸이 충분히 휴식을 취하는 것이다. 하지만 하루에도 수십 번씩 곰을 마주친다면 이 과정은 제대로 작동하지 않는다. 강렬한 스트레스 반응이 계속 반복되면, 마치 스트레스 조절 장치가 고장 난 것처럼 균형을 잃게 된다. 이로 인해 어떤 학생은 늘 곰이 나타날까 불안해하며 과도하게 경계하고, 어떤 학생은 곰을 막아내기 위해 자신의 감정을 억누른다. 또래 관계 속에서 매일같이 스트레스를 받는 아이들도 있다. 교사들은 바로 이런 아이들과 매일 마주하고 있는 것이다.

서문에서 언급했듯이 학생 중 일부는 아동기 부정적 경험(ACE)을 겪고 있다. 여기에는 학대, 부모의 교도소 수감, 이혼이나 별거, 약물 남용, 가족의 사망과 같은 어린 시절의 스트레스나 트라우마가 포함된다. 이러한 학생들을 지원하기 위해 교사가 먼저 스트레스와 그 관리 방법을 배우는 것이 출발점이다. 트라우마와 스트레스를 방치하면 뇌 발달이 저해되어 기억력, 회상 능력, 집중력, 충동 조절에 영향을 미치고, 뇌 구조 자체가 변할 수 있다(Gaines, 2019). 앞서 말한 것처럼 사회정서학습은 아동기 부정적 경험의 부정적 영향을 완화하고 학생들에게 긍정적인 경험을 제공하는 데 중요한 역할을 할 수 있다.

스트레스에는 세 가지 유형이 있다는 점을 이해하는 것이 중요하다. 첫째, 긍정적 스트레스는 운동 경기나 발표 준비처럼 도전적인 상황에서 나타난다. 이런 스트레스는 아동 발달에 꼭 필요하며, 뇌가 삶의 오르내림에 적응하도록 돕는다. 둘째, 견딜 만한 스트레스는 사랑하는 사람의 죽음처럼 감당하기 어려운 사건에 대한 더 강한 반응이다. 이는 개인이 통제할 수 없는 상황으로, 회복을 위해서는 시간이 걸리더라도 신뢰할 수 있는 관계 속에서 지지와 위로를 받아야 한다. 마지막으로 독성 스트레스가 있다. 이는 어른의 지지나 도움이 전혀 없는 상태에서 아동이 심각한 역경에 직면할 때 발생한다.

발달 연구는 학생들이 긍정적 스트레스와 견딜 만한 스트레스를 경험하는 것이 스트레스 반응 시스템의 균형을 유지하는 데 필요하다고 말한다. 그러나 어떤 학생에게는 견딜 만한 스트레스조차도 쉽게 독성 스트레스로 변해 버릴 수 있다.

내가 교실의 불을 껐을 때였다. 방 안이 완전히 어두워진 것은 아니었지만, 마가렛이 갑자기 자리에서 벌떡 일어나더니 교실 문을 열고 건너편 화장실로 달려 나갔다. 처음에는 어디가 아픈가 싶어, 마가렛과 친한 타마라에게 가서 괜찮은지 확인해 달라고 부탁했다. 그런데 잠시 후 타마라가 다급히 돌아와 "선생님, 빨리 와보세요!"라고 외쳤다. 나는 황급히 준비해 둔 영상을 틀어 나머지 학생들에게 자리에 그대로 있으라고 지시한 뒤 화장실로 향했다.

마가렛은 화장실 구석에 웅크린 채 울면서 온몸을 떨고 있었다. 나는 몇 분 동안 그 옆에 함께 앉아 있었고, 마가렛은 내 손을 꼭 붙잡은 채 놓으려 하지 않았다. 교실로 돌아갈 준비가 될 때까지 상담실이나 양호실로 데려가겠다고 제안했지만, 아이는 간절하게 가지 않게 해달라고 부탁했다. 부모님께 연락하겠다는 말에도 강하게 거부했다. 나는 아이의 뜻을 존중해 교실로 함께 돌아갔지만 그것으로 상황이 끝난 것은 아니었다.

마가렛은 가끔 학교에 일찍 등교해 내 방에 앉아 시간을 보내곤 했다. 나는 평소에 이유를 묻지 않고 학생들이 그렇게 있을 수 있도록 허용해 줬다. 안전한 공간을 제공해 주기 위해서였는데, 이들은 나와 이야기하거나 그냥 가만히 앉아 있기도 했다. 마가렛은 매일 내 방에 오기 시작했고 방과 후에도 머물곤 했다. 그리고 마침내 내게 자신이 오랫동안 당해 온 성폭행에 대해 털어놓았다. 그 학대는 가족이 아닌 베이비시터에게 당한 것이었다. 이를 알고 나서 우리는 마가렛이 필요한 도움을 받을 수 있도록 도왔다. 그녀는 이 일이 모두 자기 잘못이라고 생각해 부모님께 알리는 것을 두려워했지만, 부모님은 그녀를 지지하고 도와주었다.

마가렛이 수년간 겪어 온 학대로 인한 독성 스트레스는 앞서의 사례와 같은 반응을 불러일으켰다. 교실 불을 끈 일은 단지 그 반응을 촉발한 계기에 불과했다. 다행히 상담을 받으면서 마가렛은 조금씩 회복의 길로 나아갈 수 있었다.

코로나 19 팬데믹의 여파는 여전히 학생들에게 영향을 미치며 기존의 스트레스를 한층 심화시키고 있다. 학교에 나가게 되었다지만 학생들에겐 여전히 두려움과 신경계 조절 장애에서 비롯된 후유증이 남아 있다. 끊임없는 두려움 속에서 통제력을 잃게 되면 필연적으로 뇌에 변화가 일어나기 때문이다. 그렇기에 학생들의 두려움을 덜어주는 일은 이전의 관계를 회복하고 새로운 관계를 맺는 데 중요하다. 이런 학생들에게 필요한 것은 예측 가능성이다. 이를 위해 규칙적인 일과를 마련하고, 앞으로 일어날 일을 미리 알려주는 것이 큰 도움이 된다.

팬데믹 시기에는 앞으로 무슨 일이 닥칠지 누구도 알 수 없었고 모두가 불확실성과 두려움 속에서 살아야 했다. 이런 상태에서 뇌는 학습이 아니라 생존에 모든 에너지를 쏟을 수밖에 없다. 학생들의 인지적, 정서적, 사회적 능력은 뇌의 상태에 따라 달라지며 그에 따라 학습 능력도 유동적으로 변한다. 학생들은 극심한 스트레스를 안고 교실로 돌아올 것이고, 이러한 스트레스는 몸과 뇌를 쉽게 지치게 만든다. 따라서, 학생들의 집중력은 더 떨어지고 짜증을 더 많이 낼 것이다(Bruce Perry, 2020).

학생들을 두려움과 스트레스 상태에서 각성 상태로, 궁극적으로는 평온한 상태에 도달할 수 있도록 지원해야 한다. 그렇다면 어떻게 스트레스 관리를 도와야 할까. 스트레스의 원인을 잘 처리하지 못하면 학습은 일어나지 않는다. 스트레스를 인식하고 이를 관리하는 것이야말로 학생을 도울 수 있는 좋은 학습 전략이다.

예측 가능성: 루틴, 의례 및 절차

효과적인 루틴이나 구조 및 절차를 사용하면 트라우마를 경험했거나 행동에 어려움을 겪는 학생을 포함, 모든 학생의 스트레스를 감소시키고 학습을 촉진하는 데 도움이 된다(Darling-Hammond et al., 2019). 해리 왕(Harry Wong)과 로즈메리 왕(Rosemary Wong)은 규칙적인 절차를 활용하여 학급을 운영할 것을 강조한다. 규칙적인 절차, 즉 일상의 루틴과 의례 및 절차는 학생들이 처한 상황을 안전하게 느끼게 한다. 반복적으로 실행되고 쉽게 인지할 수 있는 규칙을 따르는 것은 편도체를 차분하게 만드는데, 이렇게 반복되는 절차에는 위험이 없어 보이기 때문이다.

자동차 운전을 예로 들어 보자. 운전 경력이 쌓이면 대부분의 절차가 자동으로 이루어져, 특별한 상황이 벌어지지 않는 한 거의 아무 생각 없이 편안하게 운전하게 된다. 그러나 앞 차가 갑자기 브레이크를 밟는 순간에는 충돌을 피하기 위해 곧바로 강하게 브레이크를 밟아야 한다. 신호등이 초록에서 노란색으로 바뀔 때는 그대로 통과할지, 아니면 멈출지를 즉각 결정해야 한다. 또 뒤에서 사이렌 소리와 함께 경광등이 번쩍일 경우, 그것이 내 차를 멈추라는 신호인지, 아니면 긴급 차량이 지나갈 수 있도록 속도를 줄이거나 정지해야 한다는 신호인지 빠르게 판단해야 한다.

무슨 일이 일어날지 미리 예측할 수 있다는 것은 아이들에게 큰 안정감을 준다. 예를 들어 보자. 짐은 아침 7시에 일어나 엄마가 준비해 준 아침을 먹고, 7시 30분 버스를 타서 7시 45분에 학교에 도착한다. 사물함에 도시락을 넣고 첫 수업에 필요한 책을 챙길 시간도 충분하다. 복도에서는 늘 브라운 선생님이 커피를 들고 체육 선생님과 이야기를 나누느라 수업 시작에 늦는다. 종이 울리고 나서야 교실에 들어오는 선생님 덕분에 짐은 선생님이 출석부를 찾는 동안 옆 친구와 5분 정도 이야기를 나눌 수 있다는 사실을 잘 알고 있다. 이렇게 예측 가능한 일상의 흐름은 안정감을 준다.

하지만 삶이 언제나 이렇게 예측 가능하지는 않다. 내가 어렸을 때의 일이다. 학교를 마치고 친구와 함께 집까지 걸어가곤 했는데 친구는 집이 가까워질수록 불안해했다. 어떤 날은 집에 같이 들어가 달라며 애원하기도 했다. 친구의 어머니는 알코올 중독자였는데, 집에 들어설 때 엄마가 따뜻하게 포옹과 키스를 해줄지, 아니면 고함을 지르거나 뺨을 때릴지 전혀 알 수 없었기 때문이다. 친구가 집보다 학교를 더 좋아했던 이유는 아마도 학교가 훨씬 더 안정적인 공간이었기 때문일 것이다.

나는 여름방학 동안 학습과학 연구자인 에릭 젠슨(Eric Jensen)에게서 예측 가능성의 중요함을 배웠다. 그중에서도 교실에서 반복적이고 의례적인 절차가 학생들에게 얼마나 유익한지 알게 되었다. 의례란 특정 상황이 일어날 때마다 일정한 반응이 뒤따르는 단순하고 반복적인 행위로, 이를 통해 학생들은 앞으로 무슨 일이 일어날지 예측할 수 있게 된다.

교실에서는 학생들에게 안정감을 주고 스트레스를 완화하기 위해 다양한 의례적 활동이 필요하다. 나는 학기 시작 워크숍 때마다, 개학 첫 주가 끝날 때까지 최소 15~20개의 의례적 활동을 준비해야 한다고 강조한다. 다소 많다고 느낄 수도 있겠지만 곧 이어질 설명을 들으면 생각이 달라질 것이다.

내 수업은 이렇게 시작된다. 학생들이 교실에 들어오면 학교를 배경으로 한 경쾌한 노래가 흘러나온다. 나는 문 앞에 서서 미소를 지으며 "좋은 아침이에요!"라고 인사한다. 종이 울리면 음악을 끄고 학생들에게 이렇게 말한다. "모둠원들이 모두 자리에 앉아 준비가 되면 손을 들고 '네!'라고 말하세요." 학생들이 손을 들면 어떤 모둠이 손을 들지 않았는지 확인하면서 누가 결석했는지 알 수 있다. 출석을 빠르고 간단히 확인하는 방법이다. 이어서 "옆에 있는 친구에게 '좋은 아침, 오늘도 만나서 기뻐!'라고 말해 보세요."라고 한다.

그다음 단계는 그날 점심 메뉴를 살펴보며 마치 음식을 파는 것처럼 연기하는 활동이다(미국의 학교는 한국처럼 무료 급식이 제공되지 않으므로, 학생들이 도시락을 싸올 수도 있고 급식실에서 사 먹을 수도 있다—옮긴이).

"학생 여러분, 오늘은 훈제 연어나 죽은 없어요. 하지만 우리 식당에는 제가 가장 좋아하는 음식이 있지요. 바로 미트볼을 곁들인 스파게티예요! 누가 나랑 같이 점심 먹을래요?"

도시락을 가져오지 못해 급식실에서 제공되는 점심을 먹어야 하는 데 부끄러움을 느끼는 아이들이 있다. 학생들이 일일이 손을 들게 하는 대신 재미있게 참여할 방법을 고안하는 것이 좋다. 이러한 방식은 아이들 모두가 학교 급식 프로그램에 대해 호감을 느끼게 만든다.

위에서 설명한 활동들은 실제로 내가 아침 조회 시간 5분 동안 하는 것들이다. 여기에는 다섯 가지 의례가 포함된다. 음악, 문 앞에서의 인사, 출석 확인, 모둠원끼리 인사 나누기, 그리고 급식 메뉴 판매 놀이가 그것이다. 규칙적인 의례를 만들려면 먼저 교실의 상황을 고려해야 한다. 반드시 매일 해야 하는 것은 아니며, 특정한 상황이 있을 때 간단히 실행해도 충분하다.

아래는 의례 활동의 몇 가지 예시이다.

- 학생의 생일에는 아주 유쾌하고 유머러스한 생일 노래를 들려준다.
- 수업을 시작할 때와 마칠 때마다 특정한 노래를 틀어놓는다.
- 학생이 자기 글을 낭독할 때마다 미리 만들어 둔 '작가 모자'를 쓰게 한다.

- 외부 손님이 수업을 참관하러 오면 반 아이들 모두 일어나 박수를 치며 맞이하게 한다. 손님이 오는 일은 드문 일이니까 말이다.
- 점심 시간이 되면 옆에 앉은 아이에게 "배고파!" 하고 말하게 한다.
- 시험날 아침에는 그동안 열심히 공부한 것을 축하한다는 의미로 축하 노래를 들려준다.
- 하교 시간이 되면 뇌 속의 신경세포가 활성화되었다는 뜻을 담아 학생들 모두에게 "오늘 내 수상돌기가 더 뻗어나갔어!"라고 외치게 한다.
- 하교하는 학생들을 교실 문 앞에 서서 배웅하면서 하이파이브를 해준다.

학생들에게 적합한 의례를 생각해 보라. 교사가 이러한 의례에 편안함을 느껴야 학생들도 편안하게 느낄 것이다. 반복적인 의례가 수업을 지루하게 만들지는 않을까? 결코 그렇지 않다. 예측 가능성은 학생들에게 편안함을 주고, 이는 교사가 새로운 내용을 소개할 수 있는 든든한 기반이 된다. 물론 똑같은 활동을 매일 반복하다 보면 교사와 학생 모두 지루해질 수 있고, 그 지루함 자체가 또 다른 스트레스가 될 수 있다는 점도 사실이다. 그래서 무엇보다 중요한 것은 균형이다. 의례는 도전과 새로움, 그리고 약간의 엉뚱함이 들어올 여지를 마련해 줌으로써 교실 활동을 즐거운 경험으로 바꿔 줄 수 있다.

그렇다면 이런 의례를 바꾸어도 될까? 당연히 가능하다. 다만 학생들이 새로운 것에 적응하려면 시간이 필요하다는 점을 잊지 말아야 한다. 따라서 의례를 바꾸기 전에는 반드시 미리 알려 주어야 한다. 핵심은 언제나 예측 가능성을 보장하는 것이다.

90초 규칙

학생들에게 반드시 알려줘야 할 규칙 중 하나는 바로 '90초 규칙'이다. 이 규칙의 핵심은, 스트레스를 경험할 때 뇌와 몸이 스스로를 정화하는 데 약 90초가 필요하다는 점이다(Bolte Taylor, 2006). 문제는 그 90초 동안 무엇을 하느냐에 달려 있다. 스트레스가 우리 안에 오래 남는 이유는 부정적인 감정을 놓아주지 못하기 때문이다. 감정을 붙잡고 있으면 몸과 마음을 점점 잠식당하게 된다. 그러다 보면 이렇게 감정을 쏟아내게 된다.

"그 학생이 나한테 뭐라고 했는지 들었어요? 믿을 수가 없어요! 아무도 나한테 그런 식으로 말한 적은 없어요! 교장 선생님께 꼭 말씀드려야겠어요. 다시는 그런 일이 없게 할 거예요!"

바로 이 순간, 90초를 어떻게 쓰느냐가 중요하다. 그 시간을 부정적 반응이 아닌 긍정적인 전략으로 채울 수 있다면, 스트레스에 훨씬 더 건강하게 대처할 수 있다. 나는 학생들에게 도움이 될 간단한 전략으로 CBS(Count, Breathe, Squeeze, 숫자 세기, 숨 쉬기, 주먹 쥐기)를 알려 주고 있다. 숫자를 세는 것은 뇌를 차분하게 하고, 화를 불러온 원인 대신 다른 것에 집중할 수 있도록 돕는다. 호흡법은 일정한 리듬에 맞춰 숨을 들이쉬고 내쉬는 구조화된 방식으로, 심박수를 낮추고 몸속에 분비된 스트레스 호르몬의 영향을 줄여 준다. 마지막으로 주먹 쥐기는 학생들이 편안하게 느낄 수 있는 물건, 즉 말랑한 공이나 작은 인형을 손에 쥐게 하는 방법이다(특히 어린 학생들에게 효과적이다). 이는 신체의 긴장을 풀어 주는 데 도움이 된다.

목소리 톤

달링-해몬드(Linda Darling-Hammond, 2019)는 '자기 조절 시범'이라는 영상에서 이렇게 말한다. "교사가 차분하고 중립적이며 단호한 목소리 톤을 사용하면 학생들은 교사가 자기들을 존중하는 동시에 통제하고 있다는 사실을 확신할 수 있어 안정감을 얻고 자기 조절을 할 수 있다." 이렇듯 차분하면서도 단호한 목소리를 사용할 때, 학생들은 보호받고 있다는 느낌을 받게 된다.

나 역시 개인적인 성장 배경 때문에 차분한 목소리를 갖기까지 오랜 시간이 걸렸다. 나는 여섯 식구가 함께 사는 집에서 자랐는데 집안에는 늘 고성이 오갔다. 그래서 거의 비명에 가까운 큰 목소리를 '정상'이라고 여기며 자랐다(정말 그렇다!). 그런데 처음 유치원생 반을 맡아 수업을 하면서 내 목소리가 아이들에게 부정적인 영향을 주고 있다는 사실을 깨달았다. 그때부터 나는 글자 그대로 목소리의 '톤을 낮추는' 연습을 해야 했다.

이후 중학생을 가르치게 되었을 때는 목소리에 조금 더 힘을 실을 필요가 있었다. 그래서 거울 앞에 서서 차분함을 유지하되 약간의 단호함을 더한 목소리를 반복해서 연습했다. 내가 만난 많은 학생들 역시 부모나 보호자가 자주 큰 소리로 다투거나 고함이 일상처럼 오가는 가정에서 자라왔다. 또는 너무 많은 가족이 함께 살다 보니 소리를 질러야만 목소리가 들리는 환경에서 지내기도 했다. 이런 환경에서 자란 학생들은 자연스럽게 큰 목소리를 내게 된다. 교실에서 차분하고 절제된 목소리를 배우려면 무엇보다 교사의 목소리에서 먼저 그 본보기를 들어야 한다.

학생들과 함께하는 상황에서 교사가 본능적으로 튀어나오는 감정이나 자동적 반응을 조절하려면 많은 훈련이 필요하다. 교사가 자기 인식을 높이면, 자신의 감정을 알아차리고 학생들에게 어떤 말과 태도로 대응할지를 의식적으로 관리할 수 있다. 특히 스트레스를 받고 있는 학생 앞에서는 교사가 차분하고 평온한 태도를 보여주는 것이 중요하다. 교사의 몸짓과 목소리가 학생의 반응을 결정짓는 핵심 요소이기 때문이다.

치료견

치료견은 편안한 분위기를 조성하면서 학생과 교사 모두에게 도움을 줄 수 있다(Alliance of Therapy Dogs, 2017). 실제로 이 방법은 트라우마가 있는 학생들의 치료 및 학교 총격 사건과 같은 긴급 상황에도 사용되고 있다.

개는 사람을 판단하지 않으며, 누구에게든 평등하고 조건 없는 무조건적인 사랑을 보낸다. 이런 방식의 사랑을 받아보지 못하고 자란 학생들이 학교에는 무척 많다. 치료견은 대개 학교 상담실에 머물지만, 때로는 인솔자와 함께 복도를 다니기도 한다. 교실에서 안정이 필요한 상황이 생기면 즉시 투입하기 위해서다. 반려동물은 사람에게 정서적 안정감을 제공할 수 있다. 연구 결과에 따르면 치료견과 함께한 학생들은 스트레스와 불안 수준이 낮아졌으며 출석률까지 향상되었다고 한다. 학생들이 치료견과 상호작용한 후 코르티솔 수치는 낮아지고 옥시토신 수치는 높아진 것으로 나타났는데(Grove & Henderson, 2018), 이는 스트레스가 감소하고 신뢰감이 증가했음을 의미한다.

얼마 전 나는 최근까지 근무했던 학교를 다시 방문할 기회가 있었다. 그곳에서 나는 새로 온 치료견 찰리를 중심으로 학생들과 학부모들이 함께 어울리는 모습을 보게 되었다. 찰리는 아직 어린 강아지로 자신이 맡은 역할을 배우는 단계에 있었지만 이미 학교의 모든 이들로부터 큰 사랑을 받고 있었다. 찰리는 교사들에게 안정감을 주었고, 아이들이 책을 읽을 때 조용히 들어주는 친구가 되어 주었으며, 긴장된 상황에서도 분위기를 부드럽게 만들어주는 데 큰 도움을 주고 있었다. 상담실이나 교장실에서 대부분의 시간을 보냈지만, 학교 전체에 위안을 주는 영향력을 가진 존재였다.

마음챙김

마음챙김은 학생들이 언제든지 자신의 감정과 행동에 온전히 집중하고 이를 인식할 수 있는 능력을 길러준다. 감정, 생각, 그리고 신체 감각 사이의 연관성을 인식하게 되면 학생들은 자신의 감정을 보다 효과적으로 조절할 수 있게 된다. 또한 자신에게 가장 잘 맞는 자기 조절 전략을 알게 되면 감정적으로 통제력을 잃었다고 느끼는 순간에도 그 전략을 적용하여 상황을 안정시킬 수 있을 것이다.

마음챙김은 뇌의 전두엽 시스템의 주의력 연결망을 강화해 주는 효과가 있다. 연구에 따르면(Dunning et al., 2019), 마음챙김을 실천하는 학생들은 인지적 유연성이 더 높다고 한다. 또한 마음챙김은 학습과 기억에 중요한 역할을 하는 전두엽과 해마의 세포 수를 증가시키는 반면, '싸우거나 도망치는' 반응을 관장하는 편도체의 세포 수는 감소시키는 것으로 나타났다. 이는 편도체가 자극에 과도하게 반응하는 것을 줄여 주며, 결과적으로 감정 조절에 긍정적인 영향을 미친다. 편도체의 세포 수가 감소하면 편도체와 전전두피질(고차원적 사고, 주의집중, 계획 등을 담당하는 영역) 간의 연결 또한 약화되어 뇌가 경고 신호를 보내는 횟수가 줄어들게 된다. 이는 불필요한 불안이나 스트레스로부터 학생들을 보호하는 데 기여할 수 있다.

마음챙김 수업의 일환으로 다양한 호흡법을 가르칠 수 있다. 여기 소개하는 방법 중에서 마음에 드는 것을 선택해 학생들과 함께 진행해 보기 바란다.

- 기본 호흡: 코로 천천히 숨을 들이마신다. 그런 다음 천천히 입으로 내쉰다.
- 4×4 호흡: 코로 4초 동안 숨을 들이마시고, 4초간 멈춘 뒤, 입으로 4초 동안 숨을 내쉬고, 다시 4초간 멈춘다. 이를 안내하는 그림(도표 4.2)을 학생의 책상 위에 붙여 주고 지도해도 좋다.
- 솜뭉치 호흡: 학생들이 서로 눈을 마주치지 않도록 앉게 한다. 학생에게 각각 솜뭉치를 나눠주고 손바닥 위에 올려놓게 한 후, 1분 동안 천천히 숨을 들이쉬고 내쉬면서 솜뭉치가 손바닥에서 손가락 끝까지 움직이도록 호흡을 조절하게 한다. 이때 자신의 호흡이 어떻게 느려지는지 느껴보게 한다. 1분 후, 호흡을 더 천천히 하게 하면서 솜뭉치가 손바닥과 손가락이 만나는 지점을 넘지 않게 조절해 보도록 한다(Tantillo Philibert, 2016).
- 바람개비 호흡: 학생들에게 바람개비를 나눠 주고 자신의 호흡

도표 4.2 **4×4 호흡**

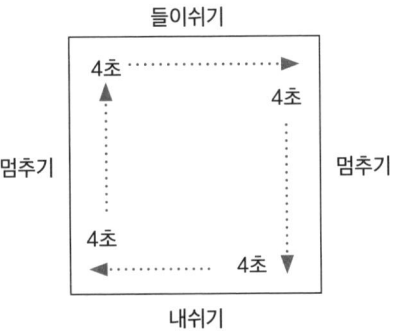

에 집중하면서 바람개비가 도는 속도를 조절해 보게 한다. 처음에는 바람개비를 빨리 돌리고 싶어 하겠지만, 차분하고 느린 호흡으로 바람개비가 천천히 돌 수 있다는 걸 스스로 인식하도록 한다.

위에서 소개한 호흡법을 반복적으로 연습하다 보면 감정과 행동을 조절해야 하는 순간에 자동적인 반응으로 자리 잡을 수 있도록 지도할 수 있다. 시험을 앞두고 불안과 긴장이 높은 시기에는 반 아이들 전체를 대상으로 집단적인 호흡 활동을 진행해 보는 것도 좋다. 이러한 활동은 학생들이 자신의 감정을 인식하고 조절하는 능력을 기르는 데 실질적인 도움이 될 수 있다.

진정 공간

교실이나 교내에 학생들이 감정을 진정시킬 수 있는 장소를 마련하는 것은 학년에 관계없이 모두에게 도움이 된다. '마음이 가라앉는 방', '평화의 공간', '진정 구역' 등 다양한 이름을 붙여 줄 수 있으며, 쿠션이나 편안한 빈백 소파를 두거나 탁자와 의자를 마련해 아늑한 분위기를 조성할 수 있다. 또 스트레스 해소와 호흡 조절에 도움이 되는 말랑말랑한 공이나 바람개비를 비치해 두는 것도 좋다. 이러한 공간은 학생들이 감정을 추스르거나 다시 집중하는 데 실질적인 도움을 준다.

물과 풀, 반짝이 조각을 채운 '진정을 위한 병(calming bottle)'을 활용하면 학생은 물론 교사와 같은 성인에게도 효과적이다. 병을 흔든 뒤 반짝이 조각이 천천히 가라앉는 모습을 바라보는 것만으로도 마음을 차분하게 가라앉힐 수 있다. 이 활동은 1~2분 정도 소요되므로 자연스럽게 '90초 규칙'을 적용하는 데에도 도움이 된다. 혹시 고학년 학생들이 유치하다고 느껴 좋아하지 않을 것 같다고 생각된다면, 병을 교탁 위에 올려 두고 얼마나 많은 학생이 관심을 보이며 다가오는지 직접 확인해 보자.

'TLC(Tender Loving Care)', 즉 '다정하고 따뜻하게 돌보기'란 이름의 이 전략(Frey, Fisher, Smith, 2019)은 감정적으로 지지받고 있다고 느낄 수 있는 공간이라는 의미를 담고 있다. 복도에 테이블과 의자 두 개를 놓고 '무엇을 도와드릴까요'라는 문구의 표지판을 걸어둔다. 누구든 이곳에 오면 앉아 있는 사람과 대화를 나누거나 그저 잠시 숨을 고르며 마음을 가다듬는 용도로 활용할 수 있다.

감정 일지

감정 일지는 개별 학생 또는 학급 전체를 대상으로 진행할 수 있는 활동이다(웹사이트 WeAreTeacher, 2018). 보통 하루를 시작하는 시간이나 아침조회 시간에 사용하며, 나의 경우 홈룸 시간 또는 매일 첫 수업 시간에 사용했다. "아침으로 무얼 먹었나요?", "오늘 말다툼을 한 사람이 있나요?", "숙제에 어려움은 없었나요?" 등과 같은 비공식적이고 간단한 질문으로 학생들의 감정 상태를 확인할 수 있다. 질문에 대한 답변은 학생들의 하루가 어떨지 교사가 예측하는 데 도움을 줄 것이다.

도표 4.3의 감정 일지에는 활동, 감정, 전략이 포함되어 있다. 만약 시험이 다가오고 있다면 활동란에 이를 적은 후 학생이 느낄 수 있는 감정에 대해 토론한다(3장에서 소개한 감정 어휘 목록이 여기에서도 유용하다). 감정 어휘들을 기록한 후에는 학생들에게 그 감정을 다룰 방법을 제안해 보도록 한다.

학생들에게 시간이 날 때마다 하루(또는 한 주)의 일정을 미리 내다보며 특정 감정을 유발하는 요인이 언제 발생할지 예측해 보고 기록하도록 하자. 감정 일지를 작성하는 것이 특히 많은 도움이 되리라 예상되는 학생에게는 '체크인' 도구로 활용해도 좋을 것이다.

도표 4.3 감정 일지

활동	감정	전략
과학 시험	초조한, 불안한, 스트레스 받은	심호흡하기 물 마시기 친구와 함께 복습하기

자기 절제 능력을 키우는 수업 전략

스트레스를 낮추고 충동을 조절하는 전략을 가르치고 나면 다음 단계인 자기 절제로 나아갈 수 있다.

이 단계에서 키워야 할 것은 반응 억제 능력이다. 이는 자극에 대해 즉각적으로 반응하고 싶은 충동을 멈추는 것으로, 처음에는 힘겹지만 연습을 통해 점차 자연스럽게 익히게 되며, 누군가가 지켜보지 않아도 어떤 행동을 스스로 선택하고 해야 할 일을 알아서 해낼 수 있게 된다.

다음은 자기 절제가 잘 된 학생에게서 볼 수 있는 특징들이다.

- 필요할 때 도움을 요청한다.
- 과제에 끈기 있게 집중한다.
- 지시나 규칙을 잘 따른다.
- 필요할 때 스스로 준비물을 챙길 수 있다.
- 수업에 준비된 상태로 참여한다.
- 과제를 제시간에 제출한다.

구체적인 계획 세워보기

계획을 세우고 이를 끝까지 실행하는 것은 자기 절제의 중요한 요소이지만 이는 학생들에게 꽤 큰 도전이 될 수 있다. 유치원생이든 고등학생이든 마찬가지다. 이 능력을 기르기 위해 '파티 계획 세우기'와 같은 구체적인 활동을 해 보는 것이 좋다. 파티를 계획하려면 어떤 것들이 필요할까? 준비물, 예산, 초대할 사람들, 파티 홍보 계획 등 다양한 요소를 생각해 볼 수 있다. 이러한 질문들을 함께 고민하면서 학생들이 실제로 계획을 세워 보도록 하자.

시험이나 프로젝트를 앞둔 상황이라면 구체적인 계획표를 작성하게 하는 것이 좋다. 이러한 과정을 통해 사전에 계획을 세우는 것이 일의 완성도와 진행에 직접적으로 연결된다는 사실을 학생들이 몸소 경험할 수 있다.

뇌 휴식

학생의 뇌에는 휴식이 필요하다. 뇌는 너무 오랫동안 집중하면 피로해져 주의가 산만해지거나 딴생각에 빠지기 쉬워진다. 한 번에 집중할 수 있는 시간은 보통 5분에서 10분 정도에 불과하므로 집중력이 흐트러질 시점에는 몸을 움직여 주는 것이 필요하다. 이 시점에 일어나 움직이지 않으면 수업에 대한 관심을 잃고, 결국 배워야 할 내용을 놓치게 된다.

뇌에 휴식을 준다는 것은 뇌가 하는 일에 간단한 변화를 주는 것이다. 학생들의 집중력이 흐트러지기 시작할 때 새로운 요소를 약간 추가하면 예측 가능한 루틴이 바뀌어 뇌에 자극을 줄 수 있다. 뇌의 첫 번째 문지기 역할을 하는 망상활성계는 뇌에 들어오는 정보 중 어떤 것을 받아들일지를 결정하는 기능을 한다. 학생들의 집중력이 떨어질 때 뇌에 휴식을 주면, 망상활성계가 활성화되어 다시 주의 집중이 가능해진다.

다음은 뇌 휴식을 위한 몇 가지 방법이다.

- 내용과 관련된 움직임("자리에서 일어나 친구 세 명에게 남북전쟁에 관해 배운 내용을 이야기해 주세요.")
- 즐거움을 위한 움직임("실내를 돌아다니면서 은색 물건 세 개와 금색 물건 두 개를 만진 다음 자리에 앉으세요.")
- 노래하거나 춤추기
- 잡동사니 가방(작은 생활용품이나 문구용품이 들어 있는 가방에서 학생들이 하나의 물건을 꺼내도록 하고, 그 물건의 새로운 용도를 생각해 내도록 한다.)
- 책을 머리에 얹고 교실을 돌아다니게 하기

망상활성계를 깨울 수 있는 활동이라면 위에 소개한 것 외에 어떤 것이든 효과가 있다.

자기 동기부여 능력을 키우는 수업 전략

학생들이 콘서트에 가려던 일정을 포기하고 대신 과제를 할 수 있을까? 숙제를 모두 마칠 때까지 친구에게 전화를 거는 일을 참을 수 있을까? 이와 같은 질문에 대한 답변을 통해 학생들의 자기 동기부여 능력, 즉 목표 달성을 위해 과제에 집중하고 이를 완수하는 능력에 대해 알 수 있다.

성공의 원

사람들 앞에 서는 것은 언제나 어느 정도의 스트레스와 두려움을 동반한다. 교사들은 "내가 잘해낼 수 있을까?", "내 메시지가 제대로 전달되고 이해될까?", "학생들이 내 말을 재미있어할까?"와 같은 질문을 스스로에게 던진다. 학생들 역시 독후감이나 과제를 발표하거나, 질문에 답하거나, 토론에서 발언해야 할 때 교사와 비슷한 감정을 느낀다. 이럴 때는 '성공의 원(success circle)' 활동을 활용하여 동기를 부여하는 것이 도움이 된다.

학생들에게 한 발짝 떨어진 바닥에 원이 있다고 상상하게 한다. 그 원은 '성공의 원'이며, 원 안으로 들어가면 다른 사람을 도울 수 있는 슈퍼히어로가 될 수 있다고 상상하게 한다. 문학 작품 속 인물이나 역사적 인물, 혹은 영화나 TV 프로그램에서 본 주인공이 되어 다른 사람을 돕는 것이다. 원 안으로 들어가기 전에 심호흡을 하게 하고, 자신이 멋지게 해내는 모습을 머릿속으로 그려 보게 한다. 그리고 나서 허리에 손을 얹고, 자신에게 이렇게 말하게 한다.

"난 할 수 있어! 나는 슈퍼히어로니까!"

메이커스페이스

공통의 관심사를 가진 사람들이 공유 공간에서 지식, 도구, 자원 등을 함께 사용하는 것은 학습에도 긍정적인 영향을 미친다. 메이커스페이스는 학생들이 학생 중심의 탐구 및 창의적인 프로젝트를 수행하기 위해 다른 학생들과 협력하면서 자기 동기부여, 자기 절제, 협업의 가치를 이해하는 데 도움을 준다. 이러한 공간에서 학생들은 서로 아이디어를 교환하고 지지를 주고받으며, 실패도 학습의 일부로 받아들이게 된다.

협업과 마찬가지로 메이커스페이스는 함께 문제를 해결하기 위해 노력하는 과정을 통해 소외감을 줄이는 데 기여한다. 소외된 학생에게 실패는 곧 포기로 이어질 수 있지만, 서로 지지하고 협력하는 환경에서는 실패를 딛고 다시 도전할 가능성이 높아진다.

목표 설정과 조직화 기술을 향상시키는 수업 전략

목표는 집중, 인내, 끈기와 같은 중요한 특성을 이끌어낸다. 장애물에 부딪히거나 때로는 좌절을 겪더라도, 이를 딛고 목표를 향해 꾸준히 노력하는 과정은 집중력과 인내심, 끈기를 드러내는 모습이다. 매일 30분씩 꾸준히 피아노를 연습하는 학생, 지구력을 기르기 위해 매일 달리기를 하는 축구 선수, 논문이나 소설, 시를 끊임없이 수정하며 글쓰기를 이어 가는 학생은 모두 스스로 목표를 설정하고, 좋아하는 것을 잠시 미루더라도 그 목표를 향해 인내하며 나아가는 사람들이다.

뇌의 전전두피질에서는 목표 설정을 통해 집행기능(executive functions)이 발달할 수 있다. 뇌는 도전적이면서도 성취할 수 있는 목표에 의해 동기가 부여될 때 가장 효율적으로 학습한다. 또한 목표가 자신과 관련 있고 가치 있다고 판단되면, 뇌는 더욱 목표 지향적으로 작동한다(McTighe & Willis, 2019).

이런 점을 고려하면 학생에게 스스로 목표를 설정할 기회를 주더라도 때로는 적절한 안내와 지원이 필요하다는 것을 알 수 있다. 학생들이 설정한 목표 중에는 구체적이고 단계적인 도움(scaffolding)이 필요한 것들도 있다. 교사는 장기 목표를 일련의 단계별 단기 목표로 세분화할 수 있도록 도와주어야 한다.

여러 목표 중 어떤 것을 우선할지 판단하는 능력, 즉 우선순위를 정하는 조직화 기술 또한 학생들이 배워야 할 중요한 역량이다. 이러한 기술은 꾸준한 연습을 통해 익힐 수 있으며, 다음과 같이 지도해 보자.

- 내가 이루고 싶은 목표를 구체적이고 명확하게 서술해 보기
- 어떻게 그 목표를 이룰 것인지 단계별로 계획해 보기
- 장애물이 생기면, 즉 예상치 못한 상황에 대비해 '플랜 B(대안)' 준비하기
- 언제까지 목표를 이룰 것인지 기한 설정하기

나는 여기에 한 가지를 더해 "목표를 이루었을 때 어떻게 축하할까?"라는 질문을 추가하고 싶다. 뇌는 목표를 설정하는 것을 좋아하며, 목표를 세울 때 전전두피질에서 쾌감 추구와 관련된 화학물질인 도파민의 분비를 유도한다.

목표 설정은 학생들로 하여금 '만족 지연(delay of gratification)'이라는 개념을 이해하는 데에도 도움이 된다. 이 개념은 아주 어린 시기부터 가르칠 수 있으며 청소년기까지 지속적으로 강화하고 지도할 필요가 있다. 학생들은 그림이나 컴퓨터 이미지를 활용해 자신의 목표를 시각적으로 표현할 수 있고, 목표를 달성하기 위한 단계를 기록하거나 그림 형식으로 나타낼 수도 있다. 이러한 방식은 학생들이 목표 달성 과정에서 자신이 현재 어느 위치에 있는지를 확인하면서 만족 지연의 개념을 자연스럽게 체득하게 해 준다.

모둠별로 과제를 하는 경우라면 각 모둠에게 공동 작업과 관련된 목표를 세우도록 할 수 있다. 이는 개인적인 목표 수립 방법을 배우는 데도 좋은 연습이 될 수 있다. 모둠별 목표는 작성하도록 하되 반드시

공개적으로 게시할 필요는 없다. 대신, 노트에 목표를 기록하게 하고, 교사와 학생 모두가 진행 상황을 확인할 수 있도록 해야 한다.

학생의 이야기에 다가서기

충동을 조절하고, 스트레스를 관리하며, 자신을 조절하고, 스스로 동기를 부여하며, 목표 설정 및 조직화 기술을 개발하도록 도울 때 가장 중요한 것은 학생들에게 긍정적인 경험을 제공하는 것이다. 교사의 말과 행동은 학생들에게 어떤 방식으로든 영향을 줄 수 있다. 학생 개개인의 삶의 이야기를 모두 자세히 알 필요는 없다. 하지만 그들을 있는 그대로 받아들이고, 안전함과 공감, 사랑과 신뢰를 제공하며 그들의 삶이 조금이라도 나아질 수 있도록 노력해야 한다.

특히 아동기에 부정적인 경험을 안고 학교에 오는 학생일수록 자신의 삶 속에서 긍정적인 경험을 찾을 수 있도록 도와주어야 한다. 다음 표에 제시된 전략을 참고하기 바란다.

Every Student Has a Story ● 자기 조절을 도와주는 방법

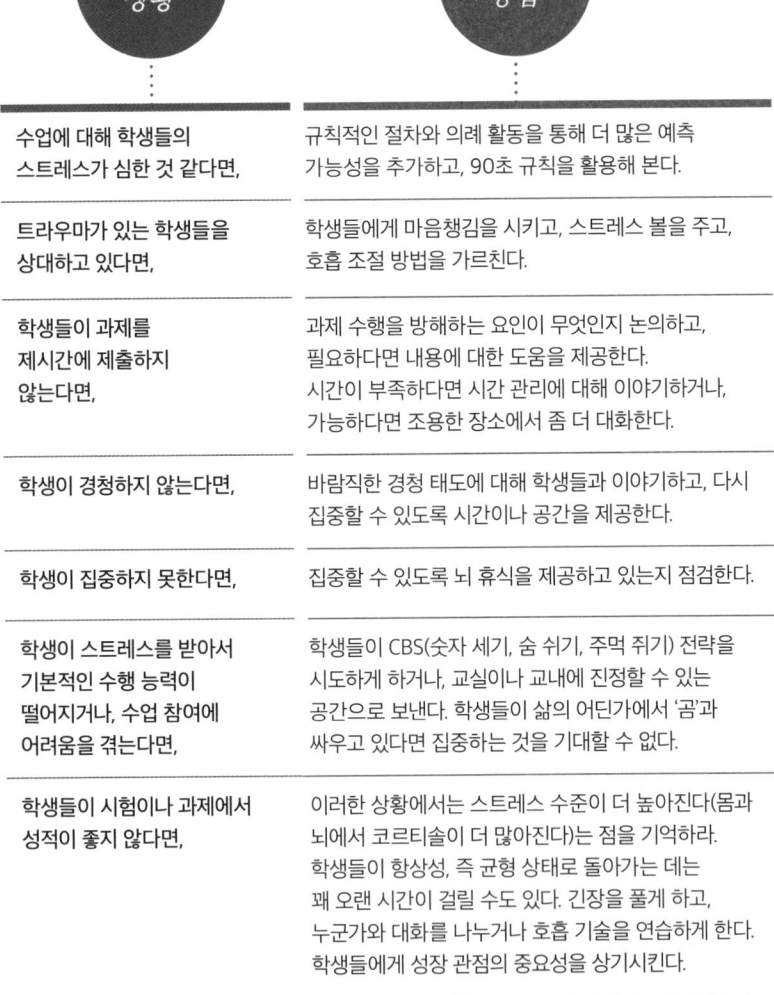

학생의 상황	다가서는 방법
수업에 대해 학생들의 스트레스가 심한 것 같다면,	규칙적인 절차와 의례 활동을 통해 더 많은 예측 가능성을 추가하고, 90초 규칙을 활용해 본다.
트라우마가 있는 학생들을 상대하고 있다면,	학생들에게 마음챙김을 시키고, 스트레스 볼을 주고, 호흡 조절 방법을 가르친다.
학생들이 과제를 제시간에 제출하지 않는다면,	과제 수행을 방해하는 요인이 무엇인지 논의하고, 필요하다면 내용에 대한 도움을 제공한다. 시간이 부족하다면 시간 관리에 대해 이야기하거나, 가능하다면 조용한 장소에서 좀 더 대화한다.
학생이 경청하지 않는다면,	바람직한 경청 태도에 대해 학생들과 이야기하고, 다시 집중할 수 있도록 시간이나 공간을 제공한다.
학생이 집중하지 못한다면,	집중할 수 있도록 뇌 휴식을 제공하고 있는지 점검한다.
학생이 스트레스를 받아서 기본적인 수행 능력이 떨어지거나, 수업 참여에 어려움을 겪는다면,	학생들이 CBS(숫자 세기, 숨 쉬기, 주먹 쥐기) 전략을 시도하게 하거나, 교실이나 교내에 진정할 수 있는 공간으로 보낸다. 학생들이 삶의 어딘가에서 '곰'과 싸우고 있다면 집중하는 것을 기대할 수 없다.
학생들이 시험이나 과제에서 성적이 좋지 않다면,	이러한 상황에서는 스트레스 수준이 더 높아진다(몸과 뇌에서 코르티솔이 더 많아진다)는 점을 기억하라. 학생들이 항상성, 즉 균형 상태로 돌아가는 데는 꽤 오랜 시간이 걸릴 수도 있다. 긴장을 풀게 하고, 누군가와 대화를 나누거나 호흡 기술을 연습하게 한다. 학생들에게 성장 관점의 중요성을 상기시킨다.

5
사회적 인식

Social-Emotional Learning and the Brain

뇌는 생존에 가장 관심이 많으며,
타인과의 관계에 대한 깊은 욕구가 있다.

— 존 메디나(*John Medina*)

"

애니카는 7학년이 시작되기 직전에 이사 온 전학생이다. 같은 동네에 사는 여자아이들은 애니카를 금세 받아들여 함께 등교하자고 말했고, 점심 시간에는 자기들과 함께 앉도록 챙겨주었다. 소심한 성격의 애니카는 낯선 환경이나 새로운 친구들을 만나면 한발 물러서는 편이었다. 친구들이 잘 대해 주었지만 애니카는 여전히 자기가 혼자라고 느끼고 있었다.

핼러윈 댄스 축제가 다가오자 애니카의 어머니는 빨간 스타킹과 흰색 반바지, 흰 셔츠, 그리고 빨간 베레모를 사주었다. 빨간색은 애니카가 가장 좋아하는 색이었고 그녀에게도 잘 어울렸다. 카페테리아에 들어서자 모두가 자신을 쳐다보는 걸 보고 애니카는 자신이 멋져 보인다고 느꼈다!

여러 남자아이들이 애니카에게 춤을 추자고 다가왔다. 행사를 준비한 8학년 담임 월리스 선생님도 학교의 전통에 따라 애니카에게 춤을 청했다. 춤을 추며 선생님은 애니카에게 학교생활은 어떤지, 친구는 잘 사귀고 있는지, 학교나 수업에 대해 궁금한 점은 없는지 등을 물었다. 자신이 무도회의 주인공이 된 듯한 기분이 든 애니카는 윌리스 선생님과 수다를 떨며 학교도, 친구들도 모두 좋다고 이야기했다. 그러고는 자신도 모르게 친구들의 비밀(적어도 친한 친구 외에는 알리고 싶지 않은 내용들)을 말하기 시작했다.

애니카는 평소에 이렇게 수다스러운 편이 아니었다. 그런데 어느새 선생님이 몰라도 될 이야기들까지 마구 쏟아내고 있었다. 윌리스 선생님은 대화의 주제를 바꿔 보려고 했지만 어느새 애니카는 누가 누구를 좋아하고, 누가 친구 몰래 어떤 행동을 했는지 등, 머릿속에 떠오르는 모든 것들을 줄줄이 털어놓고 있었다.

선생님이 목소리를 낮추며 애니카를 진정시키려 했지만 소용이 없었다. 너무 흥분한 나머지 애니카는 무도회가 끝나자마자 다른 친구들에게도 선생님과 나눴던 이야기를 다시 말해 버렸다.

애니카는 그날 자신이 얼마나 부적절한 행동을 했는지 전혀 인식하지 못했고, 그렇게 애니카의 추락은 시작되었다.

사회적 인식(social awareness)이란 다른 사람의 입장에서 생각하고 그들의 감정을 공감하는 능력을 말한다. 여기에는 다양한 배경과 문화를 지닌 사람들을 이해하는 것도 포함된다. 예를 들어 어떤 공간에 들어섰을 때 분위기와 사람들의 내면 상태를 읽어내고, 지금 말을 해야 하는지, 한다면 무엇을 어떻게 말해야 하는지 아는 것이다.

이 장에서는 사회적 인식의 구성 요소들 중에서도 특히 공감, 타인의 입장과 관점에서 생각하기, 타인에 대한 존중을 중점적으로 다루고자 한다. 이 모든 것이 앞서 소개한 사례 속에서 애니카에게 부족했던 능력이다.

공감의 중요성을 거듭 강조하면서 나는 교사들에게 2장에서 다룬 전략들을 활용해 보기를 권한다. 특히 풍부한 '감정 어휘'를 익히는 것이 핵심이다. 감정을 더 잘 이해하고, 감정에 이름을 붙이는 능력이 커질수록 감정을 인식하고 타인의 입장을 이해하며 상황에 적절히 대처하기가 훨씬 쉬워진다. 교실 벽에 붙이는 감정 어휘 목록을 활용하면 학생들이 감정을 인식하는 데 도움이 될 수 있다. 감정 관련 단어 말하기 게임을 하거나, 학생들이 점심시간에 줄을 서 있을 때 "화난 감정을 표현하는 단어 다섯 개가 필요해요!"라고 외치는 식의 요청도 좋다. 이때 학생들이 감정 어휘 목록을 보면서 말해도 괜찮다. 활동의 목적은 학생들이 '불편', '실망', '짜증', '분노', '격노'와 같은 다양한 어휘에 더 익숙해지고, 이를 실제로 사용할 수 있도록 돕는 데 있다. 이 감정 어휘들만으로도 충분히 의미 있는 대화를 시작할 수 있을 것이다.

교사의 역할은 참으로 많다. 학생이 자신의 감정과 타인의 감정을 인식하도록 돕는 일, 그 정보를 사고와 행동을 이끄는 데 활용하도록 이끌어 주는 일, 더 나아가 다른 사람의 생각, 감정, 행동의 동기를 분별할 수 있게 하는 일, 특정 상황을 타인이 어떻게 바라보는지 이해하게 하는 일이 모두 교사의 역할이다. 행동에 대한 사회적 규칙이나 윤리적 규범을 이해하도록 도우며, 가정과 학교, 지역 사회의 자원과 지원을 인식하고 활용할 수 있도록 지원하는 역할도 포함된다. 학생들이 자신의 문화적 정체성과 문화적 차이에 대한 태도까지 성찰할 수 있게 도와야 한다(정말 읽기에 숨가쁠 정도로 많다는 생각이 들지 않는가?)

사실 학생들은 늘 자신과 다른 사람들의 행동을 이해하려고 애쓰고 있다. 그래야 다른 사람과 어울리고 관계를 잘 이끌 수 있기 때문이다. 만약 감정을 제대로 이해하거나 해석하지 못하면 학교생활이 몹시 힘들어질 것이다. 반면 사회적 인식이 뛰어난 학생은 새로운 환경에 잘 적응하고, 다른 사람의 관점에 공감하며, 수업을 방해하는 행동도 훨씬 적다. 또래와 긍정적으로 소통하고 갈등이 생겼을 때도 스스로 해결할 수 있다. 이런 능력을 이미 갖추고 있는 학생들에게 교사가 해줄 일은 경청과 조율(attunement)을 통해 타인과 더 잘 연결될 수 있게 도와주는 것이다.

학생들은 표정이나 몸짓 같은 비언어적 신호를 통해 다른 사람의 생각, 감정, 의도를 파악하는 방법도 익혀야 한다. 더 나아가 사회적 관계가 어떻게 작동하는지 이해하고, 그 안에서 원하는 결과를 만들어 갈 수 있는 힘을 길러야 한다. 이 또한 교사가 맡고 있는 중요한 역할이다.

사회적 인식과 뇌

뇌의 하두정엽은 사람들 사이의 친근함, 사회적 거리(계급, 인종, 민족, 성별 등의 요인에 따른 집단 간 거리), 타인의 입장 등을 부호화(encode)하는 영역이다. 내측전전두피질은 다른 사람들이 나와 사회적으로 얼마나 관련이 있는지를 파악하는 역할을 한다. 소뇌(cerebellum)는 사회적 신호를 해석하여 다른 사람의 정신적, 감정적 상태와 의도를 이해하는 데 도움을 준다. 이러한 신호에는 언어, 운율(prosody, 억양, 높낮이, 음량 등 의도와 의미를 전달하는 말의 요소들), 시선, 표정, 움직임 등이 포함된다(Sokolov, 2018). 귀 뒤쪽 뇌의 우측에 있는 후측상측두고랑 영역은 타인의 표정을 인식하는 데 관여한다(Srinivasan et al., 2016). 또한 측두두정접합부는 타인에 대한 생각에 관여하는 영역으로, 믿음이나 현실과 같은 추상적 개념에 대한 사고를 지원하는 전두엽의 하측전두회와도 연결되어 있다(도표 5.1 참조).

이러한 구조들 간의 연결은 아이들이 공감하고 비언어적 신호를 포착하며, 타인의 의도가 반드시 자신의 이익과 일치하지 않을 수도 있음을 깨닫는 경험을 쌓을수록 더욱 강해진다. 다시 말해, 이는 학생들이 평생 동안 매일 마주하게 될 크고 작은 사회적 상호작용을 이해하는 능력으로 이어진다(Padmanaban, 2017).

옥스퍼드대학교 연구진(Pearce et al., 2017)은 엔도르핀과 도파민이 우정과 사회적 관계 형성을 촉진하는 데 중요한 역할을 한다는 사실을 발견했다. 연구에 따르면 엔도르핀은 긴장을 완화하고 친근감을 느끼게 해주는 데 도움이 되며, 도파민은 친구를 사귀고 친하게 지내는 것과 직접적인 관련이 있다.

3장에서 자기 인식을 위해 내측전전두피질을 활성화하는 방법을 살펴보았는데, 사회적 인식 또한 이와 관련되어 있다. 다른 사람의 감정을 이해하려면 먼저 자신의 감정을 인식할 줄 알아야 하기 때문이다. 이 장에서는 사회적 인식에 관여하는 뇌 영역을 활성화하는 추가적인 전략들을 살펴볼 것이다.

도파민이 사회적 상황에서 중요한 역할을 한다는 점을 고려할 때, 도파민이 분비될 기회를 제공하는 것은 사회적 인식을 기르는 데 필수적이다. 팡크셉과 비번(Jakk Panksepp & Lucy Biven, 2012)은 '놀이'를 우리 뇌와 마음이 경험하는 감정 상태로 정의했지만, 이 정의는 다소

도표 5.1 사회적 인식에 관여하는 뇌 영역

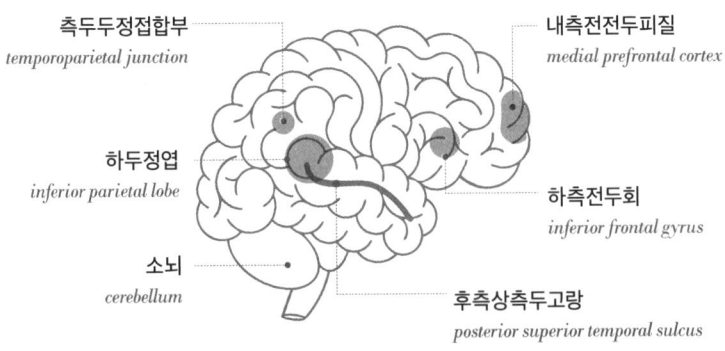

의미가 불분명한 측면이 있으므로 여기서는 '사회적 즐거움(social joy)'이라는 용어로 대체하여 설명하고자 한다(Gregory & Kaufeldt, 2015). 즉 아동의 발달 단계에 따라 사회적 즐거움을 주는 활동으로서 '놀이'를 고려해야 한다는 뜻이다.

어린이와 청소년은 놀이에서 얻을 즐거움을 기대하며, 이러한 기대감은 도파민 분비를 유도한다. 또한 놀이를 통해 행복과 즐거움이 더해지면 엔도르핀도 함께 분비된다.

친사회적 기술과 규범

사회적 규범을 이해하고 따르는 능력은 사회적 인식의 중요한 구성 요소이다. 친사회적 행동을 한다는 것은 개인적인 이익을 위한 것이 아니라, 타인에게 도움이 되는 긍정적인 행동을 의미한다. 친사회적 기술은 학교와 학급에서 정한 규범을 지킴으로써 형성된다.

규범을 설정할 때는 모든 학생이 참여해야 한다. 규범은 각 교과 영역에 따라 달라질 수 있다. 예를 들어, 내가 가르치는 영어 수업에서는 읽기와 쓰기와 관련된 규범이 있으며, 그날의 상황에 따라 규범이 추가되기도 한다. 중고등학교 읽기나 문학 수업 시간에 나는 "읽기 학습은 어떤 모습, 어떤 소리로 이루어질까요?"라고 질문하고, 상태나 소리를 묘사하는 형용사와 '우리'라는 단어를 활용해 학생들이 함께 답을 말하게 한다. 이러한 활동은 모두가 함께 규범을 만들어 가는 데 참여하게 하고, 학생들에게 소속감을 느끼게 해준다.

해당 활동에서 가장 중요한 규범은 학생들이 직접 정하도록 한다. 독서 시간이라면 규범 목록에 '집중, 조용, 차분한, 경청, 협력, 열정'과 같은 단어를 포함하고, '읽기용 태블릿을 제외한 디지털 기기 사용 금지'와 같은 구체적인 규칙을 추가할 수 있다. "모둠 활동은 어떤 모습, 어떤 소리로 이루어질까요?"라는 질문에 대한 답에서는 '집중'은 포함될 수 있지만, '조용'은 빠질 수도 있다.

나는 '규칙'이라는 말보다 '규범'이라는 말을 더 좋아한다. '규칙'은 반드시 지켜야 하는 의무라는 인상을 주는 반면, '규범'은 "우리가 어떤 사람, 어떤 상황을 만들어 갈 것인가"를 보여주는 개념처럼 느껴지기 때문이다. 그래서 초등 저학년 교실에서는 '다른 사람 배려하기', '나누고 공유하기', '수업 준비 잘 해오기', '개인 공간 존중하기' 등을 학급 규범으로 설정하고 있다. 상황에 따라 여기서 언급한 규범 대신 다른 규범을 정하거나, 새로운 규범을 추가할 수도 있을 것이다.

중요한 것은 이러한 규범을 학생들이 친사회적인 사람으로 성장하도록 돕는 데 활용하는 것이다. 무엇을 해야 하는지, 어떻게 행동해야 하는지를 미리 알고 있다는 것은 학교생활은 물론 학교 밖의 삶에도 긍정적으로 작용할 것이다.

사회적 고통

사회적 인식에는 '사회적 지위에 대한 인식'도 포함된다. 교실 안에는 보이지 않는 서열이 존재한다. 이른바 '패거리'라고 부를 수 있는 소집단 형태의 서열은 어떤 형태로든 늘 존재하기 마련이며 이는 사회적 고통(social pain)을 초래한다(Lieberman, 2019).

연구에 따르면 사회적 고통과 신체적 고통은 뇌의 동일한 영역에서 발생한다. 신체적 고통과 관련된 뇌 영역은 예전부터 잘 알려져 있었지만 이것이 사회적 고통과도 관련되어 있다는 사실은 비교적 최근에 밝혀졌다. 사회적 고통을 묘사할 때 사용하는 언어가 신체적 고통을 묘사할 때 사용하는 언어와 거의 동일하다는 사실은 매우 흥미롭다. 다음 표현이 그러한 예다.

"넌 내게 상처를 줬어."

"마음이 너무 아파."

"마음이 갈갈이 찢겨지는 것 같아."

화가 났을 때 두통이나 복통을 호소하는 학생들도 있다. 그 학생이 느끼는 고통은 실제로는 신체적인 고통이 아닐 수도 있다. 사귀던 남녀가 이별했을 때 두 사람 중 누군가는 마치 다리가 부러진 것 같은 고통을 느끼기도 한다. 리버만(Liberman, 2019)에 따르면, 극도의 슬픔을 진정시킬 때 일반 진통제인 아세트아미노펜을 사용할 수 있다고 한다!

대부분의 학생들이 겪는 사회적 고통은 '거절'에서 비롯된다고 한다. 함께 잘 지내는 것처럼 보이는 학급이라 할지라도 점심 시간에 친구들과 함께 앉는 것을 거절당하거나, 버스나 운동장에서 어울리는 것을 거절당할 때 학생들은 상처받고 아파한다. 이러한 고통을 겪는 순간 뇌는 인지 능력을 제대로 발휘하기 어려워진다. 이는 결정 내리기나 해답 찾기와 같은 고차원적 사고를 가능하게 하는 작업기억(working memory)이 일시적으로 작동을 멈추기 때문이다.

학생들에게 사회적 서열을 언제부터 느끼게 되었는지 물어보면 가장 흔히 나오는 대답이 '유치원'이었다. 사실 처음에는 이를 쉽게 믿지 못했지만, 5살인 손녀 에미가 친구의 생일 파티에 초대받지 못해 울며 집에 돌아온 일을 보고 나자 그 말이 실감되었다. 소피아라는 아이가 교실에서 생일 파티 초대장을 몇몇 아이들에게만 나누어 주었다는 것이었다. 나의 어머니는 종종 "지나가면 괜찮아질 거야."라고 말씀하시곤 하셨지만, 꼭 그렇지 않은 경우도 있는 법이다. 파티에 초대받지 못했거나 '모둠'에 속하지 못한 아이들 대부분은 이를 극복하고 집중할 수 있는 다른 무언가를 찾게 된다. 하지만 그러지 못하는 아이들도 있다.

목표를 달성했거나 칭찬을 받는 등, 자신이 인정받았다고 느끼거나 사회적으로 중요한 존재라고 느낄 때, 뇌에서는 세로토닌이라는 신경전달물질이 분비된다(Issa et al., 2012; Sinek, 2014). 세로토닌 수치는 스트레스 지수와 밀접한 관련이 있다. 즉, 거절당하거나 소속감을 느끼지 못할 때에는 세로토닌 수치가 낮아지고, 스트레스 지수는 높아지며, 그로 인해 잘못된 행동을 선택할 가능성도 커진다. 핵심은 수용과 소속감이다.

'패거리'에 대해서도 조금 더 자세히 이야기해 보자. 사실 운동, 음악, 연극 등 공통된 관심사를 가진 학생들끼리 모여 모둠을 이루는 것은 매우 자연스러운 일이다. 서로 통하는 지점이 있기 때문이다. 모든 시간을 함께 보내는 건 아니지만 공유하는 활동에서는 더욱 친밀하고 서로를 지지하는 관계를 맺는다. 아이들이 이렇게 관심사, 강점, 정서적 필요에 따라 모둠에 속하게 되는 것은 정서적 안정과 소속감 측면에서도 긍정적이다.

문제는 여기서 조금 더 나아가, 서열과 권력을 기반으로 모둠이 형성될 때이다. 이러한 모둠에 속한 구성원들은 소속감은 높을 수 있지만 안전감은 낮다. 언제 왕따가 될지 몰라 불안해하기도 한다. '운동 잘하는 아이들', '공부 잘하는 아이들', '인기 있는 아이들', '게임 잘하는 아이들' 등으로 묘사되는 많은 모둠이 있지만, 그 안에 속해 있더라도 불안감을 훨씬 더 크게 느끼는 학생들이 있다. 또한 관심사가 뚜렷하지 않아 어디에 속해야 할지 잘 모르는 학생, 혹은 특정 모둠에 속하고 싶다는 확신이 없는 '변두리' 학생도 존재한다.

학생들과 사회적 서열이나 위계에 대해 자주 대화하는 것은 매우 바람직한 일이다. 나는 학생들과 함께 소시오그램(sociogram, 개인의 사회적 관계를 시각적으로 표현한 지도—옮긴이) 활동을 종종 하는데, 특히 학년 초나 새 학기에는 꼭 해 보고 있다. 학년이나 학기가 바뀔 때 누가 여전히 친구로 남아 있는지 살펴보는 것은 매우 흥미롭기도 하고, 동시에 학생들의 정서적 웰빙에 대한 중요한 정보를 얻을 수 있는 기회가 되기도 한다. 중학생들과 함께 S.E.힌튼(Hinton)의 소설 『아웃사이더(The Outsiders)』를 읽으며 청소년 집단의 사회적 서열 관계를 토론해 보기도 한다.

감정의 전염

2장에서 '거울뉴런'에 대해 이야기했던 내용을 떠올려 보자. 타인의 행동을 관찰하거나 타인의 감정을 느낄 때, 뇌에서는 거울뉴런이 활성화되며, 이는 '감정의 전염(emotional contagion)'을 일으킨다.

감정의 전염을 설명하는 수업 활동이 있다(Desautels & McKnight, 2019). 교사가 학생들에게 초콜릿 사탕을 보여준 뒤, 그것을 집어 들고 정말 맛있게 먹는 모습을 보여준다. 그다음 학생들에게 자신이 본 장면과 느낀 감정을 표현해 보게 한다. 이 수업의 목표는 학생들이 교사의 감정, 즉 기쁨이나 만족감과 같은 정서적 반응뿐만 아니라 신체적 반응도 그대로 경험할 수 있다는 점을 깨닫게 하는 것이다. 실제로 학생들은 초콜릿을 먹지 않았음에도 입 안에서 초콜릿의 맛을 상상하며 느끼기도 한다. 이 수업을 통해 학생들은 타인의 행동과 감정이 자신에게 어떤 영향을 미칠 수 있는지 직접 경험하게 된다.

또 다른 관점으로 이를 설명하자면, 교사가 행복할 때 학생들도 그 감정을 느끼면서 행복해진다는 것을 알 수 있다. 반대로 교사가 화가 나 있으면 그 감정은 주변 사람들에게 영향을 미치고, 결국 각 학생의 뇌 상태에도 변화를 일으키게 된다.

학생들은 사회적 인식이 단순히 타인의 감정을 인식하는 것에 그치지 않고, 다른 사람 앞에서 자신의 감정을 조절하는 것까지 포함된다는 사실을 이해해야 한다. 교실과 학교 공동체는 거울뉴런 시스템과 주변 사람들의 감정에 쉽게 영향을 받는 환경이기 때문이다.

이러한 수업을 통해서 학생들의 감정 조절 능력이 향상될 수 있으므로, 이 시점에서 학생들이 배운 뇌 조절 전략을 다시 한번 점검하고 강화하는 것이 중요하다. 감정이 격해진 사람과 함께 있을 때 나는 어떻게 감정을 조절하는가? 감정이 격해진 학생을 도울 수 있을까?

교실에서 그런 학생들을 어떻게 다루는지에 대한 방법을 함께 공유해 보자. 예를 들어, 학급 전체가 '뇌 휴식' 시간을 갖거나, '진정 공간'을 활용하거나, '공감하고 인정하는 말하기'를 하는 방법이 있다.

이 과정에서 공감은 매우 중요한 역할을 한다. 학생들에게도 공감하는 말과 상대의 감정을 무시하는 말을 구분해 보도록 하자. 예를 들어, "넌 너무 예민하게 반응하고 있어."라고 말하는 대신 "정말 답답하겠구나."라고 말할 수 있다.

이를 교과 수업과 연결할 수도 있고, 감정 전염이 무엇인지 설명하는 것도 수업의 일부가 될 수 있다. 예를 들어 영어 시간이라면, 다른 사람에게 감정적으로 영향을 미친 인물들의 특징에 대해 이야기할 수 있을 것이다. 역사 시간에는 아돌프 히틀러, 에이브러햄 링컨, 피델 카스트로, 존 F. 케네디와 같은 유명 인물들의 감정이 대중에게 어떤 영향을 미쳤는지를 살펴볼 수 있다.

과학 시간에는 수없이 많은 실패와 난관을 극복한 인물들에 대해 이야기하면 좋다. 그들의 감정은 주변 사람들에게 어떤 영향을 미쳤을까? 예를 들어 수학자인 앨런 튜링(Alan Turing)은 언급할 만한 좋은 사례다. 그의 발견은 현대 컴퓨터 개발로 이어졌고, 학생들도 그의 기여에 쉽게 공감할 수 있을 것이다. 만약 튜링이 지금 살아 있어서 자신의 연구가 오늘날 사람들의 일상생활에 얼마나 큰 영향을 미쳤는지 보게 된다면, 과연 어떤 감정을 느꼈을까?

앞서 소개한 초콜릿 사탕 수업은 학생들이 사회적 인식에 어떤 것이 있는지를 이해하는 데 도움이 된다. 하지만 교과 내용을 활용해 감정의 전염과 사회적 인식의 다른 측면을 소개한다면 더 확실한 인상을 남길 수 있을 것이다. 즉, 이러한 아이디어를 교과 내용에 포함하면 개념이 더 강화되고, 수업을 더욱 '감정적'으로 만들어 학생들의 기억에 오래 남게 할 수 있다.

공감의 역할

사회적 인식에 필요한 역량을 보면 공감이 얼마나 중요한지가 분명하게 드러난다. 따라서 공감을 습관화하고 가치와 규범의 일부로 만들어야 한다. 매주 금요일 오후마다 30분씩 공감 수업, 이 정도로는 충분하지 않다. 2장에서 설명한 다양한 전략들을 사회적 인식을 키우기 위한 일상적인 활동에 적극적으로 적용해 보자.

공감을 잘하는 학생은 다른 사람의 욕구를 잘 이해할 수 있다. 상대방의 입장에서 상황을 바라보는 능력은 다른 학생들과 함께 학습하고 협력하는 데 있어 매우 중요하다. 또한 상대방의 표정과 몸짓을 알아차리고 경청하는 능력을 갖춘 학생은 다른 사람을 이해하고 협력하며, 심지어 놀이조차 더 유익하게 만들 수 있다.

받는 것보다 주는 기쁨이 더 크다는 말을 이해하고 있는가? 신경과학은 다른 이들과 나누는 것이 뇌의 보상 시스템을 활성화한다는 것을 보여준다. 달리 말하면, 다른 사람들이 자신을 좋아하고 존중하며 친절하게 대할 때뿐 아니라, 다른 사람들을 도울 때도 기분이 좋아진다는 것이다(Lieberman, 2019).

1968년에 제인 엘리엇이라는 교사가 3학년 학생들을 위해 고안한 <파란 눈 갈색 눈>이라는 역할극이 있다. 이 역할극은 지금까지도 공감을 가르치는 데 종종 사용되고 있다. 엘리엇의 학생들은 마틴 루터 킹(Martin Luther King, 인종차별에 대한 반기를 들며 차별 철폐를 주장한 흑인 운동가-옮긴이)의 생애에 대해 배우긴 했지만 그가 암살당한 이유에 대해서는 모르고 있었다. 그래서 학생들의 이해를 돕기 위해 다음과 같은 실험을 고안했다(Bland, 2018). 학생들을 눈동자의 색깔에 따라 두 모둠으로 나누고, 한 모둠의 학생들에게는 그들이 뛰어나며 특별 대우를 받을 자격이 있다고 말했다. 그리고 이 모둠의 학생들에게는 과제를 완료하는 시간, 간식, 하교 시간, 줄 서는 순서 등에 있어 혜택을 주었다.

반면 다른 모둠의 구성원에게는 음수대에서 물을 마시거나 특정 시설을 사용할 권리 등을 박탈하고, 다른 모둠이 간식을 먹을 때도 간식을 주지 않았다. 실험 결과 대부분 특혜를 받은 모둠의 학생이 더 행복해했고 학업 성과도 더 높았다. 그다음 두 모둠 간 역할을 바꾸어 진행한 후 서로 소감을 나누도록 했다. 어떤 학생들은 처음부터 공감하며 친구들이 차별받는 것을 보고 마음이 아팠다고 한다. 대부분의 학생은 이러한 상황에서 불편함을 느꼈고 이후 가정과 학교에서 눈에 띄는 변화를 보였다(Bland, 2018).

나치의 유대인 학살에 대해 가르칠 때 교사들은 머리 색깔을 차별 요소로 활용해 비슷한 활동을 하기도 하는데 이 활동 또한 학생들에게 매우 강한 인상을 남긴다. 다만 다른 학생들보다 더 감정적으로 반응하는 학생들도 있으므로 사전에 학생 개개인의 배경을 미리 파악해 둘 필요가 있다.

사회적 인식 향상을 돕는 수업 전략

학생들이 경청하는 법을 배우고 반 친구들의 경험에 공감하며 피드백하는 방법을 익힐 수 있는 기회를 제공하면 사회적 인식 능력을 효과적으로 키울 수 있다. 반 친구들에게 자신의 의견을 뒷받침할 증거를 제시해 달라고 요청하는 방법을 가르치고, 교사가 이를 직접 시연해 보이면, 학생들은 학업적 대화에 필요한 토대를 얻게 된다.

이러한 유형의 활동은 학생들의 분석적 사고력과 읽기 능력뿐만 아니라 건설적인 대화를 통해 갈등을 처리하는 사회적 기술을 향상시키는 데도 큰 도움이 된다. 교사가 강의보다는 토론을 중요시하고, 정답을 찾기보다는 전략적 사고에 초점을 맞추며, 생산적인 실패를 통해 실수로부터 배울 기회를 제공한다면, 학생들의 사고력과 사회적 기술은 더욱 높은 수준으로 향상될 것이다.

다음은 이를 위한 구체적인 전략이다.

도움 주고받기

다른 사람을 돕거나 베풀고, 서로의 다름을 존중하며, 학교나 지역사회에서 도움을 제공할 기회를 마련해 주는 것은 학생들의 사회적 인식을 높이는 데 도움이 된다. 고학년 학생이 저학년 학생을 돕는 멘토링 시스템을 학교에 구축하는 것도 나눔의 한 방법이다. 뒤에 오는 사람을 위해 문을 잡아주기, 물건 나르기 돕기, 집 앞의 눈 치우기 등, 학생들이 집안일이나 이웃을 돕는 일에 참여하는 것도 나눔에 포함된다.

이러한 활동을 할 때 중요한 것은 교사가 학생들에게 제공하는 피드백이다. 긍정적인 피드백을 통해 자신이 하는 일이 도움이 되었고, 변화를 만들어냈다는 사실을 인식하면 학생들은 훨씬 더 자발적으로 남을 돕고자 하는 마음을 갖게 될 것이다.

말하는 연필 토론

다음은 말하는 연필(talking pencils) 토론에 대한 간단한 설명이다.

1. 학생들을 네 모둠으로 나누고 각자 연필을 하나씩 갖는다.
2. 질문을 제시하고 학생들이 돌아가며 답을 말하게 한다. 답을 말할 때에는 먼저 연필을 모둠원들이 볼 수 있는 한가운데 놓아야 한다.
3. 답을 말할 때는 주어진 틀에 맞게 해야 한다. (예: 나는 이렇게 생각합니다. 왜냐하면~)
4. 앞의 학생이 한 말에 대해 의견을 제시할 때도 연필을 가운데 놓고 말한다. 이때도 주어진 틀에 맞게 발언해야 한다. (예: 잘 들었습니다. 모두 반대하는 것은 아니지만 나는 조금 다르게 생각하는 부분이 있습니다. 그것은 ······)

이러한 답변 틀은 학생들에게 생각의 차이를 존중하면서 주제에 대해 예의 바르게 토론하는 방법을 가르치는 데 유용하다. 지도하는 교사는 모둠 사이를 돌며, 학생들이 상대방을 존중하는 말투로 예의 바르게 말하고 있는지를 들어보자.

생각과 감정을 표현하기

단순히 큰 소리로 말하는 데 그치지 않고 어떤 주제나 상황에 대한 자신의 의견에 느낌을 덧붙여 말하는 방식이다. 독해 수업을 할 때 교사는 텍스트를 읽어 내려가며 그 내용을 자신이 어떻게 이해하는지, 어떤 사고 과정을 거치는지 소리 내어 보여주곤 한다.

학생들은 교사의 시범을 통해 숙련된 독자의 의미 구성 과정을 배우게 된다. 이 방법을 사회정서학습에 적용할 경우, 특히 사회적 인식 능력을 높이려는 목적으로 활용할 경우 교사가 해당 내용에서 느낀 감정과 정서를 덧붙일 수 있을 것이다. 모든 학습에는 감정이 관여하며 특히 모둠으로 행해지는 학습은 사회적일 뿐 아니라 감정적이다. 상대방의 감정을 더 잘 인식할수록 학습에 도움이 되는 관계가 형성될 가능성은 높아진다. 항상 관계가 우선이다!

예를 들어, 둘씩 짝을 지어 과제를 할 때 학생들이 짝의 필요에 관심을 가지도록 하기 위해 교사가 자신의 머릿속 사고 과정을 다음과 같이 말로 표현할 수 있을 것이다. "데본이 과제에 집중을 못 하고 있네. 무슨 걱정거리가 있는지 물어봐야겠어. 과제를 마무리할 시간이 얼마 남지 않았다는 걸 데본도 알고 있겠지. 그럼 마지막 결과물을 그림으로 그려 보자고 데본에게 제안해볼까? 나는 그림 그리는 걸 좋아하는데, 데본도 그런지 물어봐야겠어!" 이렇게 하면 데본의 감정을 이해하려고 얼마나 노력하고 있는지, 그리고 데본의 감정을 얼마나 세심하게 배려하는지에 대해 많은 대화를 나눌 수 있을 것이다. 또한 모둠별 과제를 할 때 거쳐야 할 모든 단계를 하나하나 설명하지 않아도 되므로 시간을 줄일 수 있다. 하지만 보다 구체적이고 명료한 방식을 선호한다면 다음 단계를 따르도록 제안할 수도 있다.

1. 상대의 참여동기는 어느 정도인지 고려한다.
2. 상대가 집중할 수 있도록 도와줄 방법을 생각해 본다.
3. 프로젝트를 진행하는 동안 상대의 기분에 관심을 갖는다.
4. 함께 과제를 할 수 있어 좋다고 말한다.
5. 상호작용에 대한 사회적 인식을 성찰해 본다.

역할놀이

몸 여기저기에 이름표를 붙인 채로 교실에 들어가 보라. 이름표에는 여러 가지 역할(예: 어머니, 아내, 선생님, 학생, 누나, 딸, 치어리더 코치, 학생회 자문, 독서 애호가 등)을 하나씩 적는다. 교사 몸에 붙은 이름표를 본 학생들은 굳이 설명하지 않아도 관심을 갖고 흥미를 느끼며 말을 걸곤 한다. 이름표를 떼어 가려는 학생도 꼭 하나씩은 있다. 나는 그 이름표 하나하나가 나의 일부라고 이야기한다. 모든 역할이 다 나의 일부라고, 나는 때로 엄마로, 교사로, 누군가의 친구로 행동하고 생각하고 느낀다는 것을 설명해 준다.

학생들도 마찬가지로 여러 역할을 가지고 있다. 학생들의 역할에 관해 이야기할 때, 나는 붙임 딱지나 마스킹 테이프를 나눠 주며 학생들이 직접 이름표를 쓰도록 한다. 시간이 허락된다면, 학생들이 이름표를 쓴 후에 몸에 붙이고 교실을 돌아다니며 서로를 '읽는' 시간을 갖도록 하자.

이 활동은 자신의 사회적 역할을 인식할 수 있는 좋은 기회이다. 그다음은 자신의 역할들에 대해 어떻게 느끼는지 이야기를 나누도록 하는데, 이는 사회적 인식에 관한 토론으로 이어진다. 우리 모두 서로에게서 배우는 관계이며, 때로 학생이면서 동시에 교사이기도 하다는 점을 상기시킨다. 또한 다음 시간에 교실로 들어올 때는 자신이 누구이며 지금 어떤 역할을 맡고 있는지 다시금 상기시킨다. 누군가의 친구이고 자녀이지만, 수업 시간에는 학생이어야 한다는 식으로 말이다.

친구들과 이름을 부르며 인사하기

이 전략은 교사가 평소 더 많이 시연할수록 학생들도 더 쉽게 따라 할 수 있다. 평소에 이름으로 불리는 것에 익숙하지 않은 학생은 다른 사람의 이름을 부르는 것이 어색할 수 있다. 하지만 점차 익숙해질수록 뇌가 패턴을 인식하기 시작한다.

학생들에게 이렇게 물어보라.

"여러분, 세상에서 가장 멋진 단어가 자기 이름이라는 사실을 알고 있나요?"

어릴 때 나는 내 이름을 그다지 좋아하지 않았지만, 내 이름이 불릴 때면 꼭 음악을 듣는 기분이 되곤 했다. 실제로 다른 사람의 이름을 들을 때와 달리 자신의 이름을 들을 때 뇌의 특정 영역이 활성화된다는 연구(Carmody & Lewis, 2006)가 있다. 신경생물학까지 들어갈 필요는 없지만, 자기 이름을 들을 때 활성화되는 뇌 영역 정도는 알아두자. 그것은 내측전전두피질로, 본래 자아를 인지하는 영역이다.

나는 학생들에게 이름을 부르는 행위는 소속감과 관계 형성을 촉진하는 직접적인 신호라고 설명해 주곤 한다. 친구들과 만나거나 대화를 나눌 때 "야!"라고 부르지 말고, 직접적으로 이름을 부르도록 권장하자. 더 많은 대화가 이어지게 될 것이다.

몸짓과 동작

연구에 따르면, 적절한 몸짓을 함께 사용했을 때 수업이 더 기억에 잘 남는다(Clough & Hilverman, 2018). 말을 하거나 들을 때 몸짓이나 움직임을 함께 인식하면 말에 포함되지 않은 정보를 추가로 파악할 수 있기 때문이다.

"어제 낚시 가서 물고기 두 마리를 잡았어요."라는 문장이 좋은 예시가 될 수 있다. 동작을 포함하지 않는다면 이 말은 정보 전달에 그치지만, 말하는 사람이 두 손을 벌려 물고기의 크기를 보여주면 이 말은 더욱 흥미로워지고 훨씬 더 많은 정보를 제공한다. 몸짓과 신체 움직임을 관찰하면 사회적 인식을 높이는 데 도움을 줄 수 있다.

화가 나 있거나 무언가 두려워하고 있을 때는 몸짓과 움직임도 달라지는 법이다. 학년에 관계없이 이러한 몸짓과 움직임이 어떤 역할을 하는지 이야기해 보자. 몸은 대화를 풍부하게 만드는 많은 정보를 제공해 준다. 수업할 때 교사가 의도적으로 몸짓과 움직임을 크게 하면서 그것이 어떤 의미를 전하고 있는지 해석하게 해 보자. 학생들에게도 말할 때 몸짓과 움직임을 적극적으로 사용하게 하고, 다른 사람의 몸짓과 움직임을 관찰하게 하자.

사람 관찰하기: 표정

모든 표정이 똑같이 만들어지는 것은 아니다. 특정 감정을 얼굴로 표현하는 방법은 개인마다 다르지만, 몇 가지 기본적인 표정과 각 표정이 전달하는 감정에 관해 토론하는 것은 매우 중요하다.

사람은 보통 의사소통 과정에서 상대의 표정을 순간적으로 인식하고 그것에 기반해 결론을 내리는 경향이 있다. 실생활 속에서 또는 다양한 미디어를 통해 표정을 관찰하도록 하고, 이에 대해 이야기를 나누어 보게 하자. 이러한 토론은 모든 교과에서 활용할 수 있고, 표정에 대해 답이 명확하지 않은 경우에는 학생들에게 감정을 추측해 보도록 할 수도 있다.

다음은 이를 위한 몇 가지 제안이다.

- 문학 시간 : 『샬롯의 거미줄(Charlotte's Web)』에서 샬롯이 죽었을 때, 윌버의 표정은 어땠을까? 『소피의 선택(Sophie's Choice)』에서 소피가 선택을 내려야 했을 때, 그녀의 표정은 어땠을까? 이 장면을 읽는 독자는 어떤 표정을 지었을까? 작가는 종종 작중 인물에 관한 미묘한 정보를 제공하며 독자의 상상력을 자극한다.
- 역사 시간 : 워털루 전투(나폴레옹의 패배와 몰락을 가져온 1815년의 결정적 전투-옮긴이)에서 나폴레옹의 표정은 어떠했을까? 역사적 사건 속에서 주요 인물의 표정을 상상해본다.
- 과학 시간 : 에어컨 발명에 성공한 순간 윌리스 캐리어(Willis Carrier, 에어컨의 발명자-옮긴이)의 표정은 어떠했을까? 무더운 여름날 바깥에 있다가 에어컨이 켜진 실내로 들어온 사람의 표정은 어떠할까? 과학사적으로 중요한 발명과 발견의 순간을 상상하며 이야기해 본다.
- 수학 시간 : 어려운 문제의 풀이 과정을 모두 적고 숙제를 마쳤을 때 표정은 어떠할까? 그 문제 풀이가 맞다는 걸 알았을 때 어떤 표정을 짓게 될까?

조금 더 확장해서, 학생들에게 다음과 같은 질문을 하는 것도 좋다. 이는 저널링이나 짧은 글쓰기 활동에 활용할 수 있다.

- 친구가 슬프거나 힘들다는 것을 어떻게 알 수 있을까?
- 친구가 평소와 다른 모습을 보일 때 어떻게 도와줄 수 있을까?
- 친구들이 소외감을 느끼지 않도록 어떻게 도울 수 있을까?
- 친구들이 소속감을 느끼도록 도울 방법에는 무엇이 있을까?
- 다른 사람의 생각과 감정에 공감하는 것은 왜 중요할까?

소셜 미디어

사회정서학습, 특히 공감의 측면에서 점점 더 중요해지는 영역으로 소셜 미디어를 언급하지 않을 수 없다. 요즘 학생들은 인스타그램, 페이스북, 스냅챗, 엑스(트위터)와 같은 소셜 미디어 플랫폼을 통해 많은 소통을 하며, 문자 메시지와 이메일도 빼놓을 수 없다.

그런데 학생들은 소셜 미디어의 위험성에 대해서 얼마나 알고 있을까? 얼굴을 보지 못하는 상태에서 주고받는 메시지는 위험할 수 있다. 이는 표정, 목소리 톤, 몸짓 등에서 나오는 정보가 빠져 있으므로 메시지를 잘못 해석하기 쉽다. 따라서 학생들에게 문자 전송과 소셜 미디어에 대한 몇 가지 사회적 규범을 알려주는 것이 필요하다.

다음은 <Common Sense Media>의 보고서에서 발췌한 제안 사항이다(James et al., 2019).

모든 학생 대상

1. 자신과 자신의 정보를 보호하라.

2. 미디어를 사용할 때는 다른 사람을 존중하라.
3. 위험한 상황을 피하려면 '직감'을 따르라.
4. 사이버 괴롭힘을 그냥 덮어두지 말고 이에 맞서라.
5. 미디어 사용 시간과 다른 활동 시간을 균형 있게 가져라

중고등학생 대상

친구의 사진을 찍었고 이를 소셜 미디어에 공유하고 싶다면 다음과 같이 자문해 본다.

1. 친구도 동의할까?
2. 친구를 곤경에 빠뜨리거나 문제를 일으킬 가능성이 없는가?
3. 누구든지 이것을 공유할 수 있다는 사실을 알고 있는가?
4. 내 할머니가 보신다고 해도 괜찮을까?
5. 1년 뒤에도 이 사진을 공개한 것에 대해 후회하지 않을까?

예전에는 무언가 창피한 일이 생기더라도 며칠간 친구들 사이에서 놀림감이 되고 말았을 뿐, 그로 인한 수치심이 계속 따라다니지는 않았다. 그러나 지금은 다르다. 어떤 일이든 온라인에 올라가면 평생을 따라다니는 일이 발생할 수도 있다. 넘어지는 모습, 싸움 장면, 키스하는 장면, 또는 그보다 더 끔찍한 것을 촬영한 동영상이 공유되어 퍼지면 피해자에게 수치심이나 죄책감을 줄 수 있으며, 분노와 자기 조

절 능력의 상실을 초래할 수도 있다. 공감의 중요성을 학생들이 인식하고 있다면 이런 상황은 훨씬 줄어들 것이다.

그 외에도 학생들에게 소셜 미디어는 힘을 과시하는 수단이 아니라 친구들과 친밀한 교류를 하고, 세상에 대해 더 많이 배우고, 특별한 도움이 필요한 사람들이 직접 대면할 수 없을 때 다른 사람들과 소통할 수 있도록 돕는 수단이라는 점을 자주 상기시켜야 할 것이다. 이에 대해 브래들리(Bradley, 2017)는 말한다.

> 온라인 커뮤니티에서는 대부분 피드백과 대화가 권장되고 있다. 그런 상황에서 갖춰야 할 태도와 방법을 학생들은 교실의 대면 상황에서 미리 익혀야 한다. 상대와 다른 의견을 말할 때 존중과 예의를 갖추는 태도, 친절하고 건설적인 피드백, 상대의 의견에 공감하며 사고하는 방식 등, 교실에서 공감과 존중을 제대로 배울 수 없다면, 학생들이 어떻게 온라인에서 이런 태도를 실천할 수 있겠는가?

여기서 전하고자 하는 메시지는 분명하다. 학생들이 미디어를 활용할 때 상대방을 존중하는 태도를 가지도록 가르치고, 상황에 적절한 규범을 만들고, 학생들에게 바라는 존중과 공감하는 행동의 본보기를 보여주어야 한다는 것이다.

경청, 이해와 존중

다음은 상대를 이해하고 존중하며 경청하는 능력을 키우는 데 도움을 주는 연습이다.

- 적절한 눈 맞춤 사용하기
- 산만해지지 않도록 생각 조절하기
- 표정으로 메시지 전달하기
- 적절한 말로 반응하기

이 기술은 사회적 인식으로 이어지는 다음 질문들과 함께 활용할 수 있다.

- 상대방의 말을 적극적으로 경청했는가?
- 상대방이 말하는 동안 주의가 산만해지거나 다른 생각에 빠져 있지는 않았는가? 말하는 내용에 집중하고 경청하려는 태도를 유지했는가?
- 적절하고 정중하며 관련 있는 질문을 했는가?
- 대화 내용을 이해했는가?
- 목소리 톤과 몸짓, 표정 등으로 내 감정을 적절히 전달했는가?
- 정중하고 예의 바르며, 상황에 적절한 방식으로 공감하거나 이해의 뜻을 나타내며 반응했는가?

생각하기, 짝짓기, 공유하기

이 전략은 교사들이 흔히 사용하는 방법인데 다양하게 응용할 수 있다. 특히 특정 주제나 내용에 관해 토론할 때 사회적 인식과 관련한 목표를 추가하면 유용하다. 구체적인 지시문이나 주제를 제시하되, 각 단계에서 주의할 사항은 다음과 같다.

1. 생각하기 : 주제에 대해 '생각'하되, 특히 이 주제에 대해 자신은 어떤 감정을 느끼는지, 상대가 어떤 감정을 느낄 수 있는지 미리 생각해 보게 한다.
2. 짝짓기 : 주제에 대한 내 의견, 그리고 이와 다른 관점의 다른 의견이 서로 짝을 이룬다는 사실을 알려준다. 이는 관점의 차이를 존중하고 인식하게 하기 위한 것이다.
3. 공유하기 : 주제에 대한 발언 시간은 공평하게 공유해야 한다. 일부 학생만 발언하거나 말이 많은 학생이 발언 시간을 독점하지 않도록 한다.

토론 활동

교실에서는 비판적 사고와 고차원적 사고를 활용하는 학문적 대화가 이루어질 수 있다. 이를 통해 학생들은 수업 내용을 이해하는 동시에 사회적 인식 기술을 사용해 깊이 있는 학습을 하게 된다.

학생들이 이러한 대화에 성공적으로 참여하기 위해서는 텍스트나

기타 참고 자료를 언급하며 자신의 주장을 증명하거나, 친구들이 가진 정보를 더 심화시킬 수 있을 정도로 내용에 대해 깊이 이해하고 있어야 한다. 사회적 인식 기술에는 경청하기, 다른 사람의 시간과 생각 존중하기, 다른 사람의 관점에서 바라보기, 협업하기 등이 있는데, 이 전략들에 대해서는 6장에서 다시 살펴볼 것이다.

학습목표와 사회적 인식

릭 스티긴스와 함께한 작업(Stiggins, 2017)을 통해 나는 학생들에게 학습목표를 제시하는 것이 얼마나 중요한지 깨달았다. 예전에는 학업적 목표에만 관심이 있었다면, 지금은 사회정서학습의 중요성을 인식하고 있기에 학습목표에 관련 내용을 추가하고 있으며, 덕분에 학생들에게 사회정서학습 내용을 더 명확하게 전달할 수 있고 상호 관련된 영역임을 더욱 강조할 수 있다. 이때 '나' 혹은 '우리'라는 주어로 시작하는 문장을 사용하면 이러한 목표를 개인화하는 데 도움이 된다. 다음은 그러한 예다.

- 나는 다른 사람의 생각을 적극적으로 경청하면서 의견을 발전시킬 수 있다.
- 우리 모두의 목소리가 들리는 교실을 만들 수 있다.
- 나는 우리 모두가 함께 세운 규범을 실천할 수 있다.
- 나는 다른 사람의 감정이 토론에 미치는 영향을 인식할 수 있다.

학생의 이야기에 다가서기

스테파니 존스(Stephanie Jones)와 동료들은 자신의 행동과 사고를 조절할 줄 아는 학생들이 학업 성취에서도 더 나은 성과를 보인다고 밝혔다(『Navigating SEL from the Inside Out』, 2017). 사회적 기술이 뛰어날수록 친구들과 더 좋은 관계를 맺고 우정을 쌓으며 학습에도 더 적극적으로 참여하게 된다.

하지만 사회적 인식이 자동적으로 이루어지기까지 더 많은 인내와 지도가 필요한 학생들도 있다. 사회적 인식이 잘 이루어지고 있는지 알아보려면, 학생이 어떤 상황을 판단하고 다른 사람을 이해하며 협력하는 방식을 살펴야 한다.

Every Student Has a Story ● 사회적 인식을 키워주는 방법

학생의 상황	다가서는 방법
혼자 작업하고 싶어 하는 학생이 있다면,	학생들 사이에 친밀감을 형성할 충분한 시간을 준다. 함께 작업하는 것에 대한 스트레스를 낮추기 위해 재미있는 모둠 활동을 한다.
한 학생이 기존 모둠에 새로이 배치된다면,	모둠 구성원들에게 모둠 규범을 상기시키고, 새 구성원을 환영해 달라고 요청한다.
활동 중인 모둠 내에서 긴장감이 고조된다면,	모둠원들과 함께 앉아 프로젝트나 과제에 대한 합의를 도출할 수 있도록 안내한다.
모둠에서 한 학생이 갈등을 겪고 있다면,	모둠 구성원이 서로의 관점을 이해하려고 노력했는지 물어본다.
모둠 구성원이 서로를 잘 알고 있다면,	구성원들이 서로의 감정과 반응을 예측하며, 개인과 모둠의 공통점과 차이점을 이해하고 있는지 확인해 본다.
한 명 이상의 모둠 구성원에게 도움이 필요하다면,	학교뿐 아니라 가족과 지역 사회의 지원과 자원을 파악하고 활용할 수 있도록 도와준다.
소셜 미디어와 관련하여 적절성에 대한 의문이 있다면,	교사가 정한 규범을 참고하도록 하고, 부적절한 내용이 온라인상에 남게 될 가능성과 그 결과에 대해 토론한다.

6

Social-Emotional Learning and the Brain

관계 기술

아이들이 서로에 대해 더 잘 알게 되고,
교사가 자신들의 차이를 인정하고 존중하는 것을 느낄 때
학급의 공동체 의식이 더 향상될 수 있다.
교사는 대화와 공유 및 상호작용을 촉진하는
다양한 활동을 제공함으로써
서로에 대한 존중을 키울 수 있다.

— 프레드 로저스(*Fred Rogers*)

"

　샐리는 15년 전 교직에 들어섰고 몇 년간 육아휴직을 했다가 최근 복직했다. 다시 교단에 섰을 때 샐리는 그사이 학생들이 많이 달라졌으리라 생각하며 잔뜩 긴장했다. 그런데 십여 년 전에 했던 방식으로 수업을 진행해도 학생들은 전반적으로 잘 받아들이는 것 같았고 별문제가 없었다. 샐리는 안심하며 교실을 둘러보았다. 교실은 깔끔하게 정돈되어 있었다. 완벽하게 일렬로 놓인 책상, 밝고 매력적인 게시판, 선반에 가지런히 정렬된 화이트보드용 마커를 보며 샐리는 만족스러워했다. 학교 생활은 모든 게 순조로웠다.
　어느 날 샐리는 복도를 걷다가 다른 교실은 자신의 교실과 전혀 다르다는 것을 알게 되었다. 학생들은 책상을 아무렇게나 붙여놓고 모둠을 지어 앉아 있었고, 몇몇 학생들은 바닥에 앉아 과제를 하고 있었다. 몇 주 후면 공개 수업으로 학부모들이 학교를 방문하게 될 터인데 이처럼 무질서하고 산만한 모습 때문에 학교가 지저분해 보이지 않을까, 샐리는 걱정스러웠다.

공개 수업 시기가 다가오자 샐리는 다른 교사들에게 공개 수업을 어떤 방식으로 하는지 물어보았다. 교사들의 대답은 비슷했다. 대부분 모둠 수업으로 진행하며 그렇게 할 때 학생들도 더 잘 참여하고 학습 효과도 커진다는 것이었다. 또 모둠 수업으로 진행하면 학생들이 자신의 수준과 속도에 맞게 프로젝트나 과제의 내용과 방식을 정할 수 있기 때문에 개별화 수업을 하기도 더 쉽다고 했다.

고민 끝에 샐리도 모둠 수업을 하기로 결정했다. 학생들을 몇 개의 모둠으로 나누어 과제를 주고 공개 수업 때 발표하도록 계획을 세웠다. 교실은 깔끔하게 정돈되어 있어야 하고, 수업은 질서정연하게 이루어져야 했다. 모둠 수업은 복직 후 처음으로 시도해보는 것이었기에 샐리는 의욕적으로 수업을 준비했다. 학생들이 모둠으로 과제를 수행하는 것을 과연 좋아할지, 학습 효과가 얼마나 클지 궁금하기도 했다.

공개수업 날 샐리의 교실은 과연 어땠을까? 예상했겠지만 수업은 샐리의 계획과 달리 엉망이 되었고 교실은 아수라장이었다. 학생들은 과제를 어떻게 나누어 맡을지 제대로 역할도 분담하지 못한 채 서로 싸우거나 언쟁을 벌였고 발표는 제대로 진행되지 않았다. 모둠별로 질서정연하게 줄지어 앉지 않고 책상과 의자는 사방으로 흐트러져 있었다. 하루가 끝나갈 무렵 완전히 녹초가 된 샐리는 눈물을 글썽였다. 교직을 그만두고 싶다는 생각까지 들 정도였다.

교사들의 코칭을 맡고 있는 트레이시가 샐리를 위로하며 조언을 건넸다. 그녀는 오늘 겪은 상황은 일시적인 문제라면서 앞으로 모둠 학습이 훨씬 잘 이루어질 수 있는 여러 가지 전략이 있다고 말했다.

"모둠 학습은 분명 사회정서적 측면에서 학생들에게 도움을 줄 수 있어요. 특히 또래와의 관계를 형성하고 유지하는 역량을 키우는 데 중요하죠. 협업 능력은 타고나는 게 아니라 키워지는 거니까요."

CASEL에 따르면, 관계 기술에는 다양한 사람이나 집단과 건강하고 도움이 되는 관계를 맺고 유지하는 능력, 명확하게 의사소통하는 능력, 경청 능력, 다른 사람과 협업하는 능력, 부적절한 사회적 압력에 저항하는 능력, 갈등을 건설적으로 해결하는 능력, 필요할 때 도움을 구하고 제공하는 능력 등이 포함된다. 이런 능력은 쉽게 가르칠 수 있는 것이 아니지만 다행히 사람은 나이를 먹고 성장할수록 대인관계 능력도 향상되며, 자기 인식, 자기 관리, 사회적 인식 능력을 갖추게 되면 관계 기술을 갖추기도 한층 용이해진다. 자신의 감정을 알고 조절하며 다른 사람의 감정을 인식할 수 있게 되면 관계 기술이 한층 더 향상될 수 있기 때문이다.

이 장에서는 협업(collaboration), 소통(communication), 관계 구축(relationship building)이라는 요소를 중심으로 관계 기술을 다루려 한다. 이 요소들 간에는 서로 겹치는 부분이 상당히 많고 한 요소에 관한 전략이 다른 요소에도 충분히 적용될 수 있음을 염두에 두기 바란다.

대인관계와 뇌

1장에서 설명한 것처럼 교사와 학생 간의 관계 구축에 관여하는 뇌 영역은 학생들 간의 관계를 형성하고, 유지하고, 회복하도록 가르칠 때도 활성화될 수 있다(도표 6.1 참조).

신뢰, 사랑, 우정과 관련된 전전두피질 영역은 사람들 간의 상호작용을 장려하는 활동을 통해 활성화된다. 또한 상측두고랑과 측두두정접합부는 사회적 상호작용에 관한 목적을 감지하고 인식하는 데 도움이 되는 뇌 영역으로, 사회적 인식에 관여한다. 뇌는 상호작용, 즉 관계 형성을 목적으로 하므로, 상호작용과 협업 중심인 학습은 뇌에 유익하고 만족감을 준다. 연구에 따르면(Pappas, 2012) 안와전전두피질은 관계와 관련된 정보를 저장하는 역할을 하며, 사회적 상호작용이

도표 6.1 관계 기술에 관여하는 뇌 영역

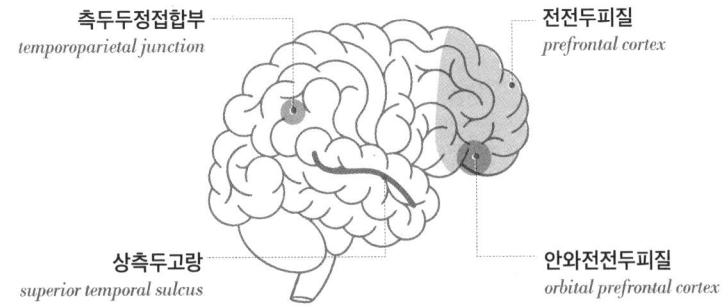

많고 친구가 많은 사람에게서 더 크게 발달한 것으로 나타났다.

도파민, 노르아드레날린, 옥시토신, 엔도르핀, 세로토닌과 같은 화학물질은 반 친구를 단순한 동급생이 아닌 팀원으로 인식할 때도 활성화된다. 이 중에서도 도파민의 역할에 좀 더 주목할 필요가 있다. 어린이와 청소년의 신경계에는 항상 일정 수준의 도파민이 흐르고 있으며, 성취감을 느낄 때는 추가로 많은 양의 도파민이 분비된다. 일반적으로 청소년의 평균 도파민 수치는 어린이보다 낮지만, 어떤 성취를 이루었을 때 추가로 분비되는 도파민의 양은 어린이보다 더 많다. 즉 청소년은 더 많은 도파민 분비를 촉진할 준비가 되어 있고, 이를 위한 한 가지 방법이 바로 새로움을 추구하는 것이다. 청소년들이 익숙하고 진부한 것을 싫어하고 새로운 것을 시도하려는 이유도 도파민 분비를 통해 경험하게 되는 긍정적인 정서 반응과 관련이 있다. 대니얼 시겔(Daniel Siegel, 2014)은 새로움에 대한 유혹이야말로 자녀들이 독립할 나이가 되면 집을 떠나게 만드는 방법이라고 말한 바 있다.

문제는 청소년들이 반복적인 활동을 할 때 쉽게 지루함을 느낀다는 점이다. 중고등학생을 가르치는 교사들은 이 점에 특히 주의해야 한다. 아이들이 지루해하는 이유는 뇌가 더 많은 도파민을 원하기 때문이다. 도파민과, 기분을 좋게 하는 또 다른 신경전달물질의 분비를 유도하는 전략은 학생들의 성취도를 높이는 추가적인 이점도 함께 제공한다.

협업 능력을 키우는 수업 전략

　뇌과학의 권위자이자 스탠퍼드대학교 교수인 조 볼러(Jo Boaler)는 "다른 사람의 생각과 연결될 때 우리의 뇌와 삶은 많은 점에서 유리해진다."라고 말한다. 학습 과정에는 종종 혼자 감당해야 하는 외로운 순간들이 있다. 개념을 이해하지 못하거나 문제를 풀다가 어려움에 부딪힐 때는 포기하고 싶어지기도 한다. 하지만 친구들과 함께 모둠을 이루어 학습할 때는 다르다. 교사 외에도 질문할 수 있는 사람이 있고, 대화를 나누며 문제를 함께 해결해 나갈 대상이 주변에 있기 때문이다.

　협업의 기회는 다양하며, 협동학습(cooperative learning)과 같은 널리 알려진 전략도 많다. 물론 단지 테이블이나 책상에 함께 앉아 있다고 해서 협업이 저절로 이루어지는 것은 아니다. 협업이란 단순한 물리적 배치가 아니라, 지적인 상호작용을 나누고, 또래에게 코칭을 해주며, 서로의 아이디어를 주고받는 과정을 통해 사고를 확장할 수 있는, 도전적이면서도 비교적 안전한 기회를 의미한다.

　교사라면 연수를 통해 접한 새로운 전략들이 실제 현장에 잘 맞지 않아 제대로 써보지 못하고 폐기한 경험이 있을 것이다. 하지만 이 책에서 제안하는 전략은 연구에 기반하고 뇌의 작동 방식과도 호환되며, 오랜 시간 동안 검증을 거친 것들이다. 이러한 전략은 학생의 참여를 유도하고, 관계 형성을 촉진하며, 학생들의 성공을 이끄는 데 기여한다. 동시에 사회적, 정서적, 인지적 기술을 자연스럽게 가르칠 수 있다는 장점도 있다.

존 해티(John Hattie, 2017)의 연구에 따르면 교사 중심의 직접교수법은 효과크기가 0.60, 즉 유의미한 효과가 있다. 그러나 수업에서 직접교수법만을 사용한다면 뇌를 활성화하기는 어려울 것이다. 일관성과 예측 가능성이 높아져 뇌를 안정시키는 데에는 도움이 되지만 말이다. 게다가 학생이 상호작용하며 관계를 다루는 방법과 같은 사회적 기술을 배울 기회도 제공하지 못한다. 다음의 전략들은 뇌를 활성화하는 동시에 관계 기술을 가르칠 수 있는 다양한 방법들이다.

모둠 만들기

모둠 활동의 효과는 내가 교직에 입문한 초기부터 꾸준히 활용해 온 전략으로, 아무리 강조해도 지나치지 않다. 모둠을 구성하면 출석 확인 같은 사소한 문제부터 수업 참여, 즐거운 학습, 긍정적인 또래 피드백 등 중요한 부분에 이르기까지, 학생의 세로토닌 수치를 높여 안정감과 행복감, 소속감을 더욱 키울 수 있다. 또한 학생들은 성공적인 학교생활과 사회생활에 필요한 정서적·사회적 기술을 배우고 연습할 수 있다.

모둠을 구성하면 학생들은 교실에 들어올 때 함께하게 될 고정된 팀이 생긴다. 출석을 확인할 때 나는 이렇게 말하곤 한다. "모둠원 전체가 자리에 앉고 준비가 되면 손을 들고 '예!'라고 말하세요."

이렇게 하면 학생들은 자연스럽게 모둠원들의 출석 여부를 서로 확인하게 된다. 자신이 자리에 없을 때 누군가 그 사실을 알아준다고 느끼면, 학생은 따뜻한 소속감을 경험할 수 있다. 모둠원들은 과제를 함께 수행하고, 과제 종료 시각을 서로에게 상기시키며 집중력을 유지할 수 있다.

모둠을 구성하는 방법에는 여러 가지가 있다. 일 년 또는 한 학기 동안 특정 프로젝트를 함께 수행할 모둠을 구성할 때는, 문화적 배경이나 능력, 심지어 성격까지 고려하여 가능한 한 다양한 구성원으로 팀을 꾸리는 것이 중요하다. 최근의 한 연구에 따르면, 모둠은 2명에서 5명 정도의 소규모로 구성하는 것이 가장 효과적이라고 한다. 또한 학생들이 실제 생활에서도 협업할 수 있도록 성별을 혼합해 구성하는 것도 고려할 만하다(Toth & Sousa, 2019). 학년과 목적에 따라 모둠에 정체성을 부여하고 모둠이 효과적으로 운영될 수 있도록 간단한 단계를 밟는 것이 좋은데, 다음은 이를 위한 제안이다.

1__ 규범 만들기

모둠에는 과제를 안내하고 모두가 집중할 수 있도록 돕는 규범이 필요하다. 예를 들어 '협업하기', '발언 차례 지키기', '주의 깊게 듣기', '예의 바르게 행동하기'와 같은 규범이 그것이다. 교사는 모둠마다 개별적으로 규범을 만들도록 지도할 수도 있고, 학급 전체가 협력하여 공통의 규범을 함께 만드는 방식으로 진행할 수도 있다. 이러한 규범은 학생들이 모둠 안에서 서로 존중하고 효과적으로 협력할 수 있는 기반을 마련해 준다. 학생들이 이전에 모둠 학습을 경험해 본 적이 없는 경우, 발생할 수 있는 문제에 대해 논의하고 이를 해결하는 방법을 역할극으로 연습하는 것도 좋다.

다음과 같은 질문에 대한 답을 학생들과 함께 찾아보자.

- 모둠원이 결석했을 때는 어떻게 할까?
⋯▸ 다른 모둠원들에게 과제를 배분한다.
- 무엇을 해야 하는지 잘 모르겠을 때는 어떻게 할까?
⋯▸ 다른 모둠에서는 어떻게 하고 있는지 '스파이'를 보내 살펴본다.
- 토론이 말싸움으로 번질 때는 어떻게 할까?
⋯▸ 잠시 휴식 시간을 갖는다.
- 장난만 치는 모둠원에게는 어떻게 할까?
⋯▸ 팀 규범을 참고하고, 필요하면 교사에게 도움을 요청한다.

2__ 이름 정하기

일반적으로 스포츠 팀은 '이름'으로 기억되곤 한다. 이처럼 모둠에 이름을 붙이는 작업은 학생들에게 꽤 재미있는 활동이 될 수 있다. 모둠 이름을 정할 때는 긍정적이고 논란의 여지가 없는 것으로 하며, 원한다면 특정 주제와 연관지어도 좋다. 또한 모둠 내에서는 각 학생이 특정한 직함이나 역할을 맡게 할 수 있다. 예를 들어 나는 『오즈의 마법사』에 나오는 캐릭터 이름을 따서 역할을 부여하고 각 모둠원마다 팀을 위해 수행할 과제를 나누었던 적이 있다. 이 전략의 장점은 학생들이 특정 과제를 빠르게 수행하도록 유도할 수 있다는 점이다. 예를 들어, "모든 도로시(『오즈의 마법사』의 주인공—옮긴이)들은 앞으로 나와서 모둠에 필요한 활동지를 챙겨 가세요."라고 말하면, 자연스럽게 필요한 자료를 배부할 수 있다.

3__ 점수 카드 또는 점수표 만들기

A4 용지나 더 큰 도화지에 점수 카드나 점수표를 만들어 자기 평가에 활용할 수 있다(도표 6.2). 모둠원들은 협동심, 참여도, 시간 준수, 숙제 완수 등의 항목을 기준으로, 1부터 10까지의 척도를 사용하여

도표 6.2 **모둠 점수표**

모둠	영역				영역 평균 총점
	협동심	참여도	시간 준수	숙제 완수	
뇌세포	5	7	10	8	7.5
학자	7	9	9	8	8.3
몽상가	6	7	10	9	8
사상가	9	10	9	10	9.5

자신을 평가한다. 이때 주어진 예시를 참고하되, 모둠의 특성과 분위기에 맞게 창의적으로 변형하거나 새로운 항목을 추가해도 좋다.

4 __ 역할 부여하기

진행자나 모둠 대표와 같은 역할을 부여하는 것은 모둠이 과제를 완수하는 데 큰 도움이 된다. 투표를 통해 대표를 선발하는 것도 좋지만, 가능하면 학생들이 자발적으로 자원할 수 있도록 격려하자. 또는 대표 역할을 일정한 주기로 돌아가며 맡게 하는 방식도 효과적이다. 대표나 진행자의 역할에 대한 설명서를 미리 제공하면 학생들이 어떤 일을 맡게 될지 미리 예상할 수 있어 부담을 줄이고 준비를 도울 수 있다.

자원하는 학생이 없을 경우에는 교사가 직접 리더를 지정하고, 그 학생과 함께 리더십 역량을 개발해 나가도록 지원할 수 있다. 이때 리더로는 감성 지능이 높고 다른 사람들과 조화를 잘 이루는 학생을 선택하는 것이 좋다. 때때로 예상치 못한 학생이 리더 역할에서 뛰어난 능력을 발휘하기도 한다. 리더십이 잘 발휘되지 않는 경우는 대부분 그러한 상황을 경험해 본 적이 없기 때문이기도 하다.

이처럼 리더나 진행자를 선정하는 과정은 세상의 다양한 리더들과 그들의 행동 방식에 대해 토론할 수 있는 교육적인 기회를 제공한다. 학생들은 각기 다른 리더십 스타일과 그에 따른 영향력을 비교하면서, 자신이 어떤 유형의 리더가 되고 싶은지 생각해볼 수 있다.

앞서 제시한 단계들은 모둠을 구성할 때 좋은 출발점이 된다. 시간이 충분하다면 다음과 같은 추가 활동도 시도해 보자.

- 모둠원들에게 몇 가지 질문을 주고 답하게 하며 '서로 알아가기' 활동을 한다. 오랫동안 학교를 함께 다닌 아이들은 서로에 대해 잘 알고 있을 거라 생각하기 쉽지만 그렇지 않을 수 있다. 다음의 몇 가지 질문을 통해 흥미로운 대화를 나누면서 이전에 몰랐던 정보를 공유할 수 있다.
"오늘 저녁 식사에 초대하고 싶은 세 사람은 누구인가요?"
"지금 당장 교실 문을 열고 들어왔으면 하는 사람이 있나요?"
"지금 다른 곳에 있을 수 있다면 어디에 있고 싶나요?"
- 개별 모둠마다 각각의 색깔, 인사법, 로고를 만들도록 한다. 모둠을 차별화하는 요소에 대해 논의하며 합의하는 것은 모둠 구성원 간의 친밀감을 높이고 응집력 있는 모둠을 만드는 데 도움이 된다.
- 모둠 응원 구호를 만들거나 주제가를 선정하게 한다. 이렇게 하면 모둠의 정체성을 형성하는 과정에 모두가 참여하면서 재미를 느낄 수 있다. 과제나 프로젝트를 끝냈을 때 모둠을 대표하는 구호나 주제가로 알리게 해도 좋다.

다음은 중학교 교사인 질 플레처가 『에듀토피아』에 소개한 모둠 활동 방법이다(Jill Fletcher, 2019). 모둠마다 큰 용지를 하나씩 배부하여 모둠을 대표하는 포스터를 만들게 한다. 이 포스터에는 구성원들의 이름은 물론, 공통으로 좋아하는 음식이나 영화, 음악, 유행하는 밈(meme) 등을 넣을 수 있다. 각 구성원을 대표하는 상징적인 이미지나 문구를 활용해 개성을 표현하게 해도 좋다. 이렇게 완성된 포스터는 모둠의 '깃발' 역할을 하게 된다. 교실 벽면에 포스터를 전시하거나, 공간이 부족할 경우 사진을 찍어 인쇄해 게시해도 좋다. 이러한 활동은 학생들에게 모둠의 일원으로서 느끼는 소속감과 정체성을 심어주는 데 효과적이다.

프로젝트 기반 학습

프로젝트 기반 학습(project-based learning, PBL)은 직접 교수법과 달리, 실생활에서 접할 수 있는 복잡한 문제를 학습 도구로 활용하여 개념과 원리를 학습하도록 하는 교수법이다. 프로젝트 기반 학습을 실행할 때 고려해야 할 기준은 다음과 같다.

- 학생이 개념에 대해 더 깊이 이해하도록 동기를 부여해야 한다.
- 학생이 합리적인 결정을 내리고 이를 옹호할 수 있어야 한다.
- 이전 수업 내용이나 기존 지식과 연결되는 방식으로 수업 목표를 통합해야 한다.
- 모둠 프로젝트의 경우, 학생들이 함께 협력하여 해결해야 할 정

도의 복잡성이 있어야 한다.
- 단계별 프로젝트인 경우, 초기 단계는 개방적이고 흥미를 유발하는 방식으로 설계해서 학생들이 문제에 몰입할 수 있도록 해야 한다. (몰입하면 도파민이 분비되어 뇌가 집중력을 유지하게 된다.)

프로젝트 기반 학습은 모든 학년에서 사회정서학습을 자연스럽게 촉진할 수 있는 강력한 교수법이다. 그 중심에는 협업이 자리 잡고 있기 때문에, 학생들이 이 과정을 즐겁고 의미 있는 학습 경험으로 만들기 위해서는 관계 기술을 갖추고 있어야 한다.

프로젝트를 수행하면서 마감 시간을 맞추기 위해서는 단순한 지식 이해를 넘어서 다양한 사회정서적 기술이 요구된다. 예를 들어, 목표 설정 능력, 조직화 기술, 자기 동기부여, 협업 능력, 경청 기술, 그리고 갈등 해결 능력 등이 모두 중요하다. 실제로 프로젝트를 진행하는 동안에는 의견 차이, 역할 분담 문제, 책임 회피 등 여러 갈등 상황이 자주 발생한다.

이런 갈등을 마주했을 때, 학생들은 감정 조절 전략을 활용하며 함께 문제를 해결해 나간다. 이는 사회정서적 기술을 실제 맥락 속에서 연습하고 내면화하는 기회가 된다. 물론 교사는 이러한 과정 전반을 유심히 관찰해야 하며, 필요할 경우 중재자 또는 코치의 역할로 개입하여 학생들이 스스로 문제를 해결할 수 있도록 지원해야 한다.

이처럼 프로젝트 기반 학습은 학문적 성취와 더불어 사회적 관계를 형성하고 유지하는 데 필요한 기술을 기를 수 있는 최적의 환경을 제공한다.

협동학습

교사이자 신경학자인 주디 윌리스(Judy Willis, 2012)는 '포용성(inclusion)'에 대해 다음과 같이 이야기한다.

"청소년은 즐거운 사회적 상호작용이 학습 경험에 포함될 때 편안함과 즐거움을 느낀다. 포용성은 학생이 집단의 한 사람으로 존중받고 소속감을 느끼며, 이를 통해 회복탄력성을 기르는 기반이 된다."

뇌는 상호작용, 대화, 협력과 같은 사회적 활동을 할 때 가장 효과적으로 학습한다. 이는 고차원적인 사고를 담당하는 전전두피질이 이 과정에서 활발히 작동하기 때문이다. 학생들이 함께 이야기하고 협력하는 환경은 뇌의 활동을 촉진하고, 더 깊은 이해와 의미 있는 학습으로 이어질 수 있다. 그러나 단순히 학생들을 모둠으로 나누고 프로젝트 과제를 준다고 해서 효과적인 협동학습이 이루어지는 것은 아니다. 많은 학생이 '어떻게' 협력하며 학습해야 하는지에 대한 명확한 전략이나 경험이 부족하기 때문이다. 실제로는 협업의 방법, 역할 분담, 의견 조율, 경청 등 다양한 사회적 기술이 필요한데, 이 모든 것이 별도의 학습을 통해 습득되어야 한다.

학생들의 성공적인 협동학습을 이끄는 다섯 가지 요소는 다음과 같다(Johnson et al., 2013).

- 긍정적인 상호 의존성: 학생들이 서로의 성공에 의존하며 함께 목표를 이루기 위한 구조를 만들어야 한다.
- 대면 상호작용: 서로를 격려하고 지원해야 하며, 서로 바라보며 토론하는 환경 조성이 필요하다.
- 개인 및 모둠의 책임감: 각 학생은 자신의 역할을 수행해야 하고, 모둠은 목표를 달성할 책임이 있다.
- 모둠 행동: 모둠의 구성원들이 다른 사람과 함께 작업하는 데 필요한 대인관계, 사회성 및 협업 기술에 대한 직접적인 지도가 필요하다.
- 협업 과정: 모둠의 구성원은 자신과 모둠의 협업 능력에 대해 평가한다.

직소 전략

직소(jigsaw) 전략은 모둠 학습을 위한 연구 기반의 협동학습 기법이자, 학습 자료를 익히는 좋은 방법이다. 이 전략은 1971년 텍사스주 오스틴의 한 학교를 지원하던 엘리엇 애런슨(Eliot Aronson)이 고안한 것이다. 당시 학교에는 인종차별 폐지로 인해 백인, 흑인, 라틴계 학생들 사이에 긴장이 고조되고 있었고, 학생들은 서로를 신뢰하지 않으며, 서로의 능력에 대한 선입견이 있었다. 직소 전략은 인종 간의 갈등과 결석률을 줄이고 학교 수업에 흥미를 높임으로써 학업 성적 및 학습 참여를 높이는 효과를 가져왔다(Aronson, 2000).

직소 전략은 학생들을 다양한 모둠으로 나누고, 공통 주제 아래 각기 다른 과제를 부여한다. 각자는 자신이 맡은 하위 주제의 전문가가 되는 것을 목표로, 같은 과제를 맡은 다른 모둠의 학생들과 함께 학습하고 의견을 나눈다. 그런 다음 원래의 모둠으로 돌아가 자신이 공부한 내용을 모둠원들과 공유하는 것이다. 이 전략을 사용하면 모든 사람이 중요한 정보 자원이 되며, 학생들은 모둠과 교실의 모든 사람이 상호 의존적이라는 것을 깨닫고 공감과 참여에 대해 배우게 된다. '직소 교실'을 만드는 단계는 다음과 같다.

1. 학생들을 5~6명씩 다양한 모둠으로 나눈다.
2. 모둠의 대표를 지정한다.
3. 수업 내용을 5~6개의 하위 영역으로 나눈다.
4. 모둠의 각 학생에게 한 개씩 영역을 할당한다.
5. 학생에게 자료를 주고 세 번씩 읽게 한다. 처음에는 내용을 살피며 훑어보고, 두 번째는 세부 내용을 이해하며 자세히 읽고, 마지막으로 다른 사람에게 설명할 수 있을 만큼 정리해 가며 한 번 더 읽는다.
6. 같은 과제를 받은 각 모둠의 학생을 한자리에 모아 '전문가' 모둠을 구성한다.
7. 전문가 모둠이 주제를 논의하고 모든 구성원이 충분히 이해했다고 판단되면 본래의 모둠으로 돌아가도록 한다.

8. 각 학생이 자신의 전문 지식을 공유하여 다른 모둠원들에게 해당 영역에 대해 가르치도록 한다.
9. 교사는 교실을 돌아다니며 모둠의 작업을 확인한다.
10. 직소 세션이 끝나고 모든 학생이 정보를 이해한 것 같으면, 퀴즈를 통해 학생들이 얼마나 배웠는지 확인한다.

의사소통 능력을 키우는 수업 전략

의사소통 능력은 학생들에게 관계를 다루는 방법을 가르치는 데 있어 핵심적인 요소이다. 기술이 주도하는 오늘날, 학생들은 디지털 방식의 소통에는 익숙하지만, 사람을 직접 마주보고 나누는 의사소통에는 서툰 경우가 많다. 따라서 기술과 무관해 보이는 '자연스러운' 의사소통 방식, 즉 대면 대화를 가르치는 것도 큰 도움이 된다. 서면을 통한 의사소통 또한 중요한데, 다양한 형태의 서면 소통은 학생들이 관계 기술을 개발하고 성찰하는 데 있어 중요한 역할을 한다.

스마트폰 없이 새 친구를 사귀는 금요일

아이오와밸리 중고등학교의 교장 자넷 배런스는 학생들이 항상 스마트폰에 파묻혀 있어 대면 소통 기술을 개발하지 못하는 사실을 걱정했다(Kennon, 2019). 이에 배런스는 '스마트폰 없이 새 친구를 사귀는 금요일(No Phone, New Friends Friday)'이라는 캠페인을 시작했다. 금요일 점심 시간에는 스마트폰 사용을 금지하고, 학생들이 평소 잘 알지 못하는 친구들과 만나 대화할 수 있는 시간을 갖는 행사이다. 학생들이 학생 식당에 들어오면 각자 앉을 자리를 알려주는 색깔 카드를 받게 된다. 테이블에는 대화의 시작을 도와줄 주제 카드가 놓여 있다. 이를 통해 학생들은 서로를 더 잘 알게 되면서 학교를 더 친근하고 따뜻하게 느낀다.

협동학습 또는 협업 후 글쓰기

협동학습이나 모둠 단위 프로젝트를 마친 후 글을 쓰도록 하면 개별적으로 성찰할 수 있는 시간을 가질 수 있다. 이를 위해 다음과 같은 질문을 제공할 수 있다.

- 우리 모둠은 목표를 달성했는가?
- 이 과제를 진행하는 동안 기분이 어땠는가?
- 나는 이 프로젝트에 얼마나 기여했는가?
- 내가 한 기여와 모둠의 성취에 대해 만족하는가?

학생들이 글을 쓰는 동안, 그들은 수업 시간에 배운 개념과 내용을 복습하고, 이를 다른 상황에 적용할 기회도 갖게 되는 것이다. 글쓰기는 기억을 돕는 도구가 될 수 있다.

역할극

역할극은 학생들에게 의사소통 기술을 가르치고, 사회적 참여를 장려하며, 서로를 존중하는 상호작용을 촉진하는 데 매우 효과적이다. 이 과정에서 학생들은 다양한 상황에 어떻게 반응해야 할지를 배우고, 이를 실습해 볼 기회를 갖게 된다. 특히 역할극 시나리오는 감정을 자극하고, 충동을 조절하는 방법을 가르치며, 상황을 다양한 관점에서 바라볼 수 있게 한다. 예를 들어, 토론처럼 서로 역할을 바꾸어 상대방의 관점에서 주장을 펼칠 수도 있다.

또한 이 전략은 모든 교과에서 학습 내용을 연습하고 강화하는 데 활용할 수 있다. 예를 들어, 남북 전쟁 당시 남군과 북군 간의 상호작용, 대수 문제에서 x와 y의 토론, 과학 실험 시간에 비커와 분젠 버너가 나누는 우스꽝스러운 대화 등을 역할극으로 진행할 수 있다. 이러한 역할극을 하는 동안 학생들의 뇌는 자신의 역할을 더 잘 이해하기 위해 장기기억과 사전 지식을 적극적으로 사용하게 되며, 이 과정에서 전전두피질이 활성화된다.

역할극은 흥분, 호기심, 도전, 타인과의 연결을 포함한다는 점에서 이야기와 유사한 특성을 갖는다. 따라서 코르티솔, 도파민, 옥시토신이 모두 분비된다.

관계 구축을 돕는 수업 전략

관계를 구축하는 전략은 학생들에게 주고받는 방식으로 상호작용하는 방법을 알려준다. 즉, 학생들이 서로를 더 잘 알게 되고, 존중하며 협업하는 데 도움이 되는 상호작용의 방법을 보여준다.

다음은 대인관계 구축을 위한 도구 상자에 추가할 수 있는 전략들이다.

브레인스토밍

브레인스토밍(brainstorming)은 관계 구축을 촉진하는 데 매우 효과적이다. 여기에는 주의 깊게 듣기, 교대로 말하기, 아이디어의 우선순위 정하기, 다른 사람과 예의 바르게 의사소통하기 등 다양한 사회적·정서적 기술이 요구되기 때문이다.

브레인스토밍은 소모둠 활동이나 전체 학급 활동 모두에 활용할 수 있다. 주제와 관련된 활동일 수도 있는데, 예를 들어 특정 내용에 대한 질문에 가능한 답안을 떠올리거나 지식을 보여 줄 방법(발표, 광고 영상, 수행평가 등)을 생각해 내는 것이다. 혹은 더 일반적인 성격의 활동일 수도 있다. 예를 들어 학교 댄스 행사 아이디어를 내거나, 학부모와 가장 효과적으로 소통하는 방법을 고민하는 것 등이 있다.

브레인스토밍을 시작할 때는 하나 이상의 설명이나 질문을 제시할 수 있으며, 사전에 몇 가지 지침을 마련해 운영하면 더 효과적이다.

학생들은 브레인스토밍 활동을 아이디어만 계속 외치는 자유발언 시간으로 생각할 수 있으므로 각자의 역할을 할당하는 것이 도움이 된다. 예를 들어, 아이디어를 기록하는 서기, 주어진 시간 내에 답변할 수 있도록 돕는 시간 관리자, 모든 사람이 주어진 과제에 집중할 수 있도록 하는 총책임자를 선정하는 것 등이다. 그리고 모둠이 목표를 달성하는 데 있어 도움이 되지 않는 의견들을 제거하는 시간을 제공할 수도 있다.

자리 배정 챌린지

학생들의 사회적·정서적 삶을 이해한다면, 새로운 환경에서 '내 자리는 어디인지'에 대한 고민이 얼마나 큰지 알 수 있다. 교실의 자리 배정 방식은 이름 순서대로 앉히는 것부터 자유롭게 자리를 정하게 하는 방법까지 매우 다양하다. 특히 트라우마를 겪고 있는 아이들에게는 이러한 자리 배정이 안정감을 줄 수 있다(Souers and Hall, 2016).

교사 출신 연구자인 샌디 머츠(Sandy Merz, 2012)가 제시하는 아이디어는 이런 고민을 해결해 줄 좋은 방법이다. 머츠의 교실에서는 5명씩 원탁에 앉는데, 학년 초 첫 5일 동안 다양한 자리 배정 방식을 사용한다. 머츠는 이것을 '자리 배정 챌린지'라고 부르며 문제 해결 활동을 통해 스스로 어디에 앉을지 결정하게 한다. 이 과정에서 교사는 학생들에 대해 알게 되고, 학생들도 서로를 알게 된다.

이 전략의 중요한 효과는 활동을 완료하기 위해 필요한 협업이다.

첫째 날, 학생들이 자리에 앉기 전에 교사가 교실 문 앞에서 인사를 하며, 모두가 볼 수 있도록 게시된 지침을 따라야 한다고 알려준다. 예를 들어, 첫째 날의 게시물에는 "생일 순서대로 앉으세요. 1월 1일과 생일이 가장 가까운 사람이 1번 자리에 앉습니다. 모두 자리에 앉으면 5번 자리에 앉은 사람이 손을 듭니다."라고 적혀 있다. 그다음 4일 동안은 자신이 불리고 싶은 이름의 알파벳 순서나 키 순서에 따라 앉는 다양한 방법을 사용한다. 그 외에도 운동화를 신은 사람과 신지 않은 사람, 야외를 좋아하는 사람과 실내를 좋아하는 사람, 곱슬머리인 사람과 직모인 사람 등으로 구분할 수도 있다.

머츠의 전략을 사용하면 학생들에 대한 많은 정보를 다양하고 재미있게 파악할 수 있다. 학년 초나 학기 초에 매일 10~15분 정도 이런 활동에 시간을 쓰는 것은 낭비가 아니다.

점심 시간 좌석 배정하기

위스콘신의 한 초중등 통합학교에서는 점심 시간에 "누구와 같이 밥을 먹지?"라는 고민을 할 필요가 없다. 다양한 학년의 학생들이 8인용 원탁에 자리 배정을 받고 한 명의 교사와 함께 섞여 앉는다. 교사는 학생들 간 대화가 원활하게 이어지도록 이끌어주는 역할이다. 이는 특히 학교가 어색한 학생들에게 도움이 되며 좌석 배정은 주기적으로 순환된다(Files, 2019).

일부 학교에서는 점심 시간 자리 배정이 괴롭힘을 줄이는 데 도움이 된다는 사실을 발견했는데, 아이들이 서로를 알게 되면 관계가 좋아지기 때문이다. 종종 다른 친구를 괴롭히곤 했던 한 학생이 내게 이렇게 말한 적이 있다.

"아는 애를 괴롭히는 건 어려워요."

이처럼 사회정서학습과 트라우마 이해 기반 접근 방식은 괴롭힘을 가하는 학생이 자신의 행동이 왜 다른 친구에게 상처를 주고 위협이 되는지를 이해하도록 도와줄 뿐만 아니라, 모든 학생을 보호하고자 하는 교사들의 바람에도 부합한다. 식사를 함께하며 서로를 알아가는 것은 대부분의 문화권에서 일반적인 관습이다. 긍정적인 사회적 상호작용을 위해 점심 시간을 활용하면, 다른 사람을 존중하고 경청하며 공감을 표현하고 공통점을 찾는 등 적절한 사회적 행동의 본보기를 보여줄 수 있다.

회복적 실천과 평화 조성 써클

만약 '가위바위보'가 갈등 해결 전략으로 효과가 있다면 활용해 보겠는가? 그렇게 간단한 게임으로 정말 효과가 있을까?

미셸 보르바(Michele Borba, 2016)는 학교를 대상으로 한 연구를 통해 그 효과를 확인했다. 그가 살핀 학교는 '플레이웍스(playworks)'라는 비영리단체의 프로그램을 활용하고 있었는데, 이 프로그램은 쉬는 시간에 여러 가지 이유로 친구들과 어울리지 못하고 어려움을 겪는 학생들을 돕기 위한 방안을 제공한다. 특히, 학생들이 안전하다고 느낄 수 있는 거의 유일한 공간인 학교 운동장에서 가장 효과적으로 작동할 수 있는 다양한 전략들을 제시한다.

여기서 중시하는 것은 학생의 안전, 참여, 그리고 주도성이다. 또한 갈등 해결, 리더십, 공정성, 스포츠맨십에 중점을 두고 학교를 위한 실행 계획을 마련한다. 이 프로그램은 여러 공립학교에서 학생들의 사회적·정서적 발달을 지원하기 위한 방안으로 활용되고 있다.

플레이웍스의 대표인 엘리자베스 커싱(Elizabeth Cushing)은 이렇게 말한다.

"놀이는 단순히 재미로 하는 활동이 아니다. 아동의 발달과 학습에 매우 중요한 활동이다(Tate, 2019)."

학생들 사이의 사소한 갈등은 가위바위보로 해결할 수 있다. 야외에서 놀 때 아이들은 가능한 한 빨리 게임으로 다시 돌아가고 싶어 하기 때문에, 이러한 상황에서 가위바위보는 빠르고 쉬운 갈등 해결 전략이 될 수 있다.

회복적 실천(restorative practices)은 교실 안팎의 다양한 갈등 상황에서 활용할 수 있다. 이는 처벌 중심의 규율 방식 대신, 갈등으로 인해 깨진 관계를 복구하고 공동체를 구축하는 전략이다. 사회정서적 접근에 기초한 이 방식은 학생들이 자신의 감정을 인식하고 조절하며, 상대의 감정을 이해하고 문제 해결에 나설 수 있도록 돕는다. 이를 통해 가해자와 피해자가 함께 관계를 회복할 방법을 찾을 수 있다.

이 장의 첫머리에서 소개한 교사 샐리의 이야기를 되짚어보자. 샐리는 모둠 학습의 중요성과 관계 기술을 가르치는 방법에 대해 배우면서, 회복적 실천에 대해서도 공부할 필요성을 느꼈다. 그녀의 학급에서는 서로 화해할 수 없을 만큼 관계가 깨지는 상황이 종종 발생하곤 했다. 한 예로, 같은 학급의 두 학생이 만나기만 하면 말다툼을 벌여 서로에게 상처를 주고받았고, 결국 함께 과제를 할 수 없을 정도가 되었다. 샐리는 이들이 관계를 회복하기를 바랐기에 두 사람 모두의 의견을 들어보기로 했는데, 핵심은 서로의 감정을 이해하게 하는 것이었다. 이를 위해서는 먼저 자신의 감정을 조절하고, 상대방의 감정을 알아차릴 수 있어야 했다. 샐리는 두 학생과 함께 목소리 톤, 몸짓과 표정 등이 감정을 어떻게 드러내는지에 대해 이야기했다. 이러한 배경지식이 있어야 회복적 실천의 한 요소인 회복적 정의(restorative justice) 단계로 넘어갈 수 있다.

스리니바산(Srinivasan, 2019)은 회복적 실천을 "공동체를 구축하고, 피해나 갈등에 대응하며, 공동체 구성원들에게 지원의 울타리를 제공하는 토착민의 가치에서 영감을 받은 구체적인 실천"이라고 설명한다. 이와 관련된 흥미로운 활동으로 '교실의 원'이라는 것이 있다. 교실 안에서 학생들은 원형으로 서거나 앉는다. 처음 몇 번은 단순히 공동체 의식을 구축하고 안전한 느낌을 주기 위한 것이다. 원을 이루고 나면 학생들은 교실의 목표, 가치, 규범을 함께 만들거나 검토하고 수정한다. 이러한 과정에 익숙해지면, 샐리의 학급에서 발생한 두 학생의 갈등과 같은 사건을 해결하는 데에도 활용할 수 있다.

교실의 문제 행동 또한 회복적 대화(restorative conversation)를 통해 점진적으로 개선할 수 있다. 회복적 대화는 단순히 '무엇을 했는지'를 따지기보다는 '무슨 일이 있었는지'를 질문함으로써 상황의 전후 맥락을 파악하려는 데 목적이 있다. 또한 그때 어떤 생각이 들었는지, 지금은 어떻게 생각하는지, 누가 피해를 입었다고 생각하는지, 그 상황을 어떻게 회복할 수 있을지를 함께 고민해보도록 유도함으로써, 관계 회복을 위한 깊은 성찰을 가능하게 한다.

회복적 대화를 시작하는 방법 중 하나는, 교사를 포함한 학급 구성원 전체가 모여서 피해자와 가해자의 말을 듣고, 가해자가 피해자가 받은 피해를 회복할 방법을 찾도록 돕는 '평화 조성 써클'을 활용하는 것이다. 예컨대, 시작할 때는 몇 분간 잔잔한 명상 음악을 틀어 마음의 긴장을 풀어주거나, 학생들이 조용히 자리에 앉아 심호흡을 하며 바닥의 한 점에 집중하게 하는 간단한 마음챙김 활동을 진행한다. 이러한 준비 활동은 학생들이 보다 안정된 정서 상태에서 서로의 이야기를 듣고 대화에 참여할 수 있도록 돕는다.

이 활동에서는 '토킹피스(talking piece)'라는 물건을 들고 있는 사람만 말을 할 수 있으며, 다른 사람은 말을 하지 않고 경청해야 한다. 써클을 시작할 때는 "가장 좋아하는 음악은 무엇인가요?"처럼 가벼운 질문으로 시작하는 것이 좋고, 학생들이 과정에 익숙해지면 질문의 깊이를 점차 더해 갈 수 있다. 이 전략은 모든 학년에 적용할 수 있으며 경우에 따라 5분 이내에 마칠 수도 있다. 학생들이 반드시 써클에 참여해야 하는 것은 아니지만 나는 늘 예상보다 많은 학생들이 자발적으로 참여하고 싶어 하는 모습을 보며 놀라곤 했다. 이 전략의 핵심은 존중, 관계 형성, 그리고 공동체 의식이다. 학생들이 교실에서 관계와 공동체를 세우는 데 도움이 되는 활동을 서클에서도 사용할 수 있다.

다음은 『에듀토피아』에 소개된 활동 중 하나이다.

여러 학생이 의자에 앉아 있는 가운데, 한 학생이 앞으로 나와 "만약 …… 라면 나랑 같은 배에 타!"라고 외친다. 이때 '만약 …… 라면'에 들어갈 내용은 학생의 개인적인 경험이나 관심사와 관련된 것이어야 한다. 예를 들면 다음과 같다.

"만약 감자튀김을 좋아한다면 나랑 같은 배에 타!"

"만약 아침에 엄마를 화나게 했다면 나랑 같은 배에 타!"

이때 학생의 말에 해당하는 사람은 모두 일어나 다른 빈 의자로 이동하고, 해당하지 않으면 그대로 자리에 앉아 있으면 된다.

이 활동은 1장에 설명된 '서로 알아가기' 활동과 비슷하다. 회복적 실천을 하는 학교를 만들기 위해서는 여기서 설명한 것보다 훨씬 더 많은 노력이 필요하다.

학생의 이야기에 다가서기

친구 관계를 다루는 방법을 가르치기란 어려울 수 있다. 하지만 관계 기술은 미래의 개인적, 직업적 관계에 영향을 미치기 때문에 반드시 익혀야 할 능력이다.

대부분의 학생에게는 학습보다 또래 관계가 더 중요하다. 그런데 아동기 부정적 경험(ACEs)을 많이 겪은 학생들은 또래를 대하는 데 어려움을 겪을 수 있으며, 성인과의 관계에서는 무척 큰 스트레스를 받기도 한다. 특히 트라우마를 겪는 학생들은 자신이 또래들 속에 받아들여지지 않는다고 느낀다. 이런 점을 감안할 때, 교실에서 관계 구축 활동을 계획하고 실행할 때 많은 것들을 고려해야 한다. 뒤 페이지에 제시된 내용을 참고하기 바란다.

Every Student Has a Story　　◯ 관계 기술 향상을 위한 방법

학생의 상황

다가서는 방법

학생의 상황	다가서는 방법
학생이 수업을 방해한다면,	학급 규범을 상기시킨다. 만약 규범이 없다면 함께 만든다.
수업이 느려지고, 학습이 잘 일어나지 않는다면,	협업 전략을 사용해 에너지와 열정을 더하고, 수업 내용에 대한 흥미를 보여준다. 감정은 전염된다!
모둠 과제나 모둠 활동에서 소외되는 학생이 있다면,	모든 학생을 동등한 학습 파트너로 만드는 직소 전략을 도입한다.
한 학생이 다른 학생에게 해를 끼치고 있다면,	문제 행동의 원인을 찾기 위해 회복적 서클이나 회복적 대화 질문을 사용한다.
여러분과 여러분의 학급에 변화와 도전이 필요하다면,	프로젝트 기반 학습을 활용해 학습과 상호작용을 강화하고 변화를 유도한다.
학생의 성공적인 미래를 위해 협동학습과 협업 능력이 필수라는 것을 깨달았다면,	모든 형태의 협업 방식(협동학습, 프로젝트 기반 학습, 팀 구성 등)을 수업에 활용한다.
트라우마 때문에 협동학습을 꺼리는 학생이 있다면,	먼저 '생각하기, 짝짓기, 공유하기'와 같은 짝 활동을 시도한다. 모둠 활동 전에 구조화된 활동(명확한 규칙과 단계, 역할 분담 등)을 제공한다.

7

Social-Emotional Learning and the Brain

책임 있는
의사결정

감정 없이는 기억을 저장하거나,
고차원적인 사고를 하거나
의미 있는 결정을 내리는 것이
신경생물학적으로 불가능하다.

— 메리 헬렌 이모르디노-양(*Mary Helen Immordino-Yang*)

"

벡 선생님은 5학년 학생들에게 위인 한 명을 선정해 보고서를 작성하는 과제를 주었다. 위인전이나 자서전을 읽거나, 인터넷 검색 또는 다른 방법을 활용해 자신이 선택한 '인물'에 대해 조사하고 발표하는 것이었다. 과제를 발표하는 날에는 자신이 선정한 위인과 같은 복장을 하도록 권장했는데, 필요하면 의상이나 모자를 준비하는 것을 도와주겠다고 했다. 그는 이 과제가 매우 흥미 있는 활동이 되리라 생각했다.

그런데 벡 선생님이 교실을 돌아다니며 학생들을 돕는 동안 들려오는 대화는 즐거움이 아닌 불안과 걱정이었다.

"누구를 고를지 모르겠어! 넌 누구로 할 거야?"

"몰라. 별로 흥미롭지 않은 사람을 고르면 어떡하지?"

"난 여성 리더로 엘리너 루스벨트(Eleanor Roosevelt)를 생각하고 있었는데, 만약 자료를 못 찾으면 어떡하지? 그럼 난 포기할래!"

벡을 당황하게 만든 것은 "난 포기할래!"라는 말이었다. 과제를 받은 지 채 몇 분도 안 돼 어떻게 이렇게 쉽게 포기할 수 있을까? 왜 학생들은 결정하는 것을 어려워할까? 왜 이 학생들은 가능한 몇 가지라도 시도해 보고 나서 선택하지 않는 걸까? 그는 학생들에게 그냥 아무나 정하라고 소리치고 싶었다. 얼마 후 벡은 무엇이 문제인지 깨달았다. 일부 학생들은 결정하는 방법을 전혀 모른다는 사실이었다.

벡은 몇 분간 고민한 다음 교실을 다시 한번 돌아보고 나서 학급 전체를 대상으로 말했다.

"여러분, 집중해 주세요. 여러분 중 위인을 정한 사람 있나요?"

(몇 명만 손을 들었다.)

"선택하는 게 어려운 사람 있나요?"

(이번에는 첫 번째 질문에 응답한 것보다 더 많은 학생이 손을 들었다.)

"선생님이 정해 주시면 안 되나요?" 제시가 물었다.

"맞아요. 한 명을 정해주세요. 우리한테 선택하라고 하지 말고요." 주앙이 덧붙였다. 벡은 이렇게 대답했다.

"문제는 보고서와 발표가 아니라 여러분의 의사결정 능력인 것 같네요. 여러분은 매일 선택과 결정을 합니다. 학교에 갈 때 어떤 옷을 입을지, 아침에 무엇을 먹을지, 학교에 무엇을 가져갈지, 오늘 아침 누구와 대화할지를 결정했어요."

"집에 먹을 것이 없어 아침을 못 먹어요. 그래서 학교에 와서 아침을 먹기로 했어요." 로저가 대답했다.

"그러면 상황이 선택하는 데 도움이 됐네요. 집에 음식이 없으니까 학교에서 먹기로 결정한 거죠." 벡이 대답했다. (로저가 집에 음식이 없다고 하는 것을 듣고 마음은 아팠지만, 한편으로는 그 사실을 이야기할 수 있을 만큼 편하게 느낀다는 것은 기뻤다.)

"우리 엄마는 항상 아침을 잔뜩 차려줘요. 그런데 그건 내가 선택한 게 아니에요!" 케이샤가 대답했다.

"그럼 엄마가 준비한 음식 중에서 무엇을, 얼마나 먹을지 선택했겠네요. 케이샤는 아침 식사에 대해 선택을 한 거예요." 벡이 대답했다.

"저는 깨끗하고 다림질된 옷만 입었어요. 그런데 그건 내가 선택한 게 아니에요!" 이안이 큰 소리로 말했다.

"때때로 우리는 상황에 따라 선택을 해요. 선생님은 이안이 깨끗한 옷을 입고 있어서 기뻐요!"

벡은 학생들의 얼굴을 살피며 그들이 이해했는지 확인했다.

"선생님은 우리한테 너무 많은 선택을 하게 해요. 나는 결정을 못 하겠어요." 제시가 말했다.

"맞아요." 주앙이 말했다. "저희를 위해 선택 범위를 좁혀 주세요. 제발요!"

"팀에서 함께 결정을 해 보기로 해요. 각자의 강점과 관심사에 대해 토론하면서 이것이 선택 범위를 좁히는 데 도움이 되는지 보세요. 과학을 가장 좋아한다면 과학자를 선택할 수도 있고, 문학 작품을 좋아한다면 가장 좋아하는 작가를 선택할 수도 있어요. 10분간 토론을 하면서, 최종 결정은 하지 말고 두 명 정도로 선택 범위를 좁히세요. 그 중 한 사람에 대한 정보를 찾는 데 어려움이 있으면 다른 인물로 시도해 보는 거예요."

토론 시간을 5분 더 연장해야 했지만 그 방법은 효과가 있었다. 학생들은 2~3명으로 후보를 좁혀 조사를 시작했다. 벡은 생각했다.

"팀원들과 함께 협력해서 결정하라고 한 것은 좋은 선택이었어."

의사결정 능력은 학생들이 학교에서 경험하는 거의 모든 상황에 깊이 관여한다. 무엇을 적어야 할지 판단하는 노트 필기부터, 어떤 독자를 대상으로 어떤 이야기를 전개할지 결정하는 에세이 작성, 교사의 질문 의도를 파악하고 가장 적절한 대답을 선택해야 하는 질의응답 활동에 이르기까지, 학습의 매 순간은 의사결정의 연속이다. 교사는 끊임없이 다양한 과제를 제시하고, 그에 따라 학생들은 선택하고 판단하며 반응하게 된다.

물론 결정하는 일은 교사의 일상에서도 매우 중요하다. 교사는 매일 약 1,500개에 달하는 교육적 결정을 내린다고 한다(Goldberg & Houser, 2017). 매번 결정을 내릴 때마다 하던 일을 멈추고, 선택을 위한 절차를 하나하나 거쳐야 한다면 얼마나 비효율적일지 상상해 보라. 다행히 대부분의 일상적 결정은 과거의 경험과 감정에 기반하여 빠르게 이루어진다. 이는 이전에 시간적 여유가 있었을 때, 특정 상황에 대해 다양한 대안과 결정의 결과, 그리고 선택에 따른 윤리적 책임까지 고려하며 신중하게 검토했던 경험이 있었기 때문이다. 그렇다. 핵심은 바로 '선택'에 있다.

벡의 학생들은 왜 그렇게 어려움을 겪었을까? 선택의 폭이 충분하지 않아서였을까, 아니면 시간이 부족했기 때문이었을까? 과제에 대한 압박감이나 재촉을 느꼈던 것은 아닐까? 어떤 학생들은 과제의 의미를 제대로 이해하지 못했거나, 어떤 인물이 위인으로 적합한지 전혀 감을 잡지 못했을 수도 있다. 원인이 무엇이든 중요한 것은, 학생들의 사고 유형과 사고 과정이 의사결정에 직접적인 영향을 미친다는 점이다.

사회정서학습과 책임 있는 의사결정

CASEL에 따르면, 책임 있는 의사결정(responsible decision making)이란 윤리적 기준, 안전, 사회적 규범을 바탕으로 개인의 행동과 사회적 상호작용에 대해 건설적인 선택을 내리는 능력을 말한다. 학생들은 자신뿐만 아니라 타인에게 미칠 영향까지 고려해, 자신의 결정이 어떤 결과를 초래할지 판단할 수 있어야 한다.

책임 있는 의사결정 역량에는 문제 인식, 상황 분석, 문제 해결, 선택 평가, 결과에 대한 성찰 등이 포함된다. 다음은 취약계층 아동을 돕는 한 비영리기관(Heart of Illinois United Way)에서 제작한 것으로, 의사결정 전후에 진행할 수 있는 질문과 활동이다(Camden et al., n.d.).

의사결정 전 질문

- 문제가 무엇인가?
- 실행 가능한 두 가지 해결 방법은 무엇인가?
- 각각의 방법을 선택할 때 어떤 결과가 예상되는가?
- 두 방법 모두 좋지 않은 결과가 예상된다면 어떻게 해야 할까?

의사결정 후 질문과 활동

- 어떤 선택을 했는가?
- 후회되는 것이 있다면 무엇인가?
- 잘못된 결정을 했어도 다시 시도하면 회복탄력성이 더욱 높아진다는 것을 기억하자.

또는 다음과 같은 의사결정 단계를 거칠 수 있다(Landmark School Outreach, n.d.).

1. 인식: 주변 환경을 관찰하면서 해결해야 할 문제를 알아차리게 하는 것부터 시작한다.
2. 분석: 멈추고, 생각하고, 문제를 작은 요소로 나누게 한다.
3. 해결: 가능한 해결 방법을 브레인스토밍하게 한다. 소모둠으로 시작한다.
4. 평가: 만약/그렇다면(if/then) 차트나 의사결정 트리를 만든다.

5. 성찰 : 선택이 자신에게 도움이 되었는가? 결과가 좋지 않았다면 어떻게 개선할 수 있을까? 결과가 좋았다면 앞으로도 비슷한 결과를 얻기 위해 이 과정에서 반복할 부분은 무엇일까?

의사결정과 뇌

신중한 결정을 내리는 데 관여하는 것은 뇌의 전전두피질이다. 전전두피질은 사고를 담당하는 뇌의 주요 영역으로, 특히 안와전두라는 영역은 사회적·정서적 정보를 평가하고 억제하며 그에 따라 행동을 조절하는 역할을 한다(Sousa, 2015).

전전두피질의 복내측(ventromedial) 및 복외측(ventrolateral) 영역도 의사결정에 관여하는데, 복내측은 위험을 평가하며, 복외측은 목표에 적합한 반응을 결정한다(Hiser & Koenigs, 2018). 또한 이 영역들의 반응 활동은 감정에 관여하는 편도체와 기억에 관여하는 해마의 영향을 받는다. 우리의 감정과 이전의 경험(기억)은 전전두피질의 활동에 영향을 미치며, 이러한 모든 활동은 우리가 의식적으로 결정을 내릴 때 발생한다. 따라서 올바른 의사결정을 하기 위한 가장 중요한 규칙 중 하나는 서두르지 말고 차분히 생각하는 것이다(도표 7.1 참조).

도파민은 '좋은' 결정에 대한 일종의 보상으로 작용한다. 여기서 말하는 '좋은' 결정이란 적절한 정보를 바탕으로 한 정확한 예측을 의미한다. 어떤 상황에 대해 예측하고 그 예측이 맞았다는 것이 확인되는 순간의 희열은 측좌핵이 전전두피질로 도파민을 방출하기 때문이다(McTighe & Willis, 2019).

뇌는 이 기분 좋은 화학물질을 갈망하기 때문에 앞으로 얻게 될 보상에 기반한 결정을 내리기 쉽다. 하지만 감정을 담당하는 뇌인 편도체가 주도권을 잡게 되면 전전두피질을 통해 신중하게 생각하지 못하고, 즉각적이고 감정적으로 반응하게 된다.

순간적인 결정을 내려야 할 때 뇌에서는 어떤 일이 일어날까? 이때는 전전두피질을 통해 신중하게 생각할 시간이 없으므로 감정의 뇌(편도체)가 지휘하는데, 이 시점에서 내리는 결정은 반사적 반응으로 일어난다.

도표 7.1 의사결정에 관여하는 뇌 영역

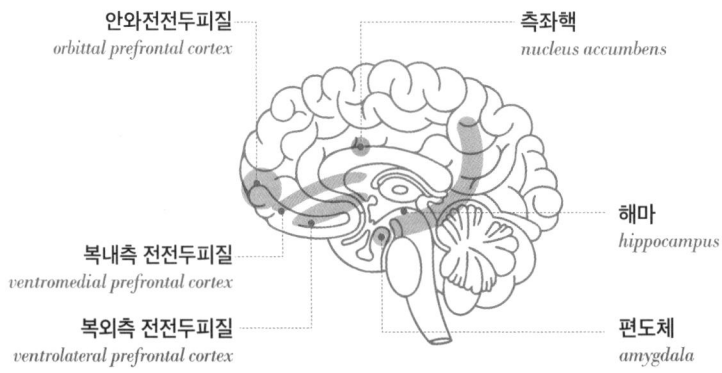

의사결정의 요소

의사결정 과정에서 중요한 역할을 하는 여러 가지 요소가 있다. 여기에는 결정에 필요한 시간(지금 당장 결정해야 하는가, 더 신중하게 생각할 시간이 있는가?), 가치(옳고 그름에 대한 우리의 믿음이 어떻게 결정에 영향을 미치는가?), 우선순위(이 결정은 삶의 큰 틀에서 어느 위치에 속하는가?)가 포함된다. 각각에 대해 더 상세히 살펴보자.

시간

오전 6시 30분, 학교에 출근하던 중 나는 교문 밖에 앉아 있는 마야를 발견하고 깜짝 놀랐다. 무심한 듯 미소를 지으며 왜 이렇게 일찍 학교에 왔는지 묻자, 마야는 갑자기 눈물을 흘리기 시작했다.

"선생님, 저… 사고를 쳤어요. 제가 왜 그런 일을 했는지 모르겠어요. 그 자리에 도착하고 나서야 잘못했다는 걸 알았어요. 다른 친구들이 깔깔 웃으며 재밌게 놀고 있어서… 그냥 저도 거기에 어울리고 싶었을 뿐이에요."

나는 조심스럽게 말을 건넸다.

"잠깐만, 마야. 조금만 더 이야기해 줄래? 무슨 일이 그렇게 후회되는 거니? '잘못했다'고 느낀 이유는 뭐고, 왜 지금 네가 곤경에 빠졌다고 생각하는 걸까?"

나는 마야를 학교 안으로 데려가 교실로 들어오게 했다. 그날 나는 처리해야 할 일이 있어 학교에 일찍 도착했지만 지금은 마야에게 전적인 관심이 필요하다고 판단했다. 나는 아이에게 휴지를 건네고, 마야가 진정하고 이야기를 시작할 때까지 기다렸다. 마야는 내 앞에 앉아 코를 훌쩍이며 이야기를 시작했다.

"어제 방과 후에 엠마 집에 가서 대니타와 셋이 과학 과제를 하기로 했었어요. 엠마네 집으로 가려고 나서는데, 엘리가 제 팔을 잡고 말했어요. 프레스턴네 집에 가서 음악을 들으며 과제를 하자고요. 프레스턴 부모님이 외출하셔서 편하게 놀 수 있을 거라고 했어요. 제가 다른 약속이 있다고 말했지만, 엘리는 계속 같이 가자고 졸랐어요. 자기랑 영원한 친구가 되어 주겠다고도 했고, 인기 있는 애들은 다 거기에 올 거라면서 꼭 함께 가자고 했어요. 그래서 따라갔어요. 그러면 안 되는 줄 알면서도 그냥 멋진 친구들이랑 어울리고 싶었어요. 엠마랑 대니타가 과제를 마치면, 나중에 슬쩍 껴서 마무리하면 되겠지, 그렇게 생각했던 것 같아요. 그래서 어제는 과제 걱정은 전혀 안 했어요. 게다가 엠마가, 제가 엘리랑 차에 타는 걸 봤기 때문에 저희 집에 따로 연락하지도 않았더라고요. 그땐 다행이라고 생각했어요. 근데 오늘 아침에 생각해 보니까 제가 정말 멍청한 선택을 한 것 같아요. 엠마랑 대니타가 선생님께 제가 같이 과제를 안 했다고 말할 테고, 저는 분명히 크게 혼날 거예요. 정말, 제가 왜 그랬을까요?"

"그럼 성급한 결정을 해서 지금 후회하고 있다는 거니?"

내가 묻자 마야는 괴로워하며 대답했다.

"프레스턴네 집에서는 정말 재미있었어요. 그 아이들이랑은 학교에서는 점심도 같이 먹어본 적 없었는데, 함께 있다 보니까 기분이 너무 좋더라고요. 우리는 같이 댄스 영상도 찍고 영화도 봤어요. 집에 가면 부모님께 엄청 혼날 줄 알았는데 의외로 아무 말씀도 없으셨어요. 집에 도착했을 때 두 분 다 부엌에 계셨거든요. 제가 방과 후에 뭘 했는지 전혀 모르시는 것처럼 보였어요."

"이제 너의 경솔한 결정에 따른 결과에 관해 이야기해 보자. 어떻게 할 거니? 이 문제를 어떻게 처리할지 결정했니?"

"선생님이 실망하실 거라는 걸 알아요. 밤새도록 생각해 봤는데 실수로 다른 약속을 잡았다고 설명할 거예요. 엠마와 대니타에게는 사과할 거예요. 그런데 엄마, 아빠에게 말하지 않고 넘어가도 되지 않을까요? 괜히 부모님을 속상하게 할 필요는 없잖아요?"

"넌 이 문제에 대해 생각해 볼 시간이 있었어. 선생님께 거짓말을 하고 부모님에게도 사실을 숨길 거니?"

"그게 나쁜 건가요, 선생님? 제가 또 나쁜 선택을 하는 걸까요?"

"거짓말을 하는 것이 괜찮다고 생각하니? 선생님은 이해해 주실 거야. 네가 벌을 받는다 하더라도 말이야. 그런데 나중에 네 부모님이, 다른 친구들이나 그 부모님을 통해 이 일을 알게 된다면 그건 더 큰 상처가 될 수도 있어. 지금 네게는 충분히 생각할 수 있는 시간이 있어. 어제처럼 충동적으로 결정하지 말고, 이번에는 좀 더 신중하게, 너 스스로 옳다고 생각하는 선택을 해보렴."

마야는 소속되고 싶다는 마음과 양심의 소리 사이에서 갈등하고 있었다. 그녀가 엘리와 함께 가기로 결정한 것은 약속을 깨고 충동적으로 내린 선택이었으며, 그 결정에는 생각할 시간이 거의 없었다. 하지만 대부분의 경우 충분한 시간이 주어지면 더 나은 결정을 내릴 수 있다. 시간을 두고 상황을 넓게 바라보며 각 선택의 장단점과 그에 따른 결과를 신중히 따져본다면, 일반적으로 보다 올바른 판단에 이를 가능성이 높다.

어머니를 마중하러 급히 공항으로 가는 길, 잠시 들른 페인트 가게에서 아이 방 색상을 고르려 했다. 보라색, 청록색, 벽돌색 사이에서 한참을 망설이다가 "어머니 도착까지 20분밖에 안 남았어요!"라는 깨달음에 깜짝 놀라 매장 직원에게 급히 말했다. "보라색으로 주세요. 나중에 가지러 올게요."라고 말하고 급히 차로 달려간다. 공항으로 가는 길, 마음속이 점점 복잡해지기 시작한다. 방금 산 침대보 색이랑 보라색이 어울릴까? 방 전체가 보라색이면 너무 어두워 보이진 않을까? 요즘 인테리어 잡지에서는 벽돌색이 대세라고 했던 것 같은데 그게 더 낫지 않았을까? 이런저런 생각들이 꼬리를 물고 떠오르며 방금 내린 그 '급한 결정'이 과연 옳았는지 자꾸 의문이 든다.

보라색을 선택하게 한 것은 감정을 담당하는 뇌, 즉 편도체의 작용이었다. 그 후에 상황을 분석하고 '과연 이 선택이 옳았는가'를 고민하게 된 것은 이성적 사고를 담당하는 전전두피질의 역할이다. 결정을 내리는 데 단 몇 분만 더 시간이 있었다면 아이 방의 색상은 전혀 다른 결과로 이어졌을지도 모른다. 물론 어떤 사람들은 자신의 직감이나 본능을 더 신뢰하기도 한다. 하지만 분명한 사실은, 충분한 시간이나 정보 없이 내린 결정은 자칫 원하지 않는 결과를 초래할 수 있다는 점이다.

가치와 우선순위

가치는 옳고 그름에 대한 일반적인 신념을 말한다. 규범은 상황에 따라 달라질 수 있지만 가치는 비교적 일정하게 유지되는 경향이 있다. 한편 우선순위는 여러 선택지 중에서 무엇이 가장 중요한지를 판단하는 기준이다.

의사결정은 그 시점에서 중요하게 여기는 가치와 우선순위를 반영한다. 이러한 의사결정 과정을 반복하면서 개인의 가치는 점차 더 명확해지고 뚜렷해진다. 따라서 교실에서는 학생들과 함께 '가치'에 대해 이야기하고, 학급의 공통된 가치를 정한 뒤, 결정이 필요한 상황마다 그 가치를 기준 삼아 판단할 수 있도록 지도하는 것이 중요하다. 예를 들어, 교실에서 지켜야 할 약속을 함께 만들고 합의하는 과정은 가치를 함께 논의하고 구체적인 행동으로 연결하는 훌륭한 방법이다.

이럴 때는 다음과 같은 안내 질문을 활용할 수 있다.

- 교사가 여러분을 어떻게 대해 주기를 원하나요?
- 서로를 어떻게 대하기를 원하나요?
- 교사는 여러분이 어떻게 대해 주기를 원할까요?
- 약속을 어겼을 때 어떻게 해결하고 싶나요?

학생들은 먼저 질문에 개별적으로 답한 후 자신의 응답을 서로 나누며 공유한다. 이러한 과정은 합의에 도달하기 위한 기반이 되며, 학생들과 교사가 함께 서명하고 교실에 게시할 약속을 작성하는 기초가 된다. 이 과정은 학생들이 서로 상호작용하며 자신의 목소리가 반영된다고 느끼게 해준다. 약속은 학생들이 스스로를 점검하는 기준이 될 수 있으며, 앞의 네 가지 질문과 그에 대한 답을 바탕으로 구성할 수도 있고, '존중하기', '경청하기', '공감하기', '친절하게 행동하기' 등 학급에서 중요하게 여기는 행동 목록으로 만들 수도 있다. 이러한 방식은 여러 학교에서 실제로 사용되고 있으며, 성공적인 효과를 거두고 있다(Edutopia, 2019b).

평소 나는 학생들과 가치와 우선순위에 대해 자주 이야기하는 편이다. 프로 선수, 유명인, 스타, 전문가 등을 동경하고 추구하는 것 자체가 잘못되었다고 생각하지는 않는다. 그러나 삶에는 그 외에도 다양한 중요한 가치들이 존재한다는 사실을 학생들이 인식할 수 있도록 돕는 것이 중요하다. 의사결정은 결국 자신의 우선순위에 따라 이루어지며, 이 우선순위는 자신이 무엇을 가치 있게 여기는가, 즉 개인의 가치관에 기반한다는 점을 스스로 깨닫게 할 필요가 있다. 이러한 개념에 대해 학생들과 함께 다음과 같은 토론의 시간을 가져보길 바란다.

- 학생들이 직접 하루 수업 시간표를 작성하게 하고, 그 의미에 관해 토론하게 한다. 일정을 지키는 것이 얼마나 중요한지, 자신들의 선택과 우선순위가 무엇을 보여주는지 논의한다.
- 수업 시간표의 순서를 바꾸어 학생이 원하는 대로 재구성해 보게 한다. 이것은 학생들이 우선순위, 계획, 일정에 대해 배울 때 교사와 학생들을 연결해 주는 재미있는 활동이 될 수 있다.
- '우선순위 도표'를 만들어보게 하자. 이 활동에는 의사결정이 많이 포함되어 있고 학생이 현재 필요로 하는 것을 알아내기에도 좋다. 이 도표는 늘 가치관과 우선순위라는 주제로 많은 연구를 진행해 온 동료 자넷 레오나르가 만든 것으로, 교사들이 활용하기 유익하다. 다음 단계에 따라 진행해 보자.
    1. 도표를 만들기 전 먼저 '가치'와 '우선순위'의 차이점에 대해 학생들과 대화한다.
    2. 학생들에게 종이를 두 장씩 나누어주고, 각각의 용지에 12칸짜리 도표를 그리게 한다.
    3. 한 장의 도표에는 1번부터 12번까지 번호를 매기고, 다른 한 장의 도표에는 내용을 적게 한다. 12개의 내용 중 11개는 교사가

알려주고, 나머지 1개는 학생 스스로 떠올려 적게 한다. (예: 재미있게 놀기, 친구 사귀기, 돈, 외모, 가족, 공부, 자존심, 종교, 싸우지 않기 등)

4. 내용을 모두 적어넣으면 각각의 칸을 잘라내고, 우선순위에 따라 번호가 적힌 칸에 배치한다. 자신의 우선순위를 완전히 반영한다고 느낄 때까지 자리를 이리저리 옮길 수 있다. 이 과정에서 의사결정은 우선순위와 가치에 기반한다는 것을 상기시킨다.

마음챙김 유지하기

마음챙김이란 지금 이 순간, 현재에 집중하는 것이다. 특히 어떤 결정을 내려야 할 때는 그 순간의 상황과 정보에 집중할 수 있어야 하며, 이를 위해서는 현재에 머무는 태도가 필요하다. 그러기 위해서는 먼저 감정을 조절하고, 스트레스를 유발하는 상황과 심리적 거리를 둘 수 있어야 한다. 의식적이고 신중한 의사결정을 위해서는 '열린' 상태, 즉 강한 감정을 진정시키고, 타인의 관점을 이해할 수 있으며, 스트레스로부터 비교적 자유로운 상태가 바람직하다(Armstrong, 2019).

레브와 아트킨스(Jochen Reb & Paul Atkins, 2017)의 연구에 의하면, 마음챙김은 다음과 같은 여러 측면에서 의사결정 능력을 향상시키는 데 도움이 된다. 예를 들어 결정이 필요한 상황을 빠르게 인식하고,

문제를 창의적으로 해결하며, 윤리적인 기준에 따라 신중하게 판단하고, 자신의 지식이나 정보의 한계를 인식하여 증거를 제한하거나 확장하며, 잠재적인 결정이 초래할 비의도적인 결과를 예측하는 데 긍정적인 영향을 준다. 비록 이 연구는 조직 내 의사결정에 초점을 맞추고 있지만 그 결과는 일상적인 다양한 상황에서의 의사결정에도 폭넓게 적용할 수 있다. 마음챙김은 피드백을 수용하고 타인의 관점을 이해하는 데 도움이 되며, 이러한 과정을 통해 더 많은 정보를 바탕으로 보다 나은 결정을 내릴 수 있도록 돕는다.

베셀 반 데어 콜크(Bessel van der Kolk, 2014)는 마음챙김을 "우리의 생각, 느낌, 감정을 차분하고 객관적으로 관찰하고, 시간을 두고 반응하는 능력"이라고 정의한다(p.62). 그는 또한 마음챙김이 감정의 뇌에 사전 프로그래밍된 자동 반응을 억제하고, 이를 조직하며 조절할 수 있도록 돕는 뇌의 집행기능을 강화한다고 설명한다. 이러한 과정을 통해 뇌는 더 다양한 가능성을 인식하게 되며, 그 결과 더 나은 선택을 할 수 있게 된다는 것이다.

의사결정 능력을 키우는 수업 전략

의사결정은 교육과 학습의 거의 모든 요소에 포함되어 있기 때문에 교사는 이를 위한 효과적인 전략들을 갖추고 있어야 한다. 지금부터 소개할 방법들은 내가 다양한 학급, 교사, 학교 현장에서 직접 경험하고 배운 전략들이다.

직감 대 이성

퀴스트와 그레고리(Quist and Gregory, 2019)가 제안한 전략은 학생들에게 빠른 사고와 느린 사고의 차이를 이해시키는 데 효과적이다. 예를 들어, 학년 말 견학 장소를 정하거나, 급식실에서 어떤 음식을 제공하면 좋을지와 같은 현실적인 주제를 놓고 학생들에게 의사결정 기회를 주어 보자.

먼저 학생들이 즉각 신속한 답을 하도록 한다. 이것이 바로 '빠른 사고'다. 학생들의 답을 칠판에 적은 다음, 그러한 선택을 하게 된 데에 어떤 가치가 작용했는지 스스로 생각해보게 한다. 그 다음 단계에서는 각 대안을 다시 검토하며, 그 선택이 자신의 목표나 기준에 얼마나 부합하는지, 즉 그 결정이 실질적인 도움이 되는지를 깊이 생각해보게 한다. 이 과정은 '느린 사고'에 해당한다. 이후 학생들은 서로 짝을 지어 다음과 같은 질문을 주고받는다. "그 대안의 어떤 점이 마음에 들었어?" "왜 나와는 다른 선택을 했어?" 이 활동은 학생들이 서로의 말을 경청하고 공감하며, 동시에 분석적인 사고를 통해 의사결정의 가치를 배울 수 있도록 돕는다.

마지막으로, 수업을 마무리할 때 '신속하게 즉시 대답하는 것'과 '이성적으로 사고한 후 대답하는 것'의 차이에 대해 함께 이야기해 보

자. 학생들은 과연 자신이 내린 최종 결정에 만족하는지 돌아보며 자신의 사고 과정을 성찰해볼 수 있다.

5단계 의사결정

5장에서 손녀가 생일 파티에 초대받지 못해 속상해했던 이야기를 소개했다. 할머니로서 그 모습을 보는 나는 마음이 아팠고, 학교에서 공식적으로 초대장을 나눠준 상황에 대해 화가 나기도 했다. 이 개인적인 경험을 나는 5단계 의사결정 활동의 마중물로 활용했다.

1. 파악하기: 문제가 무엇인지 파악하도록 한다. 해결해야 할 문제를 논의하고 범위를 좁힐 시간을 준다.
2. 분석하기: 문제를 여러 부분으로 나누어 보도록 한다. 문제의 근본 원인은 무엇인가?
3. 브레인스토밍: 문제에 대한 가능한 해결 방법을 생각해 보도록 한다. (친구들을 모두 초대하려는 아이도 있지만, 어떤 아이들은 초대받지 못한 학생이 그 사실을 모르게 할 방법을 찾는 데 더 몰두한다.)
4. 해결 방안에 대한 평가: 제안된 해결 방안에 대한 만약/그렇다면(if/then) 표를 만들어 보도록 한다.
5. 성찰하기: 마지막 단계에서는 전체 과정을 성찰하고 결과가 처음 설정했던 목표와 일치하는지 평가하는 것이 중요하다. 이 시간을 통해 자신이 내린 결정과 그에 따른 결과를 되돌아보는 경

험을 할 수 있다.

　예를 들어, 나는 한 학급에서 생일 파티 초대와 관련된 두 가지 해결 방안을 실험해 보는 활동을 고안한 적이 있다. 먼저, 초대장을 학교 내 개인 사물함에 넣도록 했다. 그러자 초대받은 학생들이 초대장이 든 봉투를 사물함에서 발견한 사실을 떠벌렸고 결국 비밀은 금세 퍼지고 말았다.

　다음으로, 초대장을 각 가정으로 우편 발송하는 방법을 시도했다. 그 결과, 초대받지 않은 학생들이 파티에 대해 알게 되는 일이 현저히 줄었고, 파티가 끝난 후에도 뒤늦게 알게 된 학생들이 거의 없었다. 학생들은 두 가지 방법 중 어떤 방식이 더 효과적이고 배려 깊었는지 토론하고, 각자의 선택이 가져온 결과에 대해 깊이 성찰하는 시간을 가졌다. 어떤 방법이 더 배려심 있는 해결책일까? 나라면 어떤 방식을 선택했을까? 놀랍게도, 학생들은 결국 생일 파티를 하지 않는 쪽으로 결정했다!

　대부분의 학생들은 생일 파티 초대와 관련된 딜레마에 공감할 수 있을 것이다. 하지만 어떤 학생들은 생일 파티를 열어본 적도, 초대받아 본 적도 없는 경우가 있을 수 있다는 점을 항상 염두에 두어야 한다. 따라서 이 5단계 의사결정 활동에 사용할 시나리오를 선택할 때는 학생들의 다양한 경험과 감정을 배려하며 신중하게 접근하는 것이 중요하다.

학급에서의 역할 주기

매일 학생들은 정해 놓은 학업 성취기준에 근거한 교육 과정을 기반으로 교사가 신중하게 계획한 수업을 받는다. 교실 벽에는 교사가 만든 규칙, 목표, 포스터가 붙어 있고, 학생들은 학교 위원회와 관리자들이 정한 복장 규정에 적합한 옷을 입고 학교에서 정한 시간에 등교와 하교를 한다. 이런 것들이 무조건 틀렸다거나 불공평하다고 할 수는 없지만, 학생들이 의사결정 능력을 갖춘 이들이 되기를 바란다면, 자신들에게 영향을 미치는 결정에 대한 그들의 목소리를 경청하고 이를 반영해야 할 것이다.

학생들에게 더 많은 선택권을 제공하는 방법 중 하나는 학급에서의 역할 주기이다. 이는 의사결정 능력을 개발하는 좋은 방법이다. 학생들에게 다음과 같은 질문을 하며 브레인스토밍을 해 보자.

"어떤 역할들이 있을까요? 여러분이 가장 하고 싶은 역할은 무엇인가요? 선호하는 역할 또는 그 역할이 학급에서 차지하는 중요성에 따라서 우선순위를 어떻게 정할 수 있을까요?"

이러한 토의를 바탕으로 만들어진 역할 목록과 각 역할에 대한 설명을 표기한 '역할 게시판'을 만들어 보자. 여기에는 유인물 준비/배부 역할부터 전화 담당까지 무엇이든 포함될 수 있다! 학생들에게 일주일간 해야 할 역할을 분담하도록 하자.

만약 역할 목록이 몇 개 없는 경우에는 역할을 분담할 수도 있다. 이를 통해 학생들은 책임감과 존중(자신과 타인에 대한 존중)을 배우며,

자기 관리 및 의사결정 능력을 향상할 수 있을 것이다. 한 번은, 4학년 학급에서 유인물 준비/배부 역할을 맡은 학생이 다음과 같은 수많은 질문을 내게 퍼부었다.

"어디서부터 시작해야 하나요? 뒤에서부터, 아니면 앞에서부터 하나요? 직접 나눠줘야 하나요, 아니면 학생들이 가져가도록 해야 하나요? 선생님이 말씀하시자마자 바로 일어나서 유인물을 가지러 가야 하나요, 아니면 선생님이 시키실 때까지 기다려야 하나요?"

이 질문을 통해 나는 예상했던 학생의 불안감을 어느 정도는 느낄 수 있었고, 그 학생이 자신의 역할을 얼마나 진지하게 받아들이는지도 알 수 있었다! 역할 게시판을 작성할 때는 이런 점을 염두에 두면서 각 역할에 대한 설명서를 작성하면 좋다.

토론

학생에게 발언권을 주고 의사결정 능력을 키우는 효과적인 방법 중 하나는 토론이다. 우리 뇌는 본능적으로 자신이 옳다고 느끼는 생각에 끌리는 경향이 있다. 토론은 학생들이 자신의 의견을 효과적으로 표현하고, 어떤 주제에 대해 적극적으로 참여할 수 있는 훌륭한 대화 방식이다.

토론을 유도하기 위해서는 다양한 전략을 활용할 수 있으며 이들 대부분은 학년 수준과 관계없이 적용 가능하다. 다음은 교실에서 토론을 효과적으로 이끌기 위한 몇 가지 전략이다.

이동 대화

이 방식은 『에듀토피아』(2019a)에서 제시한 토론 구조로, 학생들이 다른 사람과 직접 눈을 마주치며 의견을 표현하는 데 유용한 토론 입문 방식이다. 학생들은 서로 마주보며 두 줄로 선다. 앉아서 이야기하는 것보다 서 있는 편이 상대의 몸짓을 더 잘 관찰하고 눈을 맞추며 집중하는 데 효과적이다. 교사는 토론 주제를 구두로 제시하거나 화면에 띄워 학생들에게 전달한다.

이때 토론 주제는 『에듀토피아』에서 소개한 "휠체어를 타는 사람은 스포츠 경기에 함께 참여할 수 없는가?"와 같은 다소 도발적이고 생각할 거리를 던져주는 주제가 적합하다. 학생들은 60초 동안 짧은 토론을 진행한 후, 줄을 따라 한 칸 옆으로 이동해 다른 친구와 새로운 주제로 토론을 이어간다.

네 모퉁이

이 방법은 오랫동안 활용되어 온 전략으로 학생의 목소리를 존중하고 경청 능력을 향상시키며, 존중과 협력의 태도를 기를 수 있도록 돕는다.

토론 주제를 정한 후 교실의 네 모퉁이에 각기 다른 입장을 배정한다. 학생들은 자신의 의견을 가장 잘 대변하는 입장 쪽에 자리를 잡도록 안내한다. 각 모둠은 약 5분간 협력하여 자신의 입장을 뒷받침할 주요 논거를 정리하고, 토론에 앞서 증거를 수집할 수 있도록 자료와 시간을 제공한다. 토론이 시작되면 각 팀은 자신의 주장을 발표하고, 이어 증거 제시와 반박, 그리고 최종 결론 발표의 순서로 토론을 진행한다.

스파 토론

스파(SPAR)는 '자발적 논쟁(spontaneous argumentation)'의 약자로, '스파링(sparring)'처럼 논쟁을 연습하고 겨루는 의미도 내포하고 있다. 스파 토론은 간단한 조사만으로 진행할 수 있어 학생들이 쉽게 토론에 참여할 수 있는 좋은 방법이다. 또한 학생 스스로 입장을 선택하여 자신의 의견을 자유롭게 표현하고 주체적으로 참여할 기회를 갖게 된다.

다음은 논쟁의 여지가 있는 주제에 대해 '스파 토론'을 하는 간단한 방법이다. 여기서는 "손 편지를 선호하나요, 아니면 문자 메시지를 선호하나요?"라는 질문에 관한 토론을 구성한 것이다.

1. 학생들을 6~8명씩 모둠으로 나누고, 한 모둠을 다시 반씩 나누어 각기 다른 입장을 지지하도록 한다. 입장에 따라 학생들이 책상을 이동해 상대편과 마주 앉도록 한다.
2. 학생들에게 1~2분의 시간을 주고 자신의 입장에 대한 증거를 바탕으로 각자 의견을 작성하도록 한다.
3. 학생들이 함께 대화할 시간을 주고 각 입장에 대한 추가 증거

를 수집하도록 한다. 이 단계는 논쟁에 취약한 학생들이 준비하는 데 도움이 된다.
4. 학생들이 맞은편에 앉은 사람과 논쟁하게 한다. 각 학생은 1분간 자기 입장을 제시하고 상대방은 이를 경청하며 기록한다.
5. 학생들에게 상대방에게 말하고 싶은 의견을 준비할 수 있도록 30초의 시간을 준 다음, 두 사람이 서로의 주장이나 사례에 대해 질문하고 자신의 주장을 제시하는 등 3분간 토론을 한다.
6. 마무리 진술을 준비할 수 있도록 1분의 시간을 준 다음, 각 학생이 1분간 의견을 발표하면 토론이 끝나게 된다.
7. 토론에 대해 평가하는 시간을 가진다. 가장 어려웠던 부분이 무엇인지 이야기를 나누고, 토론을 통해 어떤 것을 알게 되었는지 물어본다.

건설적 논쟁

이 활동은 건설적인 논쟁과 폭력적인 논쟁의 차이에 대한 논의로 시작할 수 있다. 전략은 토론과 모둠 토의를 기반으로 하며 학급의 가치와 규범에 기초하여 진행된다.

일반적인 방법 중 하나는 각 모둠에 하나의 목표(예: 시험 통과 또는 보고서 작성)를 할당하는 것이다. 그런 다음, 각 모둠을 다시 두 개의 소모둠으로 나누고, 주어진 주제에 대해 상반된 입장에 서서 논지를 발전시키기 위한 조사를 진행하도록 한다. 소모둠은 자신들의 주장을 발표하고 이어 상대 소모둠의 주장에 반박하는 시간을 갖는다.

그 후, 각 소모둠은 입장을 바꾸어 반대편 관점을 직접 경험해 보는 활동을 진행한다. 이 과정을 통해 학생들은 양쪽 입장의 논리를 종합적으로 이해하고, 가장 합리적인 결론을 도출해 볼 수 있다.

매직 8구

하버드대학교 사회정서학습 생태학적접근연구소(EASEL)에서는 교사들이 교실에서 사회정서학습을 실천할 수 있도록 다양한 활동을 개발하여 보급해 왔는데, 이 활동들을 '커널(kernels)'이라 부른다(Prothero, 2019). 그중 하나가 바로 '매직 8구' 활동이다.

본래 '매직 8구'는 숫자 8이 적힌 검은색 당구공 모양의 장난감으로, 내부에는 액체와 함께 20면체 주사위가 들어 있으며 각 면에는 짧은 문장 형태의 답변이 적혀 있다. 사용자가 공을 흔들면 투명한 창에 무작위로 한 면이 나타나 질문에 대한 답변을 확인할 수 있게 되어 있다. EASEL에서 개발한 매직 8구 활동은 이 장난감을 교실 활동에 응용한 것으로, 어떤 학년에서도 활용할 수 있으며 학생들의 문제 해결력과 비판적 사고를 기르는 데 효과적이다.

활동은 교사가 "만약 ~한다면 어떤 일이 일어날까?"와 같은 질문을 던지며 시작된다. 학생들은 머릿속으로 매직 8구를 돌려 상상 속의 답변을 얻어내고 그 답변을 토대로 질문에 대해 생각하고 토론한다.

예를 들어 교사가 "만약 어떤 사람이 주위를 살피지 않고 무단횡단을 한다면 어떤 일이 일어날까?"라고 묻는다면, 학생은 '별로 안 좋은 일이 일어난다'는 식의 답변을 떠올리고 이를 모둠원들과 공유한다. 이어 교사는 이 답변이 다른 상황, 예를 들어 '교사가 수업을 진행하는 동안 학생이 친구와 떠드는' 상황에도 적용될 수 있는지 질문함으로써, 학생들이 상황을 비교·분석하며 판단의 근거를 확장할 수 있도록 유도한다.

나아가 교사는 학생들에게 지금 논의한 결과가 긍정적인지, 부정적인지, 혹은 중립적인지 판단해 보게 하고, 또 어떤 상황에서 이러한 결과를 상상해 봐야 할지 떠올리도록 이끈다. 만약 매직 8구의 상상 속 답변이 "지금은 말하지 않는 것이 좋습니다."였다면, 그다음에는 어떻게 행동해야 할지를 다시 생각해 보도록 하며, 학생들의 자기조절과 상황 판단 능력을 더욱 심화시킬 수 있다.

디어 애비

EASEL에서 개발한 또 다른 방법으로 '디어 애비(Dear Abby)'가 있다(Prothero, 2019). 이는 학생들이 갈등 상황에서 책임감 있고 윤리적이며 건강한 선택을 할 수 있도록 돕는 전략이다. 이 활동은 원래 5학년을 대상으로 고안되었지만, 학년 수준에 맞게 조정하여 모든 학년에 적용 가능하다.

수업을 시작할 때 먼저 '디어 애비(Dear Abby)'가 본래 어떤 것이었는지를 간단히 설명해준다. '디어 애비'는 한 신문의 칼럼 제목으로, 독자들이 자신의 문제 상황을 편지로 보내면 칼럼니스트가 조언을 해주는 방식으로 구성되어 있었다. 이러한 배경을 소개한 뒤 학생들을 소모둠으로 나누고, 실제 '디어 애비' 칼럼이나 유사한 상담 칼럼에 소개된 문제 상황과 해결책을 가지고 토론하게 할 수 있다. 또는 해당 내용을 역할극으로 구성해 발표하도록 해도 좋다.

이때 학생들이 문제 상황을 더 잘 이해할 수 있도록 배경 설명이나 등장인물 간의 관계, 감정 흐름 등에 대해 추가 설명을 제공하면 도움이 된다. 활동을 확장하여, 시나리오 속 등장인물들이 각자의 입장에서 이 상황을 어떻게 받아들일 것 같은지 묻고 토론하게 함으로써, 공감 능력과 윤리적 사고를 함께 기를 수 있다.

순환 대화

이 토론 방법은 학생들이 이동하면서 다양한 사람들과 대화를 나누도록 유도해 대화를 더욱 활발하고 흥미롭게 만든다(Gonzalez, 2015). 순환 대화(conversation stations)는 모든 학년과 교과에서 사용할 수 있으며, 진행 방법은 다음과 같다.

1. 학급의 가치와 행동 규범에 대해 학생들과 논의한다.
2. 학생들을 4~6명씩 모둠으로 나눈 다음, 특정 질문이나 문장 또는 이름을 제시한다.

3. 학생들이 몇 분간 대화를 나누고 나면 각 모둠에서 한두 명이 다른 모둠으로 이동하고, 나머지 학생들은 자리에 남아 대화를 이어간다.
4. 학생들에게 중요한 내용을 필기하도록 안내한다(어떤 내용을 기록할지 스스로 선택해야 함).
5. 새로운 모둠에 합류하면, 학생들은 이전 질문과 연관된 새로운 질문에 대해 토론하고, 이전 모둠에서 나눈 대화의 핵심 내용을 공유할 수도 있다.
6. 다음 회차에서는, 이전에 이동하지 않은 학생들이 새로운 모둠으로 이동한다.

이 전략은 모둠 구성원이 계속 바뀌도록 구성함으로써 교실 분위기를 더욱 역동적이고 활기차게 만드는 활동이다. 이때 모든 학생이 동시에 이동하지 않기 때문에, 학생들은 다음 모둠에 가서 나눌 중요한 정보와 공유할 내용을 스스로 결정해야 한다. 이러한 과정을 통해 학생들은 자연스럽게 협력하고, 서로를 존중하며, 경청하는 태도를 연습하게 된다.

친구에게 도움 요청하기

어떤 학생들은 의사결정을 매우 어려워하는 경향이 있다. 한때 예능 프로그램에서 참가자들이 다른 사람에게 도움을 청할 수 있는 선택지를 갖게 되면서 "친구에게 전화할래요?"라는 표현이 유행하기도 했다. 실제로 어떤 결정을 내려야 할 때는 많은 정보와 판단 기준이 필요하기 마련이며, 학생들에게 도움을 요청할 수 있는 선택권이 있다는 사실을 인식시키는 것만으로도 심리적 부담을 줄이고 스트레스를 완화하는 데 도움이 될 수 있다. 물론 시험 시간에 이러한 선택권을 허용할지 여부는 전적으로 교사의 판단에 달려 있다.

나는 토론, 텍스트 읽기, 핵심 요점 찾기, 그리고 의사결정 활동을 진행할 때 학생들에게 이런 선택권을 주는 것을 좋아한다. 하지만 실제로 전화 통화를 하는 경우는 거의 없다. 이 표현은 단지 누군가에게 도움을 요청해도 괜찮다는 의미를 상징적으로 전달하는 것이다. 대부분의 경우 도움을 요청하는 대상은 또래 친구이지만, 어떤 교사들은 부모나 보호자에게 전화를 걸거나, 다른 교사에게 도움을 구하는 것까지 허용하기도 한다.

청중에게 물어보기

'청중에게 물어보기'는 '친구에게 도움 요청하기'와 맥락은 비슷하지만 그 목적이 약간 차이가 있다. 이 전략은 아이디어가 쉽게 떠오르지 않을 때, 학생들이 학급 전체, 모둠원, 또는 교사에게 도움을 요청할 수 있도록 하는 방법이다.

내가 작문 수업에서 수년간 즐겨 사용해 온 방법 중 하나도 바로 이 전략이다. 학생들이 글쓰기 아이디어를 떠올리기 어려워할 때, 학급이나 소그룹에서 아이디어를 얻을 수 있도록 유도하면 서로의 생각을 듣고 확장하며 글의 출발점을 찾는 데 도움이 된다.

  나는 보통 글쓰기 과정을 시범 보이기 위해 학생들과 함께 글을 쓰며 참여한다. 이건 교육적으로도 유익하지만, 재미도 있고 학생들과의 거리도 좁혀준다. 즉 "여러분이 정말 힘들었던 시간을 써보세요." 같은 질문으로 활동을 시작할 때 학생들은 낡은 침대에서 자야 했던 경험부터 부모님의 애정 표현을 보고 난감했던 기억까지 각양각색의 주제를 떠올릴 수 있음을 잘 알고 있기에, 나는 학생들이 글쓰기를 시작하기 전에 미리 첫 문단 예시를 준비해 둔다.

  시작 문단의 예시는 다음과 같다.

  미주리주에 있는 친구들을 만나러 갈 수 있어서 나는 정말 기뻤다. 우리는 아이들과 개를 데리고 출발했고, 차로 7시간을 달려 일주일간 머물 숙소에 도착했다.

  그런데 막상 도착한 순간 가슴이 철렁 내려앉았다. 창문은 작고 낡았으며, 방 안은 먼지가 수북이 쌓여 있었고, 벽은 칠조차 제대로 되어 있지 않았다. 한눈에 보기에도 오래되고 관리가 되지 않은 초라한 공간이었다. 하지만 나는 아이들이 실망하지 않도록 애써 밝은 표정을 지었고, 곧바로 짐을 풀고 정리에 들어갔다. 스스로에게 '괜찮을 거야, 곧 익숙해질 거야'라고 되뇌이며 우리는 하루 종일 바깥에서 시간을 보냈다.

밤이 되어 아이들을 재운 후 나는 긴 운전과 낯선 숙소 정리로 지쳐 침대에 누웠다. 책을 읽으며 몸을 조금씩 풀던 중 갑자기 다리에 뭔가가 스멀스멀 기어가는 느낌이 들었다. 놀라서 벌떡 일어나 이불을 젖혀 보니, 세상에! 그 아래에는 개미 떼가 우글거리고 있었다! 하지만, 믿기 어렵게도 그건 최악의 순간이 아니었다.

나는 그 지점까지만 읽고 멈춘다. 학생들은 질색하며 허공에 손을 마구 흔든다. 그 반응을 보며 나는 미소 짓고 말한다.
"이 글의 뒷부분에 들어갈 만한 내용에 대해 세 가지 질문을 작성해 보세요."
그리고 이어서 덧붙인다.
"독자로서 여러분은 무엇이 궁금한가요? 이 질문은 글을 쓸 때 독자의 시선을 이해하는 데 큰 도움이 됩니다. 자, 이제 여러분 차례예요. 모두 자신의 이야기를 떠올리며 시작해 보고, 첫 문장을 수업 시간에 읽어주세요. 친구들이 피드백을 줄 거예요. 그 과정 속에서 우리는 독자가 어떤 글에 반응하는지, 무엇에 더 끌리는지 함께 배워갈 수 있어요."

학급에서의 의사결정 활용

다음의 지침은 교실 수업에서 의사결정이 어떻게 활용될 수 있는지를 다양한 방식으로 제시하며, 모든 학년에 적용할 수 있다.

- 한 주제 내에서 특정 내용과 관련된 결정에 초점을 맞춘다. 예를 들어, 1840년대 서부 개척자들에 대해 배우고 있다면, 그들이 여행을 떠나기 전에 무엇을 남기고 무엇을 가져갈지에 대해 결정하는 데 초점을 맞춰 토론할 수 있다.
- 여러분이나 학생들이 해결해야 할 질문이나 문제 또는 상황을 결정한다. 중력에 대해 배우고 있다면, 학생들에게 아인슈타인과 뉴턴의 업적의 기여도를 비교하게 할 수 있다.
- 학생들이 의사결정을 하는 역할을 할지, 아니면 내려진 결정에 대한 평가자의 역할을 할지 결정하도록 한다. 예를 들어, '로미오와 줄리엣'에 관한 문학 수업 시간이라면, 등장인물들이 내린 결정의 목록을 작성하도록 하고, 각 결정이 좋은 선택이었는지 나쁜 선택이었는지를 평가하게 한다. 학생들은 등장인물들이 어떤 결정을 하기를 제안할까?
- 정보를 수집하기 위해 활용할 자료를 결정한다. 어떤 교과서, 인터뷰 또는 인터넷 자료가 가장 유익할지에 대해 교사가 학생들과 함께 선택할 수 있다.

- 문제 해결을 위한 최선의 방법을 결정한다. 예를 들어, 수학 시간에 문제를 푸는 다양한 방법을 시도해 본 후 가장 쉬운 방법, 가장 빠른 방법, 가장 실용적인 방법을 학생들이 스스로 결정할 수 있다.
- 여러 대안을 비교하고 대조하는 데 사용할 평가 기준을 정한다. 과제의 일환으로 학생들이 이 과정을 직접 하도록 하기를 원하는 게 아니라면 말이다. 이는 모든 교과의 프로젝트에서 시작할 수 있으며, 모둠별로 평가 기준에 대해 브레인스토밍을 하도록 하는 것이 가장 좋다. 예를 들어, 두 브랜드의 초콜릿을 비교하고 대조하게 하는 경우, 학생들이 결정을 내리는 기준은 디자인, 맛, 식감, 원료 중 무엇일까? 참고로, 학급의 여러 모둠이나 팀이 결과를 비교할 때는 모두 동일한 평가 기준을 사용하도록 해야 한다.
- 학생들이 자신의 결정을 가장 잘 전달할 방법을 선택하도록 한다. 청중을 고려할 때, 결정을 공유하고 평가하는 데 가장 적합한 방법은 무엇인가? 학생들이 가장 편안하게 생각하는 방법을 선택하게 하고, 프레젠테이션, 역할극, 광고, 뉴스레터 등의 목록을 제공해 선택 범위를 좁힐 수도 있다.

학생의 이야기에 다가서기

어떤 학생들은 스스로 결정을 내려 본 경험이 없고, 또 어떤 학생들은 자신의 선택으로 인해 벌을 받거나 무시당한 기억을 가지고 있다. 이런 학생들에게 교사는 실수란 자연스러운 일이며, 실패도 배움의 일부로 받아들여질 수 있다는 점을 알려주어야 한다.

또한 교사는 학생들에게 이런 말을 해줄 수 있다.

"너의 뇌는 계속해서 성장하고 변화할 수 있어. 나는 네가 목표를 이룰 수 있는 능력을 갖고 있다고 믿고 있어. 그리고 너도 스스로를 그렇게 믿어야 해."

이런 메시지는 학생들에게 자기 효능감과 성장형 사고관점을 키워주고, 의사결정 과정에서의 자신감을 기르는 데 큰 역할을 한다.

Every Student Has a Story ○ 의사결정 능력을 키워주는 방법

학생의 상황

다가서는 방법

학생의 상황	다가서는 방법
학생이 과거 경험으로 인해 결정하는 것을 두려워한다면,	성장 관점과 뇌의 변화 가능성에 대한 짧은 토론으로 활동을 시작한다.
학생이 자기 입장을 뒷받침할 근거가 없음에도 옳다고 우긴다면,	학생에게 사회적 규약 또는 학급의 가치 및 규범을 상기시킨다. 학생의 주장을 입증할 수 있는 근거를 직접 조사하게 하거나, 다른 사람들이 자신의 주장을 입증하기 위해 어떤 근거를 제시했는지 살펴보도록 한다.
학생이 자기 직감만으로 자기가 옳다고 확신하면,	그러한 직감을 인정하지만, 다른 사람들이 납득할 만한 증거를 찾아보라고 말해준다.
모둠에서 내린 결정에 학생이 동의하지 않는다면,	모둠이 수집한 증거를 검토해 보고 반박할 수 없이 틀렸다는 증거를 찾아보도록 한다. 이때 학생에게 이것이 뇌에 새로운 연결망을 만드는 좋은 방법이란 것을 알려준다.
토론이 "아니야! 네가 틀렸어."와 같은 언쟁으로 발전하게 된다면,	"나는 ___ 라고 생각합니다.", "나는 동의하지는 않지만 당신의 의견을 존중합니다."와 같은 문장으로 말하도록 한다. 학급 전체가 함께 학급의 가치와 약속에 기반한 문장들을 만들어 본다.

8

Social-Emotional Learning and the Brain

프로그램보다 교사

과거의 직업은 근육이 필요했고,
현재는 뇌를 활용하지만,
미래는 마음을 다루는 일이 될 것이다.

— 미노슈 샤피크(*Minouche Shafik*)

"

학부모 다섯 명이 회의실로 들어와 휘태커 교육장과 마주 앉았다. 휘태커 교육장이 학급 문제와 관련된 일로 학부모를 직접 만나는 일은 거의 없었다. 이런 일은 대개 교장의 역할이며, 그것도 담임 교사가 문제 해결을 위해 모든 노력을 기울인 후에야 교장에게까지 올라오는 사안이었기 때문이다.

그날 회의에 참석한 학부모들은 유치원부터 중학교 2학년까지 이어지는 헤인스 학교의 대표들이었고, 그 학교는 학생들의 성적 향상에 열정을 쏟으며 자신만의 방식으로 학교를 이끌어 온 번스 박사가 교장으로 있었다. 번스 박사는 자기 나름의 신념과 교육철학이 뚜렷한 인물이었고 휘태커 교육장도 이를 잘 알고 있었다. 그럼에도 휘태커 교육장은 학부모들을 만나기로 했다. 만약 학부모들이 번스 교장에게 분노하고 있다면 분명 이유가 있을 것이라 생각했다.

회의 초반 한 학부모 대표가 단호한 어조로 말했다.

"분명 학교에 심각한 문제가 있는 것 같아요. 4학년 아이들이 학교가는 것을 두려워할 뿐만 아니라 집에 울면서 올 때가 많아요. 우리는 그 원인이 영어 교사인 피셔 선생님 때문이 아닌가 생각합니다. 그분이 아이들을 힘들게 만들고 있는 거예요."

다른 학부모가 이어서 말했다.

"그 선생님은 가차 없어요. 주(州) 정부 시험에서 좋은 성적을 내기 위해 우리 아이들을 너무 심하게 몰아붙이고 있어요. 그 선생님에게는 학습의 과정보다는 시험 결과가 더 중요한 것 같아요. 제 딸아이 말로는 성적이 좋지 않은 학생들은 학교에서 선생님께 혼나는 일이 많다고 해요."

"그리고 수치심을 주는 거죠."

회의에 함께한 또 다른 학부모가 조용하지만 단호하게 말을 덧붙였다.

"저희 아이가 그랬어요. 선생님이 자기를 괴롭힌다고 하더군요. 그래서 선생님께 여쭤봤더니 아이가 가만히 앉아 있지 못하고 집중을 하지 못해서 끊임없이 주의를 주어야 한다고 해요. 저와 아이 모두가 선생님과 면담을 했지만, 아무리 해도 선생님은 아이에게 문제가 있다는 생각을 꺾지 않을 것 같았어요. 그래서 교장 선생님을 찾아갔죠. 그런데 교장 선생님은 피셔 선생님 편을 들면서 시험 점수를 올리는 것이 얼마나 중요한지만 강조하시고, 제 아이에게 문제가 있다고 하시더군요! 결국 전문 기관에 가서 주의력 검사를 받았는데 아이에게는 아무 문제가 없었어요. 아이의 스트레스를 줄이기 위해 홈스쿨링을 해야 할까요? 우리 아이는 학교에서 항상 행복했었다구요!"

"교육장님, 도대체 학교에서 무슨 일이 벌어지고 있는 건가요? 시험 점수 때문에 교사들이 교장 선생님으로부터 심한 압력을 받고 있어서 그런 건가요? 교장이 교사들을 괴롭히고 교사들은 또 학생을 괴롭히는 그런 경우인가요?"

다른 사람을 괴롭히는 가해자 중 상당수가 과거에 괴롭힘을 당한 경험이 있다는 사실은 잘 알려져 있다(Haltigan & Vaillancourt, 2014). 그러면 가해자가 처벌을 받게 되면 상황이 종료될까? 하지만 괴롭힘 문제는 그렇게 단순하게 해결되지 않는다. 실제로는 가해자가 처벌을 통해 피해자가 되는 것이 아니라, 오히려 괴롭힘을 당한 피해자가 시간이 지나 새로운 가해자가 되는 경우가 많다.

괴롭힘을 당할 때, 뇌에서는 '싸우거나 도망치는' 반응이 일어나고 코르티솔이 분비되면서 눈앞에 닥친 위협에만 집중하게 된다. 만약 학생들이 다른 수업 시간에는 문제가 없는데 피셔 선생님의 수업에서만 집중하지 못하고 있다면, 그 원인은 피셔 선생님의 수업 방식에서 찾아야 한다.

실제로 많은 교사들이 비슷한 경험을 한다. 이전에 내가 근무했던 학교에서도 그랬다. 수업에 잘 집중하지 못하는 학생이 있어서 교장실로 보낸 적이 있는데 교장 선생님이 나를 찾아와 곤란한 얼굴로 말했다. 그 학생은 다른 수업에서는 아무런 문제가 없었으며 교장실로 보낸 경우는 내가 처음이라고 말이다. 이것은 분명 나와 그 학생 사이에 무언가 해결해야 할 문제가 있다는 뜻이다. 그날 이후 나는 내 수업 방식을 다시 돌아보며 학생과 어떻게 소통해야 할지 고민했다.

학생에게 문제가 있어서라고 생각하지 말자. 내 수업을 유독 힘들어 하는 학생이 있다면, 그것은 내 방식의 문제일 수 있다. 그 학생은 단지 내 수업에서 살아남기 위해 노력하고 있었을 뿐이다. 결국 나는 그 학생을 도울 방법을 찾았고, 그 덕분에 우리 둘 다 그 문제로 인한 스트레스로부터 벗어날 수 있었다.

휘태커 교육장은 학교 내부에 어떤 문제가 있었는지 철저히 살펴보겠다고 약속했다. 학부모들은 이 약속이 지켜질 거라 별로 기대하지 않았지만 놀랍게도 예상 외의 큰 결과가 있었다. 이 문제가 피셔 선생님 개인의 문제가 아닌, 번스 교장으로부터의 압박에서 비롯된 것임이 밝혀졌기 때문이다. 학생들의 점수를 높이라는 교장의 강한 압력 때문에 피셔 선생님 또한 극심한 스트레스에 시달리고 있었던 것이다.

이후 많은 사람들의 노력으로 학교와 학급의 분위기는 점차 개선되었다. 변화가 하루아침에 이루어진 것은 아니었지만, 학교가 문제를 인식하고 변화를 위해 노력하고 있다는 사실만으로도 학부모들은 자녀들에게 상황이 나아질 것이라는 희망을 심어줄 수 있었다.

교사의 스트레스 해결부터

학생들에게 스트레스를 관리하는 방법을 가르치자면 먼저 교사가 자신의 스트레스를 인식하고 해결할 수 있어야 한다.

4장에서 나는 스트레스의 세 가지 유형으로 긍정적 스트레스, 견딜 만한 스트레스, 독성 스트레스를 소개한 바 있다(147쪽 참고). '견딜 만한 스트레스'는 대부분의 교사들이 학급을 운영하는 일과 내내 경험하게 된다(Burns, 2019). 이 스트레스는 퇴근 후 집에 가서 가족이나 친구와 대화하거나, 학교 업무와 상관 없는 프로젝트를 수행하거나, 좋은 책을 읽고 취미 활동을 하거나, 휴식 등의 방법으로 대부분 해소할 수 있다.

문제는 교사 자신이 괴롭힘을 당해 받는 독성 스트레스다. 교사를 괴롭히는 요인은 여러 가지가 있다. 일부 학생들은 장난을 치거나 나쁜 소문을 퍼뜨리고 온라인상에서 헐뜯는 등의 행동으로 교사를 괴롭힌다. 학생을 이해하고 안전한 환경을 제공하기 위해 노력해야 할 교사에게, 이런 상황은 심각한 스트레스가 된다. 학부모 또한 교사를 괴롭히는 가해자가 될 수 있다. 일부 학부모들은 교사의 이메일 주소나 휴대전화 번호, SNS를 통해 강압적인 요구나 협박을 가하고 있다. 이는 교사에게 스트레스를 넘어서는 무력감과 공포를 느끼게 한다.

교장 역시 교사를 괴롭힐 수 있는 존재다. 일부 교장은 학교의 성적을 높이기 위해 교사들을 압박한다. 비현실적인 기대치를 설정하고 그것을 달성하라 요구하며, 만약 목표에 도달하지 못하면 비난하고 교사에게 책임을 전가한다. 한 교사의 말이다. "우리 교장의 태도는 시험 점수에 따라 달라져요. 학생들이 시험을 잘 보면 마치 스타를 대우하듯 교사들을 대하죠. 하지만 성적이 좋지 않으면 교사의 말을 무시하고 함부로 무례하게 굽니다." 이런 상황에서는 어떤 교사라도 극도의 스트레스를 받게 될 것이다.

앞의 사례에 나온 피셔 선생님을 떠올려 보자. 그도 본래 학생들을 배려하고 이해하려 노력하는 교사였을 것이다. 그러나 시험 성적을 올리라는 교장의 압박이 불필요한 낙수 효과로 이어져 학생과 학부모, 교사 자신까지 불행하게 만든 것이다. 사실 시험은 종종 도전적 수준을 넘어서 독성 스트레스로 작용하곤 한다. 예전에 내가 학교 응원단 코치 역할을 맡았을 때 주정부 평가시험 성적을 올린다는 명목으로 특별 응원을 준비하라는 지시를 받은 적이 있었다. 단원들에게 별도의 훈련을 시키고 성적을 높이자는 구호를 외치며 교사들을 격려하는 퍼포먼스를 준비하는 내내 나는 극심한 스트레스에 시달렸다. 학교 전체의 성적을 높이자는 취지에서 나온 이런 지시가 그토록 끔찍한 발상인가 생각할 수도 있겠지만 교사와 학생 모두에게 심리적 스트레스를 유발한 것만은 분명하다. 지금 우리 학생들에게 진정으로 필요한 것은 시험 점수가 아니라, 미래 사회를 살아가는 데 필요한 핵심 역량을 기르는 일이다. 사회정서학습의 다섯 가지 구성 요소를 포함한 수업 전략은 학생들이 이러한 핵심 역량을 더 많이 배우고 즐겁게 학습하게 도울 것이다.

사회정서학습을 효과적으로 구현하자면 학교의 문화와 분위기 조성이 매우 중요하다. 학생은 스트레스를 잔뜩 안고 학교에 오고, 교사들은 스트레스에 시달린 채 집으로 돌아가는 환경에서는 무엇이든 제대로 이루어질 수 없다. 그러자면 교사의 스트레스 해결이 가장 중요하고도 시급하다.

교사의 마음건강을 위협하는 세 가지

지금은 수많은 교사들이 번아웃을 느끼며 학교를 떠나는 위기 상황이다. 교사들의 마음건강을 위협하는 세 가지 요인으로 나는 2차 외상 스트레스(secondary traumatic stress, STS), 공감 피로(compassion fatigue), 결정 피로(decision fatigue)를 지목하고 싶다. 각각에 대해 좀더 자세히 살펴보자.

2차 외상 스트레스

2차 외상 스트레스란 '다른 사람의 직접적인 트라우마 경험을 접함으로써 발생하는 개인의 감정적 압박감'으로 정의할 수 있다(NCTSN, 2019). 즉 트라우마를 경험했거나 현재 겪고 있는 학생의 이야기를 가장 직접적으로 접하는 과정을 통해 교사가 간접적인 트라우마를 겪을 수 있다는 것이다. 인지행동전략과 마음챙김은 2차 외상 스트레스를 관리하고 회복하는 데 효과적인 방법이 될 수 있다.

공감 피로

공감 피로란 타인의 고통이나 어려움에 공감하는 과정에서 겪는 정서적 소진과 피로를 말한다. 공감 피로는 2차 외상 스트레스와도 비슷한 면이 있고, 심할 경우 '번아웃(burn-out)'으로 진행될 위험도 있으므로 사전에 문제 상황을 개선하는 것이 중요하다. 번아웃은 교사 외에도 타인을 돕거나 치료하는 직업군에 종사하는 이들에게서 많이 나타나고 있는데, 특히 교사의 번아웃과 심리적 소진은 많은 학생들에게 영향을 미치기 때문에 주목할 필요가 있다.

신경과학자 리버만(Liberman, 2019)에 의하면, 번아웃은 전염성이 있기 때문에 구성원 간의 정서적 배려와 소속감, 안정감이 중요하다. 리버만은 동료들과 함께하는 휴식과 자유 시간을 정기적으로 갖고 이 시간 동안 서로를 좀 더 깊이 이해하고 고민을 함께 나누며 공동체 의식을 높일 것을 제안한다. 또한 개인적인 글쓰기, 명상, 운동, 학교 밖에서의 취미 활동, 타인과의 소통 경험을 늘리는 것도 피로를 줄이는 데 도움이 된다.

결정 피로

하루 종일 수많은 일과를 처리하고 집에 돌아왔을 때 가족이 저녁 메뉴는 뭐냐고 물으면 자기도 모르게 비명을 지른 적이 없었는가? 이제 그만 결정하고 싶다고, 머리가 터질 것 같다고 말이다.

결정 피로는 중요한 결정을 많이 내려야 하는 위치에 있는 사람들에게서 볼 수 있는 정신적 탈진 상태를 말한다. 누구에게나 일어날 수 있는 현상이고 학생들도 예외는 아니지만 교사에게서 더 자주, 흔히 볼 수 있다. 나의 경우 하루 중 마지막 수업 시간이 유독 더 어렵게 느껴질 때가 많은데, 결정 피로 때문에 더 이상 아무것도 결정하고 싶지 않아서 그런 게 아닐까 생각한다.

'결정 피로'라는 용어는 미국의 저명한 사회심리학자인 로이 바우마이스터(Roy Baumeister)가 쓴 것이다. 그는 결정을 내리는 일 자체가 대단히 큰 의지력을 소모하는 것으로 마치 '달콤한 도넛의 유혹을 뿌리치는 것만큼' 힘든 일이라고 강조한다(Gamb, 2019). 미국의 오바마 전 대통령은 한 잡지 인터뷰에서 자신이 항상 두 가지 색상의 정장만 입는 이유는 '해야 할 결정을 하나라도 줄이기 위해서'라고 말하기도 했다(Lewis, 2012).

교사들은 매일 약 1,500개에 달하는 결정을 내린다는 연구 결과가 있다(Goldberg & Houser, 2017). 이 수치는 결정의 중요도나 파급 효과, 결정에 걸리는 시간 등을 고려할 때 교사가 겪는 심리적 부담을 잘 보여준다. 이런 부담을 줄이기 위해 '학교의 모든 결정을 아침에 몰아서 하자'는 제안도 나온 적이 있지만 이는 유치원에서 오전 수업만 담당하는 교사에게나 통할 이야기다.

그렇다면 교사의 결정 피로를 줄이는 방법에는 무엇이 있을까? 우선 충분한 휴식 시간을 확보하되, 이 시간에는 채점이나 새로운 수업 계획서 작성 같은 업무에 매달리지 않아야 한다. 식단은 주나 월 단위로 계획하여 식사 준비에 필요한 결정을 줄여보자. 자녀의 간식이나 준비물은 사전에 넉넉히 준비해 두면 좋다. 출근을 병행해야 하는 주 5일간의 식사로 무엇을 먹을지, 어떤 옷을 입을지 미리 정해두면 좋다. 또한 운동이나 명상을 위해 매일 아침 10분씩 규칙적인 시간을 설정하는 등 간단하고 예측 가능한 루틴을 만들면 도움이 된다. 일상적이고 반복적으로 이루어지는 일들을 뇌에서 '자동 모드'로 인식할 수 있게 만들어 두면, 더 어렵고 복잡한 문제를 해결하는 데 쓸 에너지를 절약할 수 있다.

사법부의 판결과 의사결정에 관한 연구(Danziger et al., 2011)에 따르면 판사들이 단순히 법에만 근거해 판결을 내린 것은 아니었다. 수감자의 가석방 여부를 결정할 때에도, 심사에 시간이 오래 걸리거나 늦은 시간에 심사가 이루어질수록 관대한 판결을 내릴 가능성이 줄어들었다. 교사 역시 하루 종일 수많은 결정과 판단을 반복하게 된다. 그런데 수업을 준비하고, 계획하고, 돌아보며 휴식할 수 있는 여유 시간이 전혀 없다면, 교사의 결정과 판단은 점점 더 엄격하고 경직될 가능성이 높아진다.

감정이 의사결정에 미치는 영향

학생들을 가르치다 보면 때로는 단시간 내에 많은 양의 에세이를 채점해야 하는 상황이 생기곤 한다. 어느 목요일 밤, 나는 세 학급 분량의 에세이를 채점하고 있었다. 학생들에게는 자신이 쓴 에세이 위에 내가 나누어 준 평가기준표와 글의 주제를 스테이플러로 함께 묶도록 했는데 이는 학생들이 평가기준을 참고해 글을 쓰도록 하기 위함이기도 했고, 내가 채점할 때도 도움이 되었기 때문이다.

밤 10시 30분경, 나는 완전히 지쳐 버렸다. 학생들과 함께 읽고 토론했던 이야기 속 두 등장인물을 비교·대조하는 에세이를 읽을 무렵에는 머리가 어지럽고 눈이 침침해지기 시작했다. 마지막으로 채점하게 된 에세이는 조쉬의 글이었다. 순간 그 학생의 얼굴이 눈앞에 떠오르며 그 아이와 있었던 사건들과 만남이 주마등처럼 스쳐 지나갔다. 조쉬는 평소 성실한 학생이 아니었기에 이번 에세이에서 깜짝 놀랄 만한 무언가를 기대하긴 어려웠지만 그래도 내가 틀리기를 바랐다. 에세이를 읽은 후 나는 피드백을 작성하고 점수를 합산한 뒤 평가기준표에 기록했다. 드디어 끝! 나는 안도의 한숨을 내쉬며 75장의 에세이를 모두 모아 가방에 쑤셔넣었다.

다음 날 아침, 찬란한 햇빛과 함께 즐거운 주말에 대한 기대로 하루가 시작되었다. 나는 에세이 과제를 꺼내어 학생들에게 하나씩 나눠주기 시작했다. 그런데 조쉬의 에세이에는 성적을 표시한 평가기준표가 붙어 있지 않았다. 가방에 넣을 때 떨어졌나 싶어 가방 안을 뒤져보았지만, 결국 찾지 못했다.

조쉬가 "선생님, 저는 에세이를 못 받았어요!"라고 소리쳤다. 나는 침착하게 대답했다.

"아직 네 성적을 고민 중이야. 어젯밤에 네 에세이를 읽긴 했는데 다시 집중해서 읽어봐야겠어. 수업 끝날 때까지 줄게."

이렇게 위기를 모면한 뒤 학급 전체가 조용히 독서하는 동안 나는 새 평가기준표를 꺼내고 조쉬의 에세이를 다시 읽기 시작했다. 글에서 좋았던 점을 기록하고 글을 개선하는 데 도움이 될 질문도 함께 작성했다. 그런 다음 평가기준표에 'B'라고 적었다. 나는 조쉬에게 다가가 글이 마음에 들었다고 말했고, 조쉬는 기분 좋게 다음 수업 장소로 향했다.

일과를 마칠 무렵 나는 주말에 집에서 일할 서류들을 가방에 담기 시작했다. 그런데 가방 안의 칸막이 사이로 종이 한 장이 보였다. 그것은 바로 어젯밤에 작성한 조쉬의 평가기준표였다. 그 종이를 보는 순간 당황스러움이 밀려왔다. 어젯밤 내가 매긴 조쉬의 성적은 C였는데, 오늘 아침에는 B를 주었기 때문이다.

교사는 성적을 객관적으로 평가한다고 생각하겠지만 사실 평가 당시의 기분, 감정, 학생과의 경험, 심지어 전에 내린 결정 등이 영향을 미칠 수 있다. 이것은 평가기준표를 사용할 때도 마찬가지다. 부끄

럽지만 이런 사례는 더 있을 것이고, 이는 내가 살아 있다는 증거이기도 하다.

이와 관련된 연구(Brackett, 2019)에서는 교사를 두 모둠으로 나누어 한 모둠에는 학급의 긍정적인 경험을 떠올리고, 다른 모둠에는 부정적인 경험을 떠올려 보라고 요구했다. 그런 다음 모든 참가자에게 동일한 중학생의 에세이를 주고 채점하도록 했다. 결과는 어땠을까? 긍정적인 경험을 떠올린 교사들은 부정적인 경험을 떠올린 교사들보다 점수를 한 단계 더 높게 평가했다. 연구에 참여했던 교사들은 자신의 감정이 성적에 영향을 미친다고 생각하지 않았지만, 연구 결과는 그들의 믿음이 틀렸음을 입증했다.

부정적 경험에서 긍정적 경험으로

아동기 부정적 경험(ACE)에는 학대, 유기, 수감된 가족, 알코올 중독, 사망, 이혼, 정신 질환, 빈곤 등이 포함된다. 이를 상쇄하는 경험(counter-ACE)으로는 가까운 친구와 이웃, 위로가 되는 신념, 학교에 대한 긍정적인 태도, 친절한 교사, 신뢰할 수 있는 보호자, 안전감, 즐거움, 안정적인 가정환경 등이 포함된다. 신경과학자인 번즈(Martha Burns, 2019)는 이를 '아동기 긍정적 경험(PACE)'이라고 제시한다.

브리검영대학교에서 진행한 연구(Crandall et al, 2019)는 아동기 긍정적 경험이 얼마나 중요한지를 보여준다. 지난 30여 년간 이와 관련해 행해진 대부분의 연구들은 4개 이상의 아동기 부정적 경험을 가진 경우 성인기의 건강에 악영향을 미치게 되며 여기에는 우울증, 높은 체질량 지수, 높은 흡연율 등이 포함된다는 결과를 내놓고 있다. 반면 브리검영대학교의 연구에서는 부정적 경험이 건강에 미치는 잠재적인 악영향을 긍정적 경험으로 상쇄시키거나 역전시키는 것이 가능하다는 사실을 보여주었다. 이러한 발견은 과거 어떤 어려움을 겪었다 해도 아동기의 긍정적인 경험을 더함으로써 성인기의 신체적, 정신적 건강을 향상할 수 있다는 사실을 확인하는 것이다. 즉, 어떤 사람이 4개 이상의 부정적 경험을 갖고 있더라도 긍정적인 경험이 더 많으면 이후의 건강에 미칠 악영향을 줄일 수 있다는 것이다. (연구 참여자 중 약 75퍼센트가 최소한 한 개 이상, 평균 2.67개의 부정적 경험을 갖고 있으며, 이를 상쇄하는 긍정적 경험의 평균 개수는 8.15개였다.)

이 연구 결과는 긍정적인 경험이 전혀 없을 때 나타나는 해로운 영향도 보여주었다. 연구자들은 참여자의 신체 건강(운동, 수면 습관, 흡연, 식단 등의 요인을 활용)과 정신 건강 및 인지 능력(실행 기능, 스트레스 수준, 우울증, 문제 대처 능력 등의 요인을 활용)을 살펴본 결과, 긍정적인 경험이 결여되면 부정적 경험이 얼마든 상관없이 성인이 된 후 건강이 좋지 않다는 사실을 발견했다. 또한 긍정적인 경험이 거의 없거나 안전한 관계를 맺지 못한 것이 건강에 더욱 심각한 피해를 줄 수 있다는 사실도 알아냈다. 이는 부정적인 경험만 신경쓰지 말고 긍정적 경험을 많이 갖게 하는 데 더 집중해야 할 필요를 보여준다.

이 연구에서는 아동기 부정적 경험의 대부분이 가족 상황과 관련되어 있었지만, 연구진은 아동의 삶에서 부모가 아닌 다른 성인(친척, 교사, 이웃, 청소년 지도자 등)의 역할 또한 매우 중요하며, "이런 어른들 모두가 부정적 경험을 상쇄하는 경험의 수를 늘려 건강을 증진하는 데 도움이 된다."고 말하고 있다.

이 연구가 교사들에게 주는 시사점은 분명하다. 교사는 학생들의 현재와 미래의 삶의 질을 크게 변화시킬 수 있다는 것이다. 이 책에서 다루고 있는 주제들, 예를 들어 관계 형성, 타인의 행동과 관점을 더 잘 이해할 수 있도록 돕는 공감 교육 등은 교사가 교실에서 학생들에게 긍정적인 경험을 제공하는 전략이다. 서문에서 소개했듯이, CASEL이 제안한 사회정서학습 역량을 가르치는 것은 학생들이 소속감과 안전함을 느끼게 하는 데 도움을 줄 것이다.

2019년 10월, CASEL에서 개최한 회의에서는 전현직 전문가들이 참여해 사회정서학습 발전을 위한 개선점을 논의했다. 회의에 참여한 이들 모두가 공유한 주요 통찰은 교사에게 더 초점을 맞추어야 한다는 것이었다. 즉 교사가 수업에 사회정서학습을 통합하고 학생을 가르치기 위해서는 무엇보다 먼저 교사가 존중받는다고 느끼고 동기부여가 되어야 한다는 데 모두가 동의했다.

모든 학생에게 나아가기

코비(Korbey, 2017)는 「The Power of Being Seen(보여지는 것의 힘)」이라는 기사를 통해 네바다주의 콜드스프링스 중학교 이야기를 소개한 바 있다. 학생들을 더 잘 알기 위해 교사와 학생 모두가 참여하여 학교를 변화시킨 사례였다.

콜드스프링스 중학교가 속한 와쇼카운티 교육청에서는 2012년부터 사회정서학습 프로그램을 시작했고 이후 대부분의 학교에서 출석률 향상, 시험 성적 향상, 졸업률 상승, 정신 건강 개선과 같은 긍정적인 변화를 경험했다. 이 교육청의 사명 선언문에는 '모든 아이를 이름과 얼굴로 기억하며, 졸업까지 함께한다'는 문구가 있다. 콜드스프링스 중학교는 이를 '교사-학생 연결 활동'이라는 전략으로 실행했다. 교사를 포함한 전 교직원이 한 곳에 모인다. 벽에는 모든 학생의 포스터와 함께 학생의 이름, 특이사항, 개인사 및 가족사, 학업 현황 등이 적힌 차트가 걸려 있다. 교사들은 자신이 아는 학생들에 대한 정보를 차트에 체크하고, 공유하고, 잘 모르는 학생들에 대해서는 질문을 했다. 이런 과정을 거치면서 교사들은 자신을 돌아보고 쉬는 시간이나 방과후 시간을 활용해 학생들과 더 많이 소통하려고 노력했다. 이러한 노력을 통해 학생들은 존중받고 돌봄을 받는다고 느꼈고, 이는 공동체 의식으로 이어졌다.

학생의 이야기에 다가서기

학부모, 교사, 그리고 학교의 모든 관계자들이 사회정서학습의 필요성과 가능성을 이해하는 것은 매우 중요하다. 사회정서학습의 필요성을 이해하고 뇌가 어떻게 발달하며 학습하는지 알게 되면, 모든 아이들의 성장은 결국 모두가 함께 본보기가 되고, 가르치고, 응원하며, 학교마다 더 건강한 지원 체계를 만들어 가는 데 달려 있다는 사실을 분명히 알 수 있다.

사회정서학습은 단순히 '가르치는' 것이 아니다. 사회정서학습 프로그램을 실시한다고 해서, 또는 매주 금요일마다 30분씩 사회정서학습 수업을 한다고 해서 끝나지 않는다. 사회정서학습은 모든 교직원과 교사, 학생들 사이에서, 학교에서 이루어지는 모든 일과 속에 자연스럽게 녹아들어야 한다.

더 나아가 사회정서학습은 트라우마 이해 기반으로 이루어져야 한다. 교사와 학생 모두가 서로를 신뢰하며, 자신이 공동체의 일부라는 사실을 알고 안정감을 느낄 수 있어야 한다. 그런 환경을 조성하려면 모두를 위한 지원 체계를 마련하고, 건강한 협력 관계를 구축하고, 감정을 안전하게 다룰 수 있는 문화를 조성해야 한다.

아동기 부정적 경험이 있는 학생에게는 이것이 일상의 루틴과 의식으로 자리잡아야 함을 강조하고 싶다. 지금까지 감정에 휘둘려 인지 능력을 제대로 발휘하지 못했던 학생들을 위해서는 교육과정을 조금 조정할 필요도 있다. 아동기 부정적 경험을 긍정적 경험으로 상쇄하자면 정말 많은 노력이 필요하지만, 이 과정에서 뇌과학적 접근은 많은 도움을 줄 수 있다.

한 동료가 내게 던진 질문이 떠오른다. "학교를 이루는 기반이 무엇이어야 하는가? 상처인가, 뇌 발달인가?" 서문에서 언급한 브루스 페리의 말처럼 사람을 변화시키는 것은 프로그램이 아니라 사람이다. 변화의 주체는 이 글을 읽는 당신과 나, 그리고 우리다.

Every Student Has a Story ○ 사회정서학습의 심화

바라는 목표 **다가서는 방법**

회복적 정의에 대해 더 자세히 알고 싶다면,	『Hacking School Discipline(학교 규율 혁신하기)』 - Nathan Maynard & Brad Weinstein 『Better Than Carrots or Sticks(당근과 채찍을 넘어)』 - Dominique Smith, Douglas Fisher & Nancy Frey
뇌와 트라우마에 대해 더 깊이 알고 싶다면,	『불행은 어떻게 질병으로 이어지는가(The Deepest Well)』 - 네이딘 버크 해리스(Nadine Burke Harris) 『몸은 기억한다(The Body Keeps the Score)』 - 베셀 반 데어 콜크(Bessel van der Kolk)
사회정서학습에 대해 더 많은 정보를 원한다면,	CASEL 웹사이트(ww.casel.org) 방문을 추천한다.
공감에 대해 좀 더 깊이 알고 싶다면,	『End Peer Cruelty, Build Empathy(괴롭힘 없는 교실, 공감이 자라는 학교)』 - Michele Borba 『UnSelfie(왜 공감하는 아이가 성공하는가)』 - Michele Borba 『공감의 뿌리(Roots of Empathy)』 - 메리 고든(Mary Gordon)
학생들에게 뇌에 대해 가르치는 방법을 더 알고 싶다면,	『아직도 내 아이를 모른다(The Whole-Brain Child)』 - 대니얼 J. 시겔(Daniel J. Siegel), 티나 페인 브라이슨(Tina Payne Bryson) 대니얼 시겔의 유튜브 https://www.youtube.com/channel/UCcTk7DmiA7NRmpxeX4jeB3w

*한국어판 번역서가 출간된 경우 번역서 제목과 저자 이름을 한국어로 먼저 기재하였음.

참고 문헌

Allday, R. A., Bush, M., Ticknor, N., & Walker, L. (2011). Using teacher greet ings to increase speed to task engagement. *Journal of Applied Behavior Analysis, 44(2)*, 393–396.

Allday, R. A., & Pakurar, K. (2007). Eff ects of teacher greetings on student on-task behavior. *Journal of Applied Behavior Analysis 40(2)*, 317–320.

Alliance of Therapy Dogs. (2017). *The benefi ts of therapy dogs in classrooms and on college campuses*. Retrieved from https://www.therapydogs.com/therapy-dogs-classrooms-campuses/

Armstrong, T. (2016). *The power of the adolescent brain: Strategies for teach ing middle and high school students*. Alexandria, VA: ASCD.

Armstrong, T. (2019). *Mindfulness in the classroom: Strategies for promoting concentration, compassion, and calm*. Alexandria, VA: ASCD.

Aronson, E. (2000). *The jigsaw classroom*. Social Psychology Network. Retrieved from http://www.jigsaw.org/

Barrett, L. F. (2018). *How emotions are made: The secret life of the brain*. New York: Mariner Books.

Beach, M. (2010, May). Creating empathy in the classroom. *TEACH Magazine*. Retrieved from https://teachmag.com/archives/1115 Beauchesne, K. (2018). 24 awesome ways to encourage being kind at school. *PTO Today*. Retrieved from https://www.ptotoday.com/ptotoday-articles/article/8862-awesome-ways-to-encourage-being-kind at-school

Beck, A. E. (1994). On universities: J. Tuzo Wilson Medal acceptance speech. *Elements: Newsletter of the Canadian Geophysical Union, 12*, 7–9.

Bland, K. (2018). Blue eyes, brown eyes: What Jane Elliott's famous experiment says about race 50 years on. *The Republic.* Retrieved from https://www.azcentral.com/story/news/local/karinabland/2017/11/17/blue-eyes-brown-eyes-jane-elliotts-exercise-race-50-years-later/860287001/

Bloom, B. S., Engelhart, M. D., Furst, E. J., Hill, W. H., & Krathwohl, D. R. (Eds.). (1956). *Taxonomy of educational objectives: The classification of educational goals. Handbook I: Cognitive domain.* New York: David McKay.

Boaler, J. (2019). *Limitless mind: Learn, lead, and live without barriers.* New York: HarperOne.

Bolte Taylor, J. (2006). *My stroke of insight: A brain scientist's personal journey.* New York: Penguin Group.

Borba, M. (2016). *Unselfie: Why empathetic kids succeed in our all-about-me world.* New York: Touchstone.

Brackett, M. (2019). *Permission to feel: Unlocking the power of emotions to help our kids, ourselves, and our society thrive.* New York: Celadon.

Bradley, L. (2017, December 12). Putting empathy and digital citizenship at the center of our classrooms. *KQED Education.* Retrieved from https://ww2.kqed.org/education/2017/12/12/putting-empathy-and- digital citizenship-at-the-center-of-our-classrooms/

Brigham Young University. (2019, September 16). For kids who face trauma, good neighbors or teachers can save their longterm health. *Science Daily.* Retrieved from https://www.sciencedaily.com/releases/2019/09/190916144004.htm

Brighten, T. (2017, November 10). Why students should develop their personal brand as they apply to university. *BridgeU.* Retrieved from https://bridge-u.com/blog/help-students-develop-personal-brands/

Brookhart, S. (2017). *How to give effective feedback to your students (2nd ed.)*. Alexandria, VA: ASCD.

Brown, B. (2018). *Dare to lead: Brave work. Tough conversations. Whole hearts*. New York: Random House.

Burke Harris, N. (2018). *The deepest well: Healing the long-term effects of childhood adversity*. New York: Houghton Mifflin Harcourt.

Burns, M. (2019, November 23). *The positive student impact of social emotional learning and neuroscience-based approaches* [Webinar].Fast ForWord Scientific Learning. Retrieved from https://pages.scilearn. com/Webinar-AOD-MBurns-Positive-Impact-of-SEL.html

Burton, R. (2019). Our brains tell stories so we can live. *Nautilus*. Retrieved from http://nautil.us/issue/75/story/our-brains-tell-stories so-we-can-live

Camden, T., Dennison, C., Hinnen, N., Leonard, J., Smith, B. L., Taubert, C., et al. (n.d.). *Family tools: Decision-making*. Peoria, IL: Heart of Illi nois United Way. Retrieved from https://www.hoiunitedway.org/wp content/uploads/HOIUW-HMHN-Decision-Making-Skills-Booklet. pdf

Cantor, P. (2019, February 13). *The school of the future: A conversation with Dr. Pamela Cantor* [Presentation]. Turnaround for Children. Retrieved from https://www.turnaroundusa.org/school-of-the-future-gsvlabs/

Carmody, D. P., & Lewis, M. (2006). Brain activation when hearing one's own and others' names. *Brain Research, 1116(1)*, 153–158. Retrieved from https://www.sciencedirect.com/science/article/abs/pii/S0006899306 022682

CASEL. (2017). *Core SEL competencies*. Chicago: Author. Retrieved from https://casel.org/core-competencies

CASEL. (2019, November). Strengthening adult SEL. *SEL Trends, 7*. Retrieved from https://casel.org/wp-content/uploads/2019/11/SEL Trends-7-11182019. pdf

Center on the Developing Child. (n.d.). *Toxic stress*. Cambridge, MA: Center on the

Developing Child, Harvard University. Retrieved from https:// developingchild.
harvard.edu/science/key-concepts/toxic-stress/

Centers for Disease Control and Prevention. (n.d.). *Adverse childhood experiences (ACEs): Preventing early trauma to improve adult health.* Atlanta, GA: Author. Retrieved from https://www.cdc.gov/vitalsigns/ aces/index.html

Clough, S., & Hilverman, C. (2018). Hand gestures and how they help chil dren learn. *Frontiers for Young Minds, 6(29).*

Coan, J. A., Becks, L., & Hasselmo, K. (2013). Familiarity promotes the blur ring of self and other in the neural representation of threat. *Social Cognitive and Affective Neuroscience, 8(6),* 670–677.

Cook, C. R., Coco, S., Zhang, Y., Fiat, A. E., Duong, M. T., Renshaw, T. L., et al. (2018). Cultivating positive teacher-student relationships: Preliminary evaluation of the establish-maintain-restore (EMR) method. *School Psychology Review, 47(3),* 226–243.

Cook, C., Fiat, A., & Larson, M. (2018, February 19). Positive greetings at the door: Evaluation of a low-cost, high-yield proactive classroom man agement strategy. *Journal of Positive Behavior Interventions, 20(3),* 149–159.

Covey, S. (2015). *The Stephen R. Covey interactive reader—4 books in 1: The 7 habits of highly effective people, first things first, and the best of the most renowned leadership teacher of our time.* Coral Gables, FL: Mango Media.

Crandall, A., Miller, J. R., Cheung, A., Novilla, L. K., Glade, R., Novilla, M. L. B., et al. (2019). ACEs and counter-ACEs: How positive and negative childhood experiences infl uence adult health. *Child Abuse and Neglect, 96,* 104089.

Danziger, S., Levav, J., & Avnaim-Pesso, L. (2011). Extraneous factors in judicial decisions. *PNAS, 108(17),* 6889–6892.

Darling-Hammond, L. (2019). Demonstrating self-regulation with tone of voice [Video]. *How Learning Happens series. Edutopia.* Retrieved from https:// www.edutopia.org/video/demonstrating self-regulation-tone-voice

Darling-Hammond, L., Flook, L., Cook-Harvey, C., Barron, B., & Osher, D. (2019).

Implications for educational practice of the science of learning and development. *Journal of Applied Developmental Science, 24(2)*, 97–140.

Davis, K. L., & Montag, C. (2019). Selected principles of Pankseppian affective neuroscience. *Frontiers in Neuroscience, 12*, 1025.

Desautels, L., & McKnight, M. (2019). *Eyes are never quiet: Listening beneath the behaviors of our most troubled students.* Deadwood, OR: Wyatt-MacKenzie.

Djikic, M., & Oatley, K. (2014). The art in fiction: From indirect communication to changes of the self. *Psychology of Aesthetics, Creativity, and the Arts, 8(4)*, 498–505.

Dunning, D. L., Griffiths, K., Kuyken, W., Crane, C., Foulkes, L., Parker, J., et al. (2019, March). Research review: The effects of mindfulness-based interventions on cognition and mental health in children and adolescents—a meta-analysis of randomized controlled trials. *Journal of Child Psychology and Psychiatry, 60(3)*, 244–258.

Durlak, J. A., Weissberg, R. P., Dymnicki, A. B., Taylor, R. D., & Schellinger, K. B. (2011). The impact of enhancing students' social and emotional learning: A meta-analysis of school-based universal interventions. *Child Development, 82*, 405–432.

Dweck, C. (2016, January 13). What having a "growth mindset" actually means. *Harvard Business Review.* Retrieved from https://hbr.org/2016/01/what-having-a-growth-mindset-actually-means

Edutopia. (2014, July 1). Dialogue circles and positive classroom cultures. Retrieved from https://www.edutopia.org/practice/stw-glenview practice-dialogue-circles-video

Edutopia. (2019a). 60-second strategy: Traverse talk. Retrieved from https://www.edutopia.org/video/60-second-strategy-traverse-talk

Edutopia. (2019b). Social contracts foster community in the classroom. Retrieved from https://www.edutopia.org/video/social-contracts foster-community-classroom

Elias, M. J., & Tobias, S. E. (2018). *Boost emotional intelligence in students: 30 flexible research-based activities to build EQ skills (grades 5–9)*. Minneapolis, MN: Free Spirit Publishing.

Felitti, V. J., Anda, R. F., Nordenberg, D., Williamson, D. F., Spitz, A. M., Edwards, V., et al. (1998). Relationship of childhood abuse and house hold dysfunction to many of the leading causes of death in adults: The adverse childhood experiences (ACE) study. *American Journal of Preventive Medicine, 14(4)*, 245–258.

Files, E. (2019). How assigned seats during lunchtime can foster a positive school culture. *MindShift*. Retrieved from https://www.kqed.org/ mindshift/54644/how-assigned-seats-during-lunchtime-can-foster a-positive-school-culture

Fisher, D., & Frey, N. (2019, May). Show & tell: A video column/"There was this teacher...." *Educational Leadership, 76(8)*, 82–83.

Fletcher, J. (2019). 5 ways to incorporate SEL in middle school. *Edutopia*. Retrieved from https://www.edutopia.org/article/5-ways-incorporate sel-middle-school

Foreman, D. (2019). How to build an effective system for responding to behavioral infractions. *Turnaround for Children. The 180 Blog*. Retrieved from https://www.turnaroundusa.org/how-to-build-an effective-system-for-responding-to-behavioral-infractions/

Frey, N., Fisher, D., & Smith, D. (2019). *All learning is social and emotional: Helping students develop essential skills for the classroom and beyond*. Alexandria, VA: ASCD.

Gaines, P. (2019, October 11). California's first surgeon general: Screen every student for childhood trauma. *NBC News Learn*. Retrieved from http:// www.nbcnews.com/news/nbcblk/california-s-first-surgeon-general screen-every-student-childhood-trauma-n1064286

Gamb, M. (2019, May 13). How to identify when you're experiencing decision fatigue. *Forbes*. Retrieved from https://www.forbes.com/ sites/womensmedia/2019/05/13/ how-to-identify-when-youre experiencing-decision-fatigue/

Goldberg, G., & Houser, R. (2017, July 19). Battling decision fatigue. *Edutopia.* Retrieved from https://www.edutopia.org/blog/ battling-decision-fatigue-gravity-goldberg-renee-houser

Goleman, D. (1995). *Emotional intelligence.* New York: Bantam Books.

Gonzalez, J. (2015, October 15). The big list of class discussion strategies [Blog post]. *Cult of Pedagogy.* Retrieved from https://www.cultof pedagogy.com/speaking-listening-techniques/

Gordon, K. (2012). How to teach kids gratitude and empathy. New York Family. Retrieved from https://www.newyorkfamily.com/how-to teach-kids-gratitude-and-empathy/

Gordon, M. (2009). *Roots of empathy: Changing the world child by child.* New York: The Experiment.

Gordon, M. (2010). *Roots and seeds of empathy.* Retrieved from http:// culture-ofempathy.com/References/Experts/Mary-Gordon.htm

Grate, M. (2014, October 1). Bullyproof your classroom with brown paper bags. *Middleweb.* Retrieved from https://www.middleweb. com/18809/a-strategy-improve-classroom-culture/

Graves, G. (2017). Unlock your emotional intelligence. *The Science of Emotions* (pp. 9–13). New York: Time Books.

Gregoire, C. (2018). How money changes the way you think and feel. *Greater Good Magazine.* Retrieved from https://greatergood.berkeley.edu/ article/item/how_money_changes_the_way_you_think_and_feel

Gregory, G., & Kaufeldt, M. (2015). *The motivated brain: Improving student attention, engagement, and perseverance.* Alexandria, VA: ASCD.

Grewal, D. (2012, April 10). How wealth reduces compassion. *Scientific American.* Retrieved from https://www.scientifi camerican.com/article/how-wealth-reduces-compassion/

Grove, C., & Henderson, L. (2018, March 19). Therapy dogs can help reduce student stress, anxiety and improve school attendance. *The Conversation.* Retrieved from https://theconversation.com/therapy dogs-can-help-reduce-student-stress-anxiety-and-improve-school attendance-93073

Haltigan, J., & Vaillancourt, T. (2014). Joint trajectories of bullying and peer victimization across elementary and middle school and associations with symptoms of psychopathology. *Developmental Psychology, 50(11),* 2426–2436.

Hartwell-Walker, M. (2018, October 8). Click or clique: Positive and negative teen social groups. *PsychCentral.* Retrieved from https://psychcentral. com/lib/click-or-clique-positive-and-negative-teen-social-groups/

Hattie, J. (2012). *Visible learning for teachers: Maximizing impact on learning.* New York: Routledge.

Hattie, J. (2017). Hattie ranking: 252 infl uences and eff ect sizes related to student achievement. *Visible Learning.* Retrieved from https://visible-learning.org/hattie-ranking-influences-effect-sizes-learning achievement/

Hiser, J., & Koenigs, M. (2018). The multifaceted role of ventromedial pre frontal cortex in emotion, decision making, social cognition, and psy chopathology. *Biological Psychiatry, 83(8),* 638–647.

Hoffman, M. (1991). *Amazing grace.* New York: Dial Books.

Immordino-Yang, M. H. (2016). *Emotions, learning, and the brain: Exploring the educational implications of affective neuroscience.* New York: W. W. Norton.

Issa, F. A., Drummond, J., Cattaert, D., & Edwards, D. H. (2012). Neural circuit reconfiguration by social status. *Journal of Neuroscience, 32(16),* 5638–5645.

James, C., Weinstein, E., & Mendoza, K. (2019). *Teaching digital citizens in today's world: Research and insights behind the Common Sense K–12 Digital Citizenship Curriculum.* San Francisco: Common Sense Media. Retrieved from https://d1e2bohyu2u2w9.cloudfront.net/education/ sites/default/fi les/tlr_component/common_sense_education_digital_ citizenship_research_backgrounder.pdf

Jarvis, C. (2019). *30 days of genius with Chase Jarvis: Lesson 8: Brené Brown*. Retrieved from https://www.creativelive.com/class/30-days genius-chase-jarvis/lessons/brene-brown

Joensson, M., Thomsen, K. R., Andersen, L. M., Gross, J., Mouridsen, K., Sandberg, K., et al. (2015). Making sense: Dopamine activates con scious self-monitoring through medial prefrontal cortex. *Human Brain Mapping, 36(5)*, 1866–1877.

Johnson, D. W., Johnson, R. T., & Smith, K. A. (2013). Cooperative learning: Improving university instruction by basing practice on validated the ory. *Journal on Excellence in College Teaching, 25(3–4)*, 85–118.

Jones, S., Brush, K., Bailey, R., Brion-Meisels, G., McIntyre, J., Kahn, J., et al. (2017). *Navigating SEL from the inside out*. Harvard Graduate School of Education. Retrieved from https://www.wallacefoundation.org/ knowledge-center/Documents/Navigating-Social-and-Emotional Learning-from-the-Inside-Out.pdf

Kahneman, D. (2011). *Thinking, fast and slow*. New York: Farrar, Straus, & Giroux.

Kennon, J. (2019, November 8). Principal starts "no phone, new friends Friday" lunchtime tradition. ABC News KCRG.com. Retrieved from https://www.KCRG.com/content/news/Principal-starts-No-phone new-friends-Friday-lunchtime-tradition--564682071.html

Kidd, C., Palmeri, H., & Aslin, R. N. (2013). Rational snacking: Young children's decision-making on the marshmallow task is moderated by beliefs about environ mental reliability. *Cognition, 126(1)*, 109–114.

Kidd, D., & Castano, E. (2013, October 18). Reading literary fiction improves theory of mind. *Science, 342(6156)*, 377–380.

Knapp, M. L., & Hall, J. A. (2010). *Nonverbal communication in human interaction*. Boston: Cengage.

Korbey, H. (2017, October 27). The power of being seen. *Edutopia*. Retrieved from https://www.edutopia.org/article/power-being-seen

Landmark School Outreach. (n.d.). Responsible decision making (social emotional learning). Retrieved from https://www.landmarkoutreach.org/strategies/responsible-decision-making/

Lewis, M. (2012, October). Obama's way. *Vanity Fair.* Retrieved from https://www.vanityfair.com/news/2012/10/michael-lewis-profile barack-obama

Lieberman, M. (2013). *Social: Why our brains are wired to connect.* New York: Crown Publishers.

Lieberman, M. (2019). The social brain and the workplace. *Talks at Google.* Retrieved from https://www.youtube.com/watch?v=h7UR9JwQEYk

Maslow, A. H. (1998). *Toward a psychology of being* (3rd ed.). Hoboken, NJ: Wiley.

Maynard, N., & Weinstein, B. (2019). *Hacking school discipline: 9 ways to create a culture of empathy and responsibility using restorative justice.* Highland Heights, OH: Times 10 Publications.

McTighe, J., & Willis, J. (2019). *Upgrade your teaching: Understanding by design meets neuroscience.* Alexandria, VA: ASCD.

Medina, J. (2014). *Brain rules for baby: How to raise a happy child from zero to five.* Seattle, WA: Pear Press.

Medina, J. (2017). *Brain rules for aging well: 10 principles for staying vital, happy, and sharp.* Seattle, WA: Pear Press.

Medina, J. (2018). *Attack of the teenage brain! Understanding and support ing the weird and wonderful adolescent learner.* Alexandria, VA: ASCD.

Merz, S. (2012, June 27). Teaching secrets: Get to know students through seating challenges. *Education Week.* Retrieved from https://www.edweek.org/tm/articles/2012/06/27/tln_merz.html

Mueller, P. A., & Oppenheimer, D. M. (2014). The pen is mightier than the keyboard: Advantages of longhand over laptop note taking. *Psychological Science, 25,* 1159–1168.

NameCoach. (2017, November 12). The brain on your name: How your brain responds to the sound of your name [Blog post]. Retrieved from https:// namecoach.com/blog/brain-name-brain-responds-sound-name

National Child Traumatic Stress Network.(2019). *Secondary traumatic stress: Understanding the impact of trauma work on professionals* [Webinar]. Retrieved from https://www.nctsn.org/resources/secondary traumatic-stress-understanding-the-impact-of-trauma-work-on professionals

Padmanaban, D. (2017, April 12). Where empathy lives in the brain. *The Cut.* Retrieved from https://www.thecut.com/2017/04/where-empathy lives-in-the-brain.html

Panskepp, J., & Biven, L. (2012). *The archaeology of mind: Neuroevolution ary origins of human emotions.* New York: Norton.

Pappas, S. (2012, February 1). The social mind: Brain region bigger in pop ular people. *Live Science.* Retrieved from https://www.livescience. com/18230-brain-area-friends.html

Parker, C. B. (2016, April 26). Teacher empathy reduces student sus pensions, Stanford research shows. *Stanford News.* Retrieved from https://news.stanford. edu/2016/04/26/teacher-empathy-reduces student-suspensions-stanford-research-shows/

Pearce, E., Wlodarski, R., Machin, A., & Dunbar, R. I. M. (2017). Variation in the ß-endorphin, oxytocin, and dopamine receptor genes is asso ciated with diff erent dimensions of human sociality. *PNAS, 114(20),* 5300–5305.

Perry, B.D. (2020). Understanding state-dependent functioning [Video]. *Neurosequential Network COVID-19 Stress, Distress, & Trauma Series: 2.* Retrieved from https://www.neurosequential.com/covid-19-resources

Perry, B. D., & Szalavitz, M. (2007). *The boy who was raised as a dog.* New York: Basic Books.

Plutchik, R. (1997). The circumplex as a general model of the structure of emotions and personality. In R. Plutchik & H. R. Conte (Eds.), *Circumplex models of personality and emotions*(pp.17–45). Washington, DC: American Psychological Association.

Prothero, A. (2019, September 10). Can bite-sized lessons make social emotional learning easier to teach? *Education Week*. Retrieved from https://www.edweek.org/ew/articles/2019/09/11/can-bite-sized lessons-make-social-emotional-learning-easier.html

Quist, A., & Gregory, R. (2019). Teaching decision-making skills in the class room. *The Arithmetic of Compassion*. Retrieved from https://www.arithmeticofcompassion.org/ blog/2019/5/1/teaching-decision making-skills-in-the-classroom

Reb, J., & Atkins, P. W. B. (Eds.). (2017). *Mindfulness in organizations: Foundations, research, and applications*. Cambridge, UK: Cambridge University Press.

Riess, H. (2018). *The empathy effect: Seven neuroscience-based keys for transforming the way we live, love, work, and connect across differences*. Boulder, CO: Sounds True.

Ripple Kindness Project. (2019, October 8). Crumpled paper–crumpled heart bullying exercise for all ages. Retrieved from https://ripple kindness.org/crumpled-paper-bullying-exercise/

Sanchez, H. (2015). *Designing a climate for closing the achievement gap* [Video]. Resiliency, Inc. Retrieved from https://www.youtube.com/watch?v=4E0sMLa18hk

Sapolsky, R. (2017). *Behave: The biology of humans at our best and worst*. New York: Penguin Books.

Schwartz, K. (2016). *I wish my teacher knew: How one question can change everything for our kids*. Boston: Da Capo Lifelong Books.

Shoda, Y., Mischel, W., & Peake, P. K. (1990). Predicting adolescent cognitive and self-regulatory competencies from preschool delay of gratification: Identifying diagnostic conditions. *Developmental Psychology, 26(6)*, 978–986.

Siegel, D. (2014, August 12). How the teen brain transforms relationships. *Greater Good Magazine*. Retrieved from https://greatergood.berkeley. edu/article/item/

how_the_teen_brain_transforms_relationships

Siegel, D. J., & Bryson, T. P. (2012). *The whole-brain child: 12 revolutionary strategies to nurture your child's developing mind.* New York: Bantam Books.

Siegel, D. J., & Bryson, T. (2018). *The yes brain: How to cultivate courage, curiosity, and resilience in your child.* New York: Bantam Books.

Silani, G., Lamm, C., Ruff , C., & Singer, T. (2013). Right supramarginal gyrus is crucial to overcome emotional egocentricity bias in social judgments. *The Journal of Neuroscience, 33(39)*, 15466–15476.

Sinek, S. (2014). Leaders eat last. New York: Penguin Group.

Smith, D., Fisher, D. B., & Frey, N. E. (2015). *Better than carrots or sticks: Restorative practices for positive classroom management.* Alexandria, VA: ASCD.

Sokolov, A. A. (2018, June 5). The cerebellum in social cognition. *Frontiers in Cellular Neuroscience.* Retrieved from doi:10.3389/fncel.2018.00145

Souers, K., & Hall, P. (2016). *Fostering resilient learners: Strategies for creating a trauma-sensitive classroom.* Alexandria, VA: ASCD.

Sousa, D. (2015). *How the brain influences behavior.* New York: Skyhorse Publishing.

Sprenger, M. (2018). *How to teach so students remember*(2nd ed.). Alexandria, VA: ASCD.

Srinivasan, M. (2019, April 10). Promoting social and emotional learning at home. *Education.com Blog.* Retrieved from https://www.education. com/blog/whats-new/selathome/

Srinivasan, R., Golomb, J. D., & Martinez, A. (2016). A neural basis of facial action recognition in humans. *Journal of Neuroscience, 36(16)*, 4434–4442.

Stiggins, R. (2017). *The perfect assessment system.* Alexandria, VA: ASCD.

Stosny, S. (2013, September 6). The good and the bad of journaling [Blog post].

Psychology Today. Retrieved from https://www.psychologytoday.com/us/blog/anger-in-the-age-entitlement/201309/the-good-and the-bad-journaling

Sylwester, R. (1995). *A celebration of neurons: An educator's guide to the human brain*. Alexandria, VA: ASCD.

Szalavitz, M., & Perry, B. D. (2010). *Born for love: Why empathy is essential— And endangered*. New York: HarperCollins.

Tantillo Philibert, C. (2016). *Everyday SEL in elementary school: Integrating social-emotional learning and mindfulness into your classroom*. New York: Routledge.

Tate, E. (2019, November 15). Rethinking recess leads to results on and off the playground. *EdSurge*. Retrieved from https://www.edsurge.com/ news/2019-11-15-rethinking-recess-leads-to-results-on-and-off -the playground

Teaching Tolerance Staff. (2019, May 6). What is "mix it up at lunch"? Retrieved from https://www.tolerance.org/magazine/what-is-mix-it up-at-lunch

Toth, M. D., & Sousa, D. A. (2019). *The power of student teams: Achieving social, emotional, and cognitive learning in every classroom through academic teaming*. West Palm Beach, FL: Learning Sciences International.

Uhls, Y. T., Michikyan, M., Morris, J., Garcia, D., Small, G. W., Zgourou, E., et al. (2014, October). Five days at outdoor education camp without screens improves preteen skills with nonverbal emotion cues. *Computers in Human Behavior, 39*, 387–392.

van der Kolk, B. (2014). *The body keeps the score: Brain, mind, and body in the healing of trauma*. New York: Viking Penguin.

WeAreTeachers Staff. (2018, March 6). 10 tips for teaching emotional reg ulation (& improving classroom behavior at the same time). Retrieved from https://www.weareteachers.com/emotional-regulation/

Willis, J. (2012). How to build happy middle school brains. *MiddleWeb*. Retrieved from https://www.middleweb.com/2847/how-to-build happy-brains/

Wlodkowski, R. J. (1983). *Motivational opportunities for successful teaching* [Leader's guide]. Phoenix, AZ: Universal Dimensions.

Wolfe, P. (2010). *Brain matters: Translating research into classroom practice*(2nd ed.). Alexandria, VA: ASCD.

Wong, H., & Wong, R. (2013, October). How to start class every day. Teachers. *Net Gazette*. Retrieved from https://www.teachers.net/wong/OCT13/

Wong, H. K., & Wong, R. T. (2018). *The first days of school: How to be an effective teacher* (5th ed.). Mountain View, CA: Harry K. Wong Publications.

Zak, P. J.(2013, December 17). How stories change the brain. *Greater Good Magazine*. Retrieved from https://greatergood.berkeley.edu/article/ item/how_stories_change_brain

Zalanick, M. (2019, April 8). Best (practices) in show: Therapy dogs in schools. *District Administration*. Retrieved from https://district administration.com/best-practices-show-therapy-dogs-in-schools/

찾아보기

2차 외상 스트레스(secondary traumatic stress, STS) 285
CBS(count, breathe, squeeze) 21, 155, 172
EMR(establish-maintain-restore) 전략 59
SFS(Stop, Feel, Solve) 휴식 122
TLC(Tender Loving Care) 전략 162
SELEBRATE 16, 35

ㄱ

감정 어휘(emotion vocabulary) 108, 112, 113, 163, 177
감정 어휘 체크인(emotion vocabulary check-in) 112
감정 온도계(feeling thermometer) 142, 143
감정 식별(identify emotions) 103
감정 일지(emotion planner) 162, 163, 164
감정 코칭(emotional coaching) 102
감정의 전염(emotional contagion) 186, 188
감정표현불능증(alexithymia) 125
거울뉴런(mirror neurons) 74, 75, 186, 187
견딜 만한 스트레스(tolerable stress) 147, 283
결정 피로(decision fatigue) 285, 286, 287
고정형 사고관점(fixed mindset) 129
공감 피로(compassion fatigue) 285, 286
공감의 뿌리(Roots of Empathy) 67, 84, 296
공감적 관심(empathic concern) 70

공감적 사고관점(empathic mindset) 93, 94
공감하고 인정하는 말하기(validating statements) 187
구겨진 마음(crumpled hearts) 88
구체적이고 단계적인 도움(scaffolding) 169
긍정적 스트레스(positive stress) 147, 283

ㄴ

내측전전두피질(medial prefrontal cortex) 104, 105, 106, 179, 180, 196
네 모퉁이(four corners) 263
뇌 휴식(brain breaks) 122, 165, 166, 172, 187
뇌간(brain stem) 14, 34

ㄷ

도파민(dopamine) 15, 18, 34, 35, 42, 107, 138, 170, 179, 180, 181, 213, 228, 247, 248
독성 스트레스(toxic stress) 147, 149, 283
두정엽(parietal lobes) 72, 105
디어 애비(Dear Abby) 267, 268

ㄹ

루틴(routines) 21, 150, 166, 287, 295

ㅁ

마음챙김(mindfulness) 106, 142, 159, 172, 235, 256, 257, 285
만족 지연(delay of gratification) 142, 170
말하는 연필(talking pencils) 192
망상활성계(reticular activating system, RAS) 14, 34, 47, 166
매직 8구(Magic 8-Ball) 266, 267

메이커스페이스(makerspaces) 168

ㅂ

번아웃(burnout) 285, 286
변연계(limbic system) 13, 14, 33, 34, 47, 106
복합적 스트레스(actual stress) 102
부신(adrenal glands) 14
부호화(encode) 179
브레인스토밍(brainstorming) 229, 230, 246, 259, 261, 274

ㅅ

사회적 고통(social pain) 22, 183
사회적 즐거움(social joy) 180, 181
섬엽(insula) 72, 73, 104, 105
성공의 원(success circle) 167
성장형 사고관점(growth mindset) 103, 128, 129, 130, 275
세로토닌(serotonin) 15, 138, 184, 213, 215
소뇌(cerebellum) 179, 180
순환 대화(conversation stations) 268
스파 토론(SPAR debate) 264
시범 보이기(modeling) 76
시상하부(hypothalamus) 14

ㅇ

아드레날린(adrenaline) 14, 145
안와전전두피질(orbital prefrontal cortex) 104, 212, 248
엔도르핀(endorphin) 15, 179, 180, 181, 213

역할극(role playing) 19, 189, 217, 228, 268, 274

연민적 공감(compassionate empathy) 70, 71, 83

옥시토신(oxytocin) 15, 18, 33, 34, 35, 158, 213, 228

우측상측두변각회(right supramarginal gyrus) 72, 73

원격 체크인(remote check-ins) 117

의례(rituals) 21, 150, 152, 153, 154, 155

이동 대화(traverse talk) 263

이름 부르기(name calling) 45, 47

인지적 공감(cognitive empathy) 70, 71

ㅈ

자기 동기부여(self-motivation) 137, 168

자기 인식의 모호크(mohawk of self-awareness) 104

자기 인지(self-perception) 103

자기 절제(self-discipline) 137, 141, 164, 165, 168

자기 효능감(self-efficacy) 103, 128

자기 중심성(egocentricity) 73

작업기억(working memory) 184

저널링(journaling) 118, 119, 120, 126, 186, 286

전대상회(anterior cingulate) 104, 105

전두엽(frontal lobe) 13, 33, 34, 72, 139, 145, 159, 179

전전두피질(prefrontal cortex) 138, 139, 145, 159, 169

정서적 공감(emotional empathy) 70, 71

조망수용(perspective taking) 70

조절 장애(dysregulated) 144, 149

조율(attunement) 178

조직화 기술(organizational skills) 137, 138, 168, 169, 171, 222

직소(jigsaw) 전략 224
진정 공간(calming area) 161, 187
집행기능(executive functions) 169, 257

ㅊ

충동 조절(impulse control) 134, 137, 139, 141, 142, 146
측두엽(temporal lobes) 72
측두두정접합부(temporoparietal junction) 179, 180, 212
측좌핵(nucleus accumbens) 72, 74, 248
치료견(therapy dogs) 84, 157, 158
친구를 만드는 주스(friending juice) 18

ㅋ

코르티솔(cortisol) 15, 18, 33, 42, 105, 138, 158, 228, 281

ㅌ

트라우마 이해기반 접근(trauma-informed practices, TIPs) 9, 20

ㅍ

퍼스널 브랜딩(personal branding) 126
편도체(amygdala) 14, 34, 105, 106, 108, 138, 139, 145, 150, 159, 247, 248, 252
프로젝트 기반 학습(project based learning, PBL) 221, 222, 238
피각(putamen) 72, 73
피드포워드(feed forward) 128

ㅎ

하두정엽(inferior parietal lobe) 179, 180

하측전두회(inferior frontal gyrus) 179, 180
해마(hippocampus) 15, 138, 159, 247, 248
협동학습(cooperative learning) 214, 223, 224, 227, 238
호흡 조절 연습(breathing exercises) 142
회복적 대화(restorative conversation) 235, 238
회복적 실천(restorative practices) 232, 233, 234, 236
회복적 정의(restorative justice) 234, 296
효과크기(effect size) 27, 215
후측상측두고랑(posterior superior temporal sulcus) 179, 180

마음과 뇌를 이어주는 수업 전략
사회정서학습, 이렇게 한다

2025년 10월 10일 초판 1쇄 발행

지은이 마릴리 스프렌거(Marille Sprenger)
옮긴이 성진아

편집 마케팅 장현주 권구훈
표지 디자인 폴리오 **본문 디자인** 더그라프

펴낸이 이찬승
펴낸곳 교육을바꾸는책
출판등록 2012년 4월 10일 | 제313-2012-114호
주소 서울시 마포구 양화로7길 76, 평화빌딩 3층
전화 02-320-3600(경영) 02-320-3604(편집)
팩스 02-320-3608

홈페이지 http://21erick.org
이메일 gyobasa@21erick.org
유튜브 youtube.com/user/gyobasa
블로그 blog.naver.com/gyobasa_edu
트위터 twitter.com/GyobasaNPO
인스타그램 instagram.com/gyobasa

978-89-97724-44-4 (03370)

- 책값은 표지 뒤쪽에 적혀 있습니다.
- 잘못 만든 책은 구입하신 서점에서 바꾸어 드립니다.